旅游业
与城市协调发展

内生关系与驱动逻辑

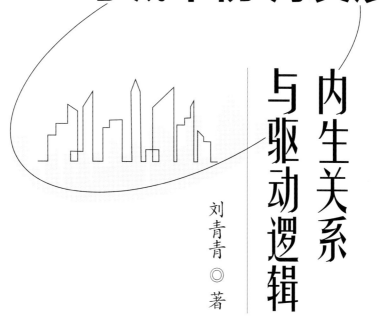

刘青青 ◎ 著

中国财经出版传媒集团

经济科学出版社
Economic Science Press

图书在版编目（CIP）数据

旅游业与城市协调发展：内生关系与驱动逻辑/刘青青著. -- 北京：经济科学出版社，2023.8
ISBN 978 - 7 - 5218 - 4017 - 9

Ⅰ.①旅… Ⅱ.①刘… Ⅲ.①地方旅游业-关系-城市经济-协调发展-研究-中国 Ⅳ.①F592.7
②F299.27

中国版本图书馆 CIP 数据核字（2022）第 166272 号

责任编辑：王柳松
责任校对：刘　昕
责任印制：邱　天

旅游业与城市协调发展：内生关系与驱动逻辑

LÜYOUYE YU CHENGSHI XIETIAO FAZHAN：
NEISHENG GUANXI YU QUDONG LUOJI

刘青青　著

经济科学出版社出版、发行　新华书店经销
社址：北京市海淀区阜成路甲 28 号　邮编：100142
总编部电话：010-88191217　发行部电话：010-88191522
网址：www. esp. com. cn
电子邮箱：esp@ esp. com. cn
天猫网店：经济科学出版社旗舰店
网址：http：//jjkxcbs. tmall. com
固安华明印业有限公司印装
710×1000　16 开　13.75 印张　210000 字
2023 年 8 月第 1 版　2023 年 8 月第 1 次印刷
ISBN 978 - 7 - 5218 - 4017 - 9　定价：68.00 元

前　言

　　随着中国旅游业的快速发展，旅游经济增长及其带来的综合效应已经在城市发展中发挥着重要的促进作用和带动作用，旅游业与城市协调发展逐渐成为城市化发展的重要路径。然而，资源基础、区位交通条件、政策引导等方面的差异使得同一区域内不同城市的旅游业与城市协调发展水平呈现不同特征和不同结果，致使产业形态和空间格局存在诸多不协调的现象。

　　旅游业作为建设城市服务业的重点支撑产业，对于经济稳增长、调结构等方面起到重要作用，对于各区域城市发展的贡献越来越大，成为优化城市发展要素的重要力量，旅游业的发展对城市经济社会环境的变革产生了巨大影响。然而，各个区域内旅游城市化发展模式已经呈现出多元模式特征。此外，必须看到，同质竞争、投入产出不匹配等问题频现，制约了旅游业发展转型升级，在旅游业与城市协调发展中面临新的挑战。正因如此，旅游业与城市协调发展面临着三个需要阐释的问题：（1）旅游业与城市协调发展的作用关系主要表现在哪些方面？（2）旅游业与城市协调发展水平的变化情况是什么？（3）如何识别旅游业与城市协调发展的影响因素以对问题的本质进行解析？

　　为了回答上述问题，本书按照提出问题、分析问题和解决问题的研究思路，综合借鉴旅游学、城市学、地理学等相关理论，采用文献分析、理论演绎、定量模型测度和空间分析等方法，研究三个关键性问题：一是通过相关文献梳理，分析了旅游业与城市协调发展演进的要素作用关系和主要驱动模式；二是构建了旅游业与城市协调发展水平评价指标体系，评价了不同类型区域的旅游业与城市协调发展的特征，探讨了旅游业与城市协调发展的影响机理；三是根据上文理论的研究成果，从操作层面提出了旅游业与城市协调发展的政策建议。

本书分为五个组成部分，共九章。

第一部分为绪论（第一章），分析了旅游业与城市协调发展的研究背景和研究意义，阐述了研究思路、研究内容和技术路线。

第二部分为区域一体化进程中的旅游业功能与表现（第二章），对旅游业与城市协调发展的中外文相关文献进行了系统梳理和评述，简要介绍了借鉴的基础理论的支撑作用。

第三部分为旅游业与城市协调发展研究方法构建（第三章），探讨了选择和确定评价旅游业与城市协调发展水平的方法。

第四部分为不同类型和不同发展阶段的典型案例地旅游业与城市协调发展分析，包括中国 25 个主要旅游城市、长三角城市群、中原城市群、合肥市和千岛湖（第四章至第八章），在对各个典型案例地旅游业与城市协调发展的内在关联因素和驱动模式进行分析和阐释的基础上，解释了协调水平变更的主要影响因素和作用机理。

第五部分为旅游业与城市协调发展政策建议（第九章），总结旅游业与城市协调发展存在的主要问题并提出相关的政策建议。

在此特别感谢浙江经济职业技术学院王璐璐老师对于第四章和第五章协调水平分析和数据采集的贡献！感谢中国科学院地理科学与资源所虞虎老师对于第七章协调水平分析和数据采集的贡献！囿于作者的工作能力和学术水平，本书还存在许多不足之处，期望学术界同行和广大读者不吝批评指正。

刘青青

2022 年 5 月 30 日

目　录

第一章
绪　论

第一节　研究背景

一、旅游业已成为城市发展的重要支撑点

旅游业是以旅游资源为依托、以旅游设施为条件，向旅游者提供产品和服务的行业。1995 年，唐纳德·E. 伦德伯（Donald E. Lundberg），在其著作《旅游业》（*Tourism Industry*）中将旅游业定义为："为国内外旅游者服务的一系列相互关联的行业。旅游关联到游客、旅行方式、膳宿供给、设施和其他各种事物。"旅游业除了狭义上的旅行社、旅游酒店、旅游交通公司和旅游商业等行业，广义上还包括各种物质生活消费形式和文化生活消费形式。如公共交通业、商业、邮电通信业、娱乐业、基础设施、各级旅游组织、旅游协会等。旅游可以是观光、度假、学习、商业、就医、身心放松等各种活动。

旅游业作为城市服务业的重要部门，是推动城市发展的后续动力。随着城市化继续深入，承担城市生产职能的企业的选址灵活性加大，城市的生产功能将被淡化，消费功能增强。城市旅游的吸引力由传统旅游景点向文化性产品和创意性产品转变。旅游业关联性强，其功能是综合的、多元的，旅游业将作为发展城市服务业的一种经济模式进行建设，以增强城市竞争力。旅游与城市的融合发展，具有互利性、动态性。2006 年深圳市"全球化视野下国际旅游城市建设国际研讨会"、2008 年牡丹江市"第 13 届全国区域旅游开发学术研讨会"、2010 年济南市"中国旅游城市发展峰会"，明确了转型背景下城市与旅游业融合发展的重要

性，城市旅游业发展要在适应城市形态变化的同时寻求突破，发展旅游业并使其构成城市化的实质内容。城市旅游业发展，正在受到产业界越来越多的关注。中国城市旅游发展促进会、中国城市发展网等民间组织，正在不断推动城市旅游业的发展。城市旅游研讨，也成为近年来学界和业界关注的焦点。如 2013 年，世界旅游经济论坛探讨了如何通过投资旅游业推动城市经济发展；2015 年，中国城市旅游发展战略研讨会讨论了大众创业与城市旅游业发展，以及商业创新与城市旅游业发展之间的关系。2021 年，世界旅游城市联合会北京香山旅游峰会召开，探讨了振兴世界旅游，赋能城市发展。

旅游业的发展，对城市发展的影响越来越大。城市既是区域旅游的交通枢纽、集散中心，又是提供各种旅游业要素和相关服务的集聚点。旅游经济的蓬勃发展，既是区域旅游竞争力提高的表现，也是旅游业经济社会效益综合发挥的表现。与此同时，城市旅游也是补充区域旅游产品的重点，具有广阔的发展前景和市场潜力。从世界范围看，国际上重要的大都市、特色城市，都将旅游业作为重要的发展内容，拉动观光、住宿、餐饮、购物等多种人群的旅游消费，带动其他产业发展。我国的北京市、上海市、广州市等一线城市以及特色旅游城市，都形成了各具特色的城市游憩中心、文化旅游街区、历史文化游览中心等多元旅游业态。随着中国旅游业的发展进入常态化，二线城市及后起城市的旅游需求将越来越大，成为拉动城市经济发展的重要增长点。

二、旅游业在新型城镇化建设中具有不可替代的重要作用

随着城市第三产业的深化，休闲旅游业发展的内涵不断丰富，成为全球经济的新消费模式，深刻地影响世界不同等级城市的发展。这个以商务、会展、创意产业等为代表的产业，成为城市经济升级和转型的重要方向。休闲旅游系统内外部因素的相互作用导致其呈现出动态、非线性的关系，具有不同类型旅游资源的城市，休闲旅游发生的机制、模式、路径差异较大。[①] 随着中国旅游业进入大众化全面发展阶段，旅游业建设

---

① 王璐璐，虞虎，周彬. 旅游业与城市发展的协调度评价——以中国 25 个主要旅游城市为例 [J]. 经济地理，2015，35（2）：195 - 201.

将成为市民休闲空间和游客游览空间的重要发展途径。中国旅游业已经发展到大众旅游和国民休闲旅游的重要转折期，目前，中国已经有28个省（区、市）将旅游业作为战略性支柱产业，针对中国旅游业的发展特点和问题，国家层面出台了一系列支持旅游业发展的政策和措施，极大地推动了旅游业的繁荣发展。旅游消费是扩大内需的重要手段，在国家产业发展中的作用越来越重要。现代旅游业综合性强、关联度大，产业关联性强，关联行业达100余个，综合带动能力较强。2014年，中共中央、国务院发布了《国家新型城镇化规划（2014－2020）》，提出重点发展城市服务业和城市公共设施建设，扩大就业，培育和优化消费市场与消费结构。① 旅游业发展对于现代城市的产业结构调整、人口就业保障、功能和设施完善、休闲空间和景观风貌提升等具有重要的影响，可以推动现代服务业快速发展、促进经济结构战略性调整，推动对外交流与对外合作，提升城市形象，传承传统文化，促进城市更新改造和功能优化。②

城镇是一种重要的旅游目的地，随着中国工业化和城市化的持续深入，第三产业在城市发展中的作用越来越重要。发达国家城市化的经验表明，城市化水平与第三产业从业人员比例之间的相关性比第二产业高，中国的城市化进程符合此规律。特别是1998年以来，第三产业开始取代第二产业成为城市化的主要推动力量。当旅游作为城市的主要功能之一融入城市结构之中，城市功能将得到进一步优化。城市环境建设、城市形象建设为旅游业发展提供了良好的硬件环境，旅游业发展可以优化产业结构，提升城市功能，通过旅游业推进城市建设，对于中国城市发展具有重要意义。对于旅游城市来说，旅游发展带来的服务性商业活动大幅增加，外来就业人口和产业集聚，迅速打破了原有的城镇产业结构，使城镇空间规模、产业增长要素、生产生活方式等方面出现了旅游城镇化。③④

---

① https://www.gov.cn/zhengce/2014－03/16/content_2640075_htm.
② 徐洪涛，孙永萍. 城市空间产业型更新模式初探——百色市龙景区红色旅游休闲示范区规划策划 [J]. 华中建筑，2012，30（3）：119－123.
③ 黄震方，陆林，苏勤，章锦河，孙九霞，万绪才，靳诚. 新型城镇化背景下的乡村旅游发展——理论反思与困境突破 [J]. 地理研究，2015，34（8）：1409－1421.
④ 黄震方，黄睿. 城镇化与旅游发展背景下的乡村文化研究：学术争鸣与研究方向 [J]. 地理研究，2018，37（2）：233－249.

旅游功能扩张会带来空间、产业等方面的调整，推动城镇功能转型提升，以实现旅游城镇的健康发展。

三、旅游业发展是城市功能完善和城市转型升级的重要手段

城市功能是城市组成要素在一定的规律和机制条件下运行所表现出来的作用和秩序，是城市存在的本质，一般，城市的主要功能包括居住、就业、交通、游憩四大类。① 现代城市的职能演变正在向休闲娱乐、旅游购物、商务会议和节事活动的休闲游憩方向发展，休闲游憩经济的发展也促进了城市生产活动和服务对象的功能性调整。② 旅游业的发展既可以推动旅游城市形成，也可以在综合性城市中发挥现代服务业增长极的作用，完善城市产业结构，实现城市功能优化。同时，旅游业的发展形成不同类型的旅游城市结构或旅游空间结构，与其他城市发展要素结合，促进多样化功能特征的形成。旅游业对于城市商业建设、服务业提升等方面的作用明显，可以使城市内部形成城市游憩空间、城市购物商业中心，增强城市的游憩功能。旅游业成为城市发展的支柱产业，可以促进城市公共服务和城市基础设施完善，优化城市居住环境，也能提供更便捷、舒适的旅游体验，提升城市形象和城市美誉度。

当城市成为吸引物时，旅游者会把城市作为一个游览景区而使其发挥游憩功能。③ 随着城市在社会系统和经济系统中功能的不断变化，旅游业的内涵也在向外扩展。④ 20 世纪 70 年代旅游业开始作为重要行业受到城市建设部门的重视，相关部门出台了一系列与遗产和保护相关的规划，以重新修复城市的特定区域和象征性的建筑保护历史遗产。⑤ 20 世纪八九

---

① Saskia Sassen S. The Global City：Enabling economic intermediation and bearing its costs ［J］. City & Community，2016，15（2）：97 – 108.

② Bilen M.，Yilanci V.，Eryüzlü. H. Tourism development and economic growth：A panel granger causality analysis in the frequency domain ［J］. Current Issues in Tourism，2017，20（1）：27 – 32.

③ 保继刚等. 旅游地理学 ［M］. 北京：高等教育出版社，1999.

④ Myriam Jansen - Verbeke，孙业红. 城市旅游再造——一种文化可持续发展的新思维 ［J］. 旅游学刊，2012，27（6）：10 – 19.

⑤ 姚长宏，胡丽泽. 印尼棉兰旅游城市目的地规划 ［J］. 国外城市规划，2003，18（1）：19 – 24.

十年代开始，公共部门就形成了一种共识：城市（镇）是提供各种功能和服务的场所，它拥有的多种功能和设施不仅服务于当地居民的工作生活，在竞争的商业环境中，还向旅游者的休闲娱乐活动提供公共服务。①② 21 世纪以来，旅游业与城市景观、公共空间、建筑遗产的关联受到学界的广泛关注，通过挖掘城市的文化形象与传统资本，使其转化为体验经济时代的重要旅游吸引物，成为新的研究议题。③

城市功能空间是产业生产活动的集中体现，不同的经济发展模式产生不同的组织形式和专业机构。④ 由其他职能城市向旅游城市转变，是以旅游业为主导，与城市商业、服务业、金融、交通和通信等活动的重新组合，使城市功能、地域分工发生新的变化。旅游成为主导功能之后带来的城市功能地域结构及其聚散效应的改变，影响城市空间演化路径与演化格局。⑤ 旅游业在城市发展中的作用日渐突出，是城市功能完善和转型升级的重要手段。当前，相关研究仅关注旅游业与城市发展之间的作用关系，如有文献构建了旅游业与城市发展的协调模型，以杭州市、长三角、西安市为案例地进行分析。⑥⑦⑧ 旅游演化多关注单个要素，如旅

---

① 龙志勇. 城市旅游度假区规划设计探索——以广州大夫山旅游度假区为例［J］. 规划师，2006（S1）：36 – 38.

② 王兆峰，赵松松. 长江中游城市群旅游资源环境承载力与国土空间功能空间一致性研究［J］. 长江流域资源与环境，2021，30（5）：1027 – 1039.

③ Ani Wijayanti, Janianton Damanik. Analysis of the tourist experience of management of a heritage tourism product：Case study of the Sultan Palace of Yogyakarta, Indonesia［J］. Journal of Heritage Tourism，2019，14（2）：166 – 177.

④ Kiran A. Shinde. Planning for urbanization in religious tourism destinations：Insights from Shirdi, India［J］. Planning Practice & Research，2017，32（2）：1 – 20.

⑤ 黄睿，曹芳东，黄震方. 新型城镇化背景下文化古镇旅游商业化用地空间格局演化——以同里为例［J］. 人文地理，2014，29（6）：67 – 73，66.

⑥ 罗文斌，谭荣. 城市旅游与城市发展协调关系的定量评价——以杭州市为例［J］. 地理研究，2012，31（6）：1103 – 1110.

⑦ 虞虎，陆林，朱冬芳. 长江三角洲城市旅游与城市发展协调性及影响因素［J］. 自然资源学报，2012，27（10）：1746 – 1757.

⑧ 高楠，马耀峰，李天顺，白凯. 基于耦合模型的旅游产业与城市化协调发展研究——以西安市为例［J］. 旅游学刊，2013，28（1）：62 – 68.

游政策与旅游规划的演化、[1][2] 旅游产品与旅游服务的演化、[3] 旅游需求的演化、[4][5] 旅游知识与技术创新的演化[6]对旅游的影响作用。随着休闲和旅游关系的日益密切，旅游业作为休闲业的分支，并不能完全反映上述作用过程的整体内容，探讨、剖析促进旅游业与城市发展之间的作用联系，显得尤为重要。

第二节　研究目的与研究意义

一、研究目的

快速城市化不断改变着中国经济的发展面貌，居民消费水平大幅提升，促进旅游业快速发展。正在由以规模化、标准化的生产驱动经济增长的传统城市发展，转向由旅游业为引领的现代服务业作为关键动力的增长模式。[7][8] 旅游业与城市发展之间的关系越来越明显，无论是在中心城区、城郊或是乡村，都出现了功能特性明显的旅游专业区。一方面，旅游业通过调整相关产业结构革新经济增长体系，优化资源配置模式，[9] 促进城

① Linda K. Richter. Fragmented politics of US tourism [J]. Tourism Management, 1985, 6 (3): 162 – 173.

② Josep A., Ivars Baidal. Tourism planning in Spain: Evolution and perspectives [J]. Annals of Tourism Research, 2004, 31 (2): 313 – 333.

③ Gemma Canovesect. Rural tourism in Spain: An analysis of recent evolution [J]. Geoforum, 2004, 35: 755 – 769.

④ Pilar G., Paz M. Analysis of tourism trends in Spain [J]. Annals of Tourism Research. 1996, 23 (4): 739 – 754.

⑤ Garin – Munoz. Tourism in Balearic Islands: A dynamic model for international demand using panel data [J]. Tourism Management, 2007, 28 (5): 1224 – 1235.

⑥ Cariton S., Van Doren, Sam A., et al. The consequences of forty years of tourism growth [J]. Annals of Tourism Research, 1985, 12 (3): 467 – 489.

⑦ 陆林，葛敬炳. 旅游城市化研究进展及启示 [J]. 地理研究, 2006, 25 (4): 741 – 750.

⑧ 魏敏，徐杰. 珠三角城市群旅游业转型升级的测度研究——基于 PROMETHEE – GAIA 法 [J]. 经济问题探索, 2020, 455 (6): 143 – 154.

⑨ 江海旭. 全域旅游背景下瓦房店市旅游发展研究 [J]. 中国名城, 2019, 217 (10): 49 – 54.

市人口、规模、环境等要素的不断变化，① 从城市功能完善、城市产业多样化、柔性空间塑造等方面改善城市化发展质量；②③ 另一方面，在制造经济向服务经济转型过程中，城市发展中的旅游业产业地位也在不断上升，旅游发展对城市公共交通扩张、旅游饭店业增长、旅游生态环境改善作用显著，④ 改变城市原有功能、设施、标识等要素组合关系。在城市的不同发展阶段，主导产业形态和功能有所差异，旅游业与城市发展之间的关系表现出促进、制约或拮抗的多维关系，这种关系处于动态变化并不断调整之中。⑤ 因此，解析旅游业与城市发展之间的协调关系，提出分类引导的优化发展建议显得尤为重要。

当前，中国处于大规模快速城市化和旅游业快速发展期，转型和升级是旅游业未来发展的重要方向。既有研究仅通过单方面要素，如旅游经济、旅游就业、旅游形象等对旅游在城市发展中的作用进行探讨，忽略了多要素作用下旅游业与城市发展的关联分析。城市群逐渐成为参与区域竞争的主体力量，城市群旅游强调整体营销，以提高旅游地的整体吸引力，既有研究主要以上海市、杭州市、黄山市等大型城市或资源型旅游城市为研究对象，对处于快速城市化的中等城市关注较少，以此为基础的城市群旅游研究较少。我们面临的待解决问题，主要有以下三个。

（1）旅游业与城市的作用是系统之间多要素的相互作用，如何对旅游系统和城市系统的关联作用进行解释，对两者的协调水平进行评价，是厘清城市之间旅游发展差距、谋求旅游发展的客观基础。

（2）城市之间旅游业与城市发展协调水平比较，对城市群空间格局和演化趋势进行分析，有助于认清城市群的旅游发展现状。城市作为一

---

① 沈苏彦，艾丽君. 城市历史文化街区旅游城市化现象的探讨——以南京老城南地区为例 [J]. 中国名城，2018，32（7）：50－56.

② 李亚娟，陈田，王婧，等. 大城市边缘区乡村旅游地旅游城市化进程研究——以北京市为例 [J]. 中国人口·资源与环境，2013，23（4）：162－168.

③ Ashworth G., Page S. J. Urban tourism research: Recent progress and current paradoxes [J]. Tourism Management，2010，32（1）：1－15.

④ 成英文，张辉. 基于城市职能理论的中国旅游城市判定及分类研究 [J]. 现代城市研究，2014（2）：104－109.

⑤ 黄睿，王坤，黄震方，等. 绩效视角下区域旅游发展格局的时空动态及耦合关系——以泛长江三角洲为例 [J]. 地理研究，2018，37（5）：995－1008.

个整体与其他城市相比较，除了受到城市内部的旅游系统要素和城市要素的影响外，还受到城市外部因素的影响。这些影响因素是什么？它们之间是否有关系？关系如何？

（3）不同层次的旅游业发展特点各有差异，在中国城市发展呈现分化之时，不同类型和不同发展阶段的城市，旅游业和城市协调发展的表现有区别，如何认识和分析不同类型、不同层级城市旅游业的发展规律，需要进一步研究探索。

旅游业与城市协调作用的过程是复杂的，牵涉众多要素，受到系统内外部其他要素的制约。本书可以使读者更好地理解旅游业与城市之间的相互作用。将旅游业与城市的研究延伸到城市群，旨在初步跨出城市范围的研究限制，从大尺度审视旅游业与城市协调发展的作用和走向，引起对城市群旅游研究的关注。

本书主要关注两个命题：一是旅游业与城市协调发展的评价与优化；二是将相关研究延伸到不同层级和不同区域的案例地框架之下。二者是理论和实践中的重点。研究目的旨在为城市谋求旅游发展时进行定位，为旅游规划提供一定的理论方法指导。

二、研究意义

（一）深化旅游业与城市协调发展的理论研究内容

随着旅游城镇化在中国不同区域、不同类型城市的蓬勃发展，呈现了较多研究成果，但是，既有文献对于旅游城市化内涵、作用过程的研究尚存在较大提升空间。本书将从旅游业资源开发模式产生的不同城市化发展效应入手，深入分析旅游业与城市发展的一般过程，为旅游城市发展理论提供新的研究视角和研究框架。

（二）提出优化旅游业与城市协调发展的研究方法体系

旅游业与城市协调发展的前期研究，主要集中于单要素分析或个体间评价，缺少对于更深一层优化方法的考虑。本书提出了一个科学测度旅游业与城市协调发展水平的指标体系，系统梳理旅游业与城市协调发展水平的影响因素及其作用机制，探讨区域层面与城市层面旅游业与城市协调发展的优化路径，希望通过该研究丰富旅游业研究体系，为中国旅游业的深化建设和高质量发展提供一定的理论参考。

（三）为旅游业与城市协调发展提供理论借鉴

近年来，旅游业实现了快速发展，对城市发展起到了巨大的推动作用，反过来城市也对旅游业的发展起到了重要促进作用。但是，从区域旅游业发展现状来看，城市之间发展水平差距较大，阻碍了区域旅游业的协同发展。旅游业与城市协调发展，是旅游业的重要目标。旅游业发展已经成为中国城镇化建设的重点产业内容，传统简单的景区化旅游城市发展模式正面临着转型发展的诉求。本书通过系统评价中国城市群及典型案例地的旅游业与城市发展协调水平的现状，解释不同旅游开发方式形成的不同旅游业发展模式的优势和不足，提出该现状背景下存在的系列问题和优化提升策略，为未来中国旅游业的区域城市协调发展提供政策建议，从而推动旅游业的转型升级。

第三节　研究思路与主要内容

一、研究思路

本书以系统优化理论为指导，以旅游经济学、旅游地理学理论为基础，采用理论与实证、定性与定量相结合的研究方法，综合旅游城市化、城市旅游等相关研究，总结旅游业与城市协调发展的基本理论和分析框架，为后文展开做铺垫。为了分析旅游业与城市协调发展的融合特征，构建旅游业与城市协调发展水平评价体系，本书采用定量模型评价影响旅游业与城市协调发展的影响因素和作用机理。本书对中国典型区域和主要旅游城市的旅游业与城市协调发展的系统研究，有助于理解旅游业与城市协调发展的关系、影响因素和作用机理，可以为其他地区提供理论借鉴。

二、研究内容

本书包括九章，每章的研究重点如下。

第一章，绪论，说明本书的研究背景和研究意义，阐述研究思路、研究内容、研究方法、创新点等。

第二章，区域一体化进程中的旅游业功能与表现，对城市旅游、旅游城市化等概念进行辨析，总结该领域研究的成功经验，阐述了系统优化理论、旅游业联系理论等对本书的支撑作用。选取中国杭州市、三亚市，荷兰阿姆斯特丹市展开经验分析和总结。

第三章，旅游业与城市协调发展研究方法构建，综合中外文相关研究成果，从旅游业和城市协调发展的基本关系出发，建立了本书后续分析所用的指标体系、模型方法和测算过程。

第四章，中国旅游城市旅游业与城市协调发展比较研究——以 25 个主要旅游城市为例，对中国旅游业发展较为典型的 25 个城市进行全局分析，总结中国总体层面不同区域旅游业与城市协调发展的基本态势。

第五章，城市群地区旅游业与城市协调发展评价——以长三角城市群为例，对都市密集区旅游业与城市协调发展进行评价。总结不同要素在旅游业与城市协调发展过程中的具体体现和密切联系。

第六章，快速城市化地区旅游业与城市协调发展研究——以中原城市群为例，分析旅游业与城市协调发展的基本特征和影响因素。

第七章，成长型城市旅游地旅游业与城市协调发展研究——以安徽省合肥市为例，分析成长型城市旅游地的旅游业与城市发展耦合特征的影响因素作用。

第八章，典型旅游城市的协调发展分析，以千岛湖为例，对典型旅游城市的协调发展进行分析，提出"主客共享"原则下旅游业与城市协调发展的优化路径。并从旅游城市发展面临的问题出发，提出城市旅游统筹协调的规划体系。

第九章，旅游业与城市协调发展政策建议，基于前文对于不同地区的研究分析，提出当前中国旅游业与城市协调发展中存在的主要问题，进而提出促进旅游业与城市协调发展的政策建议。

第四节　研究方法与创新点

一、研究方法

本书采用文献分析法进行归纳分析，总结了旅游业与城市协调发展作用的模式及其成功经验，为本书理论框架的建构提供了基础支撑。采用数理模型计算、SPSS 统计分析、GIS 空间分析等方法，研究旅游业与城市协调发展水平，采用综合分析法、比较法分析影响因素，解释影响因素和作用机理并提出优化路径。

本书的定性分析方法主要包括：文献综述法、案例分析法、实证分析法，其中，实证分析涉及的统计资料、规划资料，主要通过文献检索、网络查询和实地调研获取。定量分析方法，主要以 SPSS 软件、ArcGIS 空间分析平台作为支撑。

（一）文献分析法

在旅游业与城市协调发展相关领域的中外文文献，对本书的研究有重要的指导意义。全面整合该领域重要的中外文期刊文献，为本章的研究提供了线索和基础支撑。依靠中国知网、科学指引（Science Direct）数据库、Wiley、Emerald 数据库、Taylor & Francis 等期刊数据平台，收集了近 20 年来旅游学、地理学、城市规划学等学科发表的中外文文献，整理了长三角城市群、千岛湖市、合肥市等的历史资料、规划资料、发展资料和基础数据。

（二）案例分析法

梳理国内外著名城市的旅游业与城市协调发展的成功经验，分模式进行对比分析，使用案例分析法对比、分析、总结了中国的杭州市、三亚市和荷兰的阿姆斯特丹市等不同发展模式的旅游业与城市协调发展情况和经验，可以为城市旅游研究提供借鉴。

（三）统计模型评价法

通过构建模型，评价旅游业与城市协调发展水平；采用因子分析法和主成分分析法，提取了旅游业与城市协调发展水平的影响因素。采用熵权法（TOPSIS）建构指标体系，深入探讨不同类型区域的旅游业与城市协调发展要素的优化提升路径。

（四）空间分析法

通过 ArcGIS 空间分析平台对旅游经济要素开展空间分析，对城市旅游地之间的网络空间分析法进行研究，以判断不同尺度城市旅游节点的空间关联度和空间优化路径。

（五）实证研究法

通过经验观察得出的数据和资料，解释一般性结论。通过对案例调查、客观材料获取，归纳一般属性和发展规律。

本书所用数据主要来自两方面：（1）经济社会统计资料，主要来自全国、各个城市的统计年鉴和统计公报；（2）规划报告，主要来自各级政府的城市发展和旅游发展相关的规划资料。

二、创新点

（一）开展了不同发展阶段的分层级实证分析，解析协调发展模式

本书以长三角城市群、中原城市群、成长型旅游城市合肥市等为典型案例地，判断不同类型、不同层级城市旅游地的旅游业与城市发展之间的协调水平，总结阶段性特征。试图通过实证研究，归纳旅游业与城市协调发展的作用机理。

（二）构建旅游业与城市协调发展水平测度体系，基于长序列、多源数据分析了旅游业与城市协调发展水平

通过文献分析法、综合归纳法，系统总结旅游业与城市协调发展在关键节点上的关键变量，并根据这些变量的特征，选取必要的统计指标，构建了评价旅游业与城市协调发展水平的测度体系，采用长序列多源数据集成，系统评价了中国典型城市群及核心旅游城市的旅游业与城市协调发展水平。

（三）深入分析旅游业与城市协调发展之间的影响因素与优化路径，为区域旅游一体化发展提供理论借鉴

以旅游业与城市协调发展水平测度为核心，分析协调发展水平变更的影响因素。通过相关性分析，总结各种因素相互影响的作用关系，深入剖析旅游业与城市协调发展水平之间的关联作用。突破单体城市的旅游业与城市协调发展水平研究的局限，以提升区域旅游竞争力。

（四）综合提炼旅游业与城市协调发展的范式研究框架，归纳演绎作用机理

构建旅游业与城市协调发展水平评价指标体系—模型测度—发展水平分析—优化路径研究框架，初步确立了该领域的研究方法体系，丰富城市旅游、旅游城市化方面的理论，为旅游业与城市协调发展的相关研究提供典型案例借鉴。

第二章
区域一体化进程中的旅游业功能与表现

城市旅游研究源于两大问题：一个问题是，解决旅游者需求的增长；另一个问题是，基于老工业城市复兴战略转型的社会现实。如罗杰森·C. M.（Rogerson C. M.）通过对南非约翰内斯堡旅游经济的研究认为，城市旅游是伴随着城市经济复兴而产生的。[①] 美国的宾夕法尼亚州理海谷（Lehigh Valley，Pennsylvania）的采矿业城镇，英国的布拉德福德市（Bradford）和利兹市（Leeds）等制造业城市，以及美国的巴尔的摩市（Baltimore）和波士顿市（Boston）皆向旅游城市转型。中国的老工业城市，如大庆市、抚顺市、马鞍山市等近年来竭力争评优秀旅游城市，都是资源衰竭型城市向旅游城市转型的鲜明佐证。

1964 年，斯坦斯菲尔德（Stansfield）在《美国旅游研究中的城乡不平衡》（*An Note on the Urgan – nonurban Imbalance in American Recreational Research*）中指出，城市旅游是旅游业发展中不可忽视的领域。[②] 佩奇（Page，1995）认为，定义城市旅游，要以人们为什么选择城市作为旅游出发地，需要分析旅游者行为的社会心理，特别是旅游者的动机。但就一般抽象概念认为，旅游者被城市吸引的原因在于，城市提供专业化功能与一系列服务设施。随后，国外学者开始涉足城市旅游研究领域。国内研究始于 20 世纪 80 年代，稍晚于国外。2006 年，上海市"都市旅游国际会议"将城市旅游等同于都市旅游，认为都市旅游是依托大城市地区具有枢纽性质的交通设施和发达的旅游接待设施，以大都市地区为项目展开背景，旅游产品结构与大城市地区发达的经济结构、文化结构关

---

① Rogerson C. M. Urban tourism in the developing world：The case of Johannesburg [J]. Development Southern Africa，2002，19（1）：169 –190.

② Stansfield C. A. A note on the urban – nonurban imbalance in American recreational research [J]. The Tourist Review，1964：21 –23.

系紧密，除传统的观光购物等旅游项目外，更多地依托于商务、会展、科教、休闲、度假、节事等开展的各项旅游活动。可见，城市旅游资源不同，发展模式也大相径庭，旅游业的产品类型、产业结构、服务对象也不相同，如果将城市旅游等同于都市旅游，应该注意到，城市的规模不等，小城市将会被排除在城市旅游研究之外。因此，对城市旅游概念的界定比较困难。

值得一提的是，20 世纪 90 年代，穆林斯·P.（Mullins P.）提出"旅游城市化"①的概念，表达了对"城市如何通过旅游业的带动得到发展"的新概念化的理解。因此，旅游城市化产生的城市可看作是众多城市的共用"飞地"，它以城市居民为对象建立消费市场，仅仅是在本地资源基础上建立的产品供应链。随着城市规模效益的提升，政府、企业将不再满足于供应当地市场，此时，对外联系加强，产品供应链纵向拓展、横向拓展，城市基本活动产生、规模扩大。旅游作为城市化的动力，不如将其看作"旅游城市化"的导火索，原因在于，旅游业的季节性和不稳定性难以支撑一个城市向大城市转变，与其他功能城市生产—消费的发展模式不同，旅游城市化将更强烈地表现出城市的游憩功能，呈现出旅游消费—生产—消费的发展路径。

第一节　相关概念解析

旅游业与城市协调发展的实质，是旅游业通过景点布局、业态构建与优化、外来文化植入等影响城市经济、社会、文化发展的过程，是以旅游业发展为基础的、典型的旅游城市化过程。本节通过梳理城市旅游和旅游城市化两个概念，界定旅游业与城市协调发展的概念和内涵。

---

① Mullins P. Tourism urbanization［J］. International Journal of Urban and Regional Research，1991，15（3）：326－342.

一、城市旅游

城市旅游，是依托城市现代化设施、旅游吸引物和旅游景观等要素发展起来的一种旅游方式。皮尔斯（Pearce）认为，城市旅游是为旅游者提供专业化功能和一系列服务设施的地点和方式。[①] 1933 年，《雅典宪章》明确指出，城市的四大功能包括居住、工作、游憩（即旅游）和交通，旅游是城市的四大功能之一。1964 年，斯坦斯菲尔德指出城市旅游发展在旅游业中的特殊性和重要性。[②]

旅游业是现代服务业甚至是全域经济活动的产业增长极。城市作为旅游资源、旅游产品、旅游设施的空间载体、旅游集中地，以独特的城市空间、风格各异的景观、大型事件的举办、文化环境的特性等物质性旅游吸引物和非物质性旅游吸引物见长。旅游业在城市成长过程中发挥着重要的作用。在城市旅游业发展过程中，需要将旅游业作为产业、城市作为中心目的地进行建设。[③④] 城市游憩商务区（RBD）是城市旅游的核心组成部分。相对于城市 CBD 概念，斯坦斯菲尔德和李凯尔特（Stansfield and Rickert，1970）提出了城市游憩商务区的概念，以区分旅游活动的主要发生地和城市旅游功能的供应对象。伯滕肖（Burtenshaw，1991）和盖茨（Getz，1993）认为，中心旅游区（CTD）和旅游商务区（TBD）是城市旅游发展要素和旅游活动布局的重要问题，并认为有助于区分城市旅游活动与城市其他活动的界限，对于城市旅游设施布局、产业布局影响深远。

旅游作为城市的主要功能之一，已成为城市竞争胜出的重要标准之一。随着城市旅游业比重的不断增强，旅游业功能规模、强度和旅游业

---

① Pearce D. G. Analysing the demand for urban tourism: Issues and examples from Paris [J]. Tourism Analysis, 1996, 1 (1): 5 – 18.

② 转引自郑嬗婷，陆林，章锦河等. 近十年国外城市旅游研究进展 [J]. 经济地理，2006, 26 (4): 686 – 692.

③ Hughes C. G. The employment and economic effects of tourism reappraised [J]. Tourism Management, 1982, 3 (3): 167 – 176.

④ Claver – Cortés E., Molina – Azorı J. F., Pereira – Moliner J. Competitiveness in mass tourism [J]. Annals of Tourism Research, 2007, 34 (3): 727 – 745.

辐射效应不断增大，城市旅游功能已经成为城市竞争力的重要组成部分。① 城市作为旅游业发展的主要角色，具有四个特点：人口的高密集性，社会文化异质性，经济功能多样性，区域和城市连接网络带的物质集聚性。在城市区域内，历史遗迹、人文景观、自然景点、各种建筑、购物场所、宾馆、剧院，都是城市旅游的目的地，因此，城市旅游需求具有多样性。旅游业与城市发展功能交织的复杂性，给城市旅游研究带来统计的不完全性和覆盖面的有限性。旅游的融入，有利于优化城市结构和城市功能。② 新加坡就是个例子。在新加坡，旅游在城市经济增长中的乘数效应越来越重要。③ 从经济学角度研究城市旅游，可以为消费行为、企业营销、政策制定和资源配置提供重要的依据。从城市规模来说，大城市比小城市更适合作为国内城市旅游目的地，旅游企业运营商青睐比较成熟的旅游市场，因此，市场越成熟，城市旅游产品的多样性更强。④ 旅游给希腊的大岛屿带来正面效应，而旅游活动较频繁的小岛屿则呈现人口统计学上的下降，出现负面效应。人们应当注意到旅游带来的不稳定和阶段性发展，与当地社会结构吸收发展能力和当地人与游客之间的潜在联系有关。⑤

二、旅游城市化

tourism urbanization，可翻译为旅游城市化或旅游城镇化，产生差异的主要原因在于，中国与国外城市行政区体制的差异。国外的城市划分主要以人口集聚规模来确定，中国的城市划分以地域和行政级别来确定，包括了广大小城镇。鉴于本书研究需要，下文所提的内容都属于旅游城

① 金世胜，汪宇明．大都市旅游功能及其规模影响的测度 [J]．旅游学刊，2008（4）：72－76.

② Pearce D. G. Analysing the demand for urban tourism：Issues and examples from Paris [J]. Tourism Analysis，1996，1（1）：5－18.

③ Khan H.，Seng C. F.，Cheong W. K. Tourism multiplier effects on Singapore [J]．Annals of Tourism Research，1990，17（3）：408－418.

④ Jan Van der borg，Paolo Costa，Giuseppe Gotti. Tourism in European heritage cities [J]．Annals of Tourism Research，1996，23（2）：306－321.

⑤ Loukissas P. J. Tourism's regional development impacts：A comparative analysis of the Greek islands [J]．Annals of Tourism Research，1982，9（4）：523－541.

市化范畴。

城市地理学对旅游的研究，主要是研究其作为城市的功能。旅游学界对城市旅游领域的研究，也是在此基础上展开的。旅游城市化是借助旅游业发展对城市化过程中的人口、产业、设施等方面的推动作用而实现的。国内的相关研究兴起于 20 世纪 80 年代，集中于对个体案例进行探讨。2000 年以来，中国城市化进程加快，旅游业发展对城市环境建设、关联产业带动、城市用地布局规划等方面的影响显著增加，旅游城市化研究开始受到了普遍关注。

从概念来讲，多位学者从不同角度对旅游城市化提出了不同定义，虽表述不统一，但实质相同。旅游城市化相关概念研究，如表 2 - 1所示。

表 2 - 1　　　　　　　　旅游城市化相关概念研究

代表性文献	定义的主要观点	定义角度
穆林斯（1991）	20 世纪后期，在西方发达国家出现的，建立在享乐消费观和城市观上的一种新型城市化模式	基于旅游者的消费需求角度
黄震方等（2015）	旅游区非城市人口向城市转移和聚集，旅游城市数量不断增加，城市规模不断扩大，城市在人们旅游活动中的作用逐渐增大的现象	基于城市化内涵的具体表征角度
王冬萍等（2003）	旅游发展带动人口、资本和物质等生产力要素向旅游依托地区集聚和扩散，从而带动城市地域的不断推进和延伸的过程，包括使城市规模扩大、城市质量提高两方面	基于城市化发展的动力角度
李鹏（2004）	除了城市规模扩大和城市质量提高，还应包括旅游景区景点的人工化、城镇化倾向	强调旅游目的地的城市景观发展
陆林（2005）	旅游作为一种动力推动城市化，引导人口向城市集中；从消费角度看，旅游城市化是指，为满足人们由传统的日用型消费向现代享乐型消费转移，提升城市功能的过程	基于城市化发展的动力、模式以及旅游者需求角度
朱竑（2005）	旅游城市化是旅游业促进城市发展的一种结果，更是一种动态发展的趋势和演变过程，该概念将旅游城市化从静态提升到动态	基于城市旅游功能角度
李璐芳（2007）	将城市作为旅游目的地来建设	基于城市旅游角度

续表

代表性文献	定义的主要观点	定义角度
安传燕（2007）	将旅游作为一种推动人类社会经济转型、社会变迁和文化重构的动力来促进区域城市化的过程和现象	基于旅游对区域的综合作用角度
曾博伟（2010）	拥有较丰富的自然旅游资源、人文旅游资源，能提供相应的观光、休闲	基于城市旅游角度

资料来源：Mullins P. Tourism urbanization［J］. International Journal of Urban and Regional Research, 1991, 15（3）：326－342；黄震方等. 新型城镇化背景下的乡村旅游发展——理论反思与困境突破［J］. 地理研究, 2015, 34（8）：1409－1421；王冬萍, 阎顺. 旅游城市化现象初探——以新疆吐鲁番市为例［J］. 干旱区资源与环境, 2003, 17（5）：5；李鹏. 旅游城市化的模式及其规制研究［J］. 社会科学家, 2004（4）：97－100；陆林. 旅游城市化：旅游研究的重要课题［J］. 旅游学刊, 2005, 20（4）：1；朱竑, 戴光全. 经济驱动型城市的旅游发展模式研究［J］. 旅游学刊, 2005, 20（2）：41－46；李璐芳, 谢春山. 旅游城市化现象探析［J］. 科技情报开发与经济, 2007, 17（12）：166－167；安传燕. 旅游城市化内涵及动力机制研究［J］. 理论界, 2008（8）：223－224；曾博伟. 旅游小城镇：城镇化新选择［M］. 北京：中国旅游出版社, 2010。

近年来，全球旅游业蓬勃发展，加快发展旅游业已成为很多国家的战略决策。根据世界旅游理事会发布的权威报告预测显示，在2022～2032年，旅游业的 GDP 预计将以年均5.8%的速度增长，超过全球经济2.7%的增长率，达到14.6万亿美元（占全球经济总量的11.3%）。[①]

旅游业是国民经济发展的战略性支柱产业，中国将成为世界新兴旅游目的地。中国经济经历了30多年的持续高速增长，居民收入大幅增长，旅游市场需求得到极大释放。在此背景下，中国旅游业发展呈现出四大特点：（1）从比较单一的观光型旅游业转向复合型旅游业；（2）从传统服务业转向现代服务业；（3）旅游业的社会功能越来越强，正在从经济产业转向社会产业；（4）旅游业投资快速增长，2015年旅游业直接投资首次突破一万亿元，达到10 072亿元。其中，民营资本旅游业投资占全部旅游业投资的56%。[②]

城市旅游业作为城市现代服务业的重要组成部分，是推动城市后工

① 数据来源于世界旅游业理事会. 2019旅游对全球经济影响报告（*Travel & Tourism*：*Economic Impact* 2019）.

② 数据来源于《2016中国旅游统计年鉴》。

业化阶段的发展动力。① 近年来，旅游城市化逐渐成为重要的城市化模式之一。② 旅游业作为城市主导产业，改变了生产要素在产业间的流动配置，引起了城市功能的演替和城市地理空间结构变迁。③ 不少学者研究了旅游业与城市化协调发展模式、道路机制及发展策略的关系，④ 为促进城市旅游业的健康发展起到了重要的理论引导作用。随着全民游憩时代的到来，旅游业与城市发展如何互动已经成为研究热点之一。

旅游业的发展，是现代城市环境建设、城市功能多元化、城市形象提升以及城市经济社会发展的共同要求。⑤ 在改革开放初期，中国城市建设较多地强调经济发展。20 世纪 90 年代之后，入境旅游迅速崛起，逐渐受到城市建设者的重视，时至今日，旅游业已经成为城市发展的重要组成部分，在城市规划、城市建设中作用突出，既能满足城市居民的日常休闲需求，又能优化生活空间，满足游客的游览需要。

1995 年，国家旅游局着手组织"中国优秀旅游城市"的创建和评选工作，旅游业与城市的融合发展，已经在政府、业界和学界达成共识。2006年，深圳市举办"全球化视野下国际旅游城市建设"研讨会，2010 年，在济南市举办的"中国旅游城市发展峰会"以及 2008 年第 13 届全国区域旅游开发学术研讨会，明确了转型背景下旅游业与城市发展之间是融合互动的，两者都需要根据对方的需求进行调整。2021 年举办世界旅游城市联合会北京香山旅游峰会，发布《世界旅游城市发展报告 2020》《世界旅游城市未来发展议程（2021～2030）》。旅游是城市发展的推进器、经济催化剂，旅游的功能是多元的、综合的，对于城市产业竞争力的提高意义重大。⑥ 然而，旅游业发展也对城市功能、产业结构、城市景观、城市形象等要素的建设提出了新的要求。

---

① 虞虎，陆林，朱冬芳. 长江三角洲城市旅游与城市发展协调性及影响因素 [J]. 自然资源学报，2012, 27 (10): 1746 - 1757.

② 陆林，葛敬炳. 旅游城市化研究进展及启示 [J]. 地理研究，2006, 25 (4): 741 - 750.

③ 章锦河. 城市旅游转型与旅游制度创新的思维转向 [J]. 旅游学刊. 2019, 34 (3): 7 - 8.

④ 麻学锋，孙根年，马丽君. 旅游地成长与产业结构演变关系——以张家界为例 [J]. 地理研究，2012, 31 (2): 245 - 256.

⑤ 彭华，钟韵. 创建优秀旅游城市的思考：旅游开发与城市建设一体化 [J]. 旅游学刊，1999 (2): 21 - 25, 78.

⑥ 陆林. 旅游城市化：旅游研究的重要课题 [J]. 旅游学刊，2005, 20 (4): 1.

　　根据以上分析，本书所指的旅游业与城市协调发展，是在旅游业的出现、成长、发展过程中，旅游业与城市发展之间的关联互动关系和结果。旅游业主要体现在旅游人数增长和旅游六要素形成的旅游业体系。城市发展主要体现在城市经济增长、社会发展、文化提升、基础设施建设等不同方面。城市发展可以为旅游业发展提供基础支撑，反过来，旅游业的发展也能引导城市发展要素提升。

　　首先，旅游业的发展有利于带动城市餐饮、住宿、娱乐等服务产业的发展。旅游实质上是人员的流动，人员流动增加必然带来消费增加，餐饮、住宿、娱乐都是最基本的消费需求，因此，旅游业发展会直接带动上述产业的发展。此外，旅游业还带动城市农业发展，旅游业与城市农业相结合是现代农业发展的重要途径，有利于城市产业融合发展。旅游业的发展，有利于促进城市基础设施完善，促进城市服务质量提升。

　　其次，旅游业的发展，有利于提高城市形象，丰富城市文化内蕴。旅游具有文化属性，能够在传承文化的过程中彰显城市特色。比如，郑州市的商代遗址、少林寺文化。而且，在新型城镇化过程中，城乡文化碰撞、交流，有利于形成有特色的新型城镇化建设模式，对于城镇化文化建设具有重要意义。

　　最后，旅游业的发展有利于改善城市生态环境，增强城市生态功能。作为自然生态的一个组成部分，城镇化的可持续发展需要遵循自然生态规律，实现人与人、人与自然及自然系统的协调发展。① 而近年来，城市的自然环境问题日趋严重，阻碍了城市的可持续发展。旅游业的发展要以良好的自然生态环境为依托，旅游从业者和市民都受益于旅游业的发展而增强环保意识，因此，旅游业的发展在很大程度上促进了城市良好生态环境的维护。

---

　　① 单卓然，黄亚平．"新型城镇化"概念内涵、目标内容、规划策略及认知误区解析[J]．城市规划学刊，2013（2）：16－22.

第二节　旅游业与城市发展

佩奇指出，随着后工业社会到来，城市化过程的演替，城市综合实力和综合环境质量得到提高，旅游开始城市化。旅游城市化是为了消费而建立的，引导了一种新的城市化类型，而不像 19 世纪末 20 世纪初的工业城市以工业、生产、商业和居住为主要功能。[①] 旅游作为城市化的动力，既可以在城市化中期、城市化后期发生作用，使城市经济转型或城市功能多元化，也可以作为城市化的原动力，使城市从无到有，从小到大，发生质的飞跃。

一、旅游业与城市转型

城市作为文化的主要发源地和集中地，物质性旅游和非物质性旅游吸引物众多，吸引力较强，是最主要的旅游目的地，当旅游融入城市结构之中，城市功能将得到进一步优化。罗杰森（Rogerson，2002）通过对南非约翰内斯堡市旅游经济的研究认为，旅游业发展是伴随城市经济复兴产生的，商务旅游是旅游业中最具活力的亚部门之一。有文献探讨了城市街区改造与旅游业发展互动，认为查尔斯顿城（美国西弗吉尼亚州首府）的国王街复兴工程维持了商业区的吸引力。[②] 德里克（Derek）以波兰首都华沙市为例，从土地利用视角探讨城市转型后的旅游业空间结构。[③] 美国宾夕法尼亚州理海谷市的采矿业城镇，英国的布拉德福德市和利兹市等制造业城市，以及美国的巴尔的摩市和波士顿市的旅游业转型，英国铁桥峡谷地区、德国鲁尔工业区、日本北海道夕张市、中国老工业城市大庆市、抚顺市、马鞍山市、淮南市等资源衰竭型城市，通过旅游

① Page S. J. Urban tourism [M]. London：Routledge，1995.

② Litvin S. W. Streetscape improvements in an historic tourist city a second visit to King Street，Charleston，South Carolina [J] . Tourism Management，2005，26（3）：421 –429.

③ Derek M. Spatial structure of tourism in a city after transition：The case of Warsaw, Poland [M]. Tourism in Transitions. Springer, Cham, 2018.

复兴衰退地区，增添城市生机。美国的波士顿市和巴尔的摩市、中国的扬州市等港口功能衰落型城市通过开发城市滨水区旅游产品，为城市注入新的活力。

二、旅游业与城市空间拓展

旅游业与城市空间拓展的关系表现为，旅游业对城市商业区的塑造和城市滨水区的开发。城市内部环境是一种旅游产品，需要具备独特的空间特性和环境特性、完善的休闲娱乐功能和相关配套设施以吸引旅游者。荷兰的几座老城市迪文特市（Deventer）、卡培恩市（Kampen）、任勒市（Zwolle）、多雷奇市（Dordrecht）并非传统的旅游城市，但其完善的城市内部系统、独特的旅游发展模式对公众具有巨大吸引力。城市的空间形态对旅游者的偏好产生影响，城市空间形态的改变以及城市空间形态与城市功能的二维改变带来了旅游业的多样性和可选择性。[1]有文献主张通过旅游业重建老城区，以提高当地居民的生活条件，吸引更多旅游者。[2]城市滨水区旅游开发，是城市旧区改造和新区建设的重要支撑点。在加拿大安大略省和美国纽约州交界处的两个边境城市的老商业区已经衰落，但随着美国以旅游业为导向的设施和服务被有意识地融入中心商业土地使用之后，纽约州的一些城市已建成城市旅游商业区。

三、旅游业与城市经济

美国城市迈阿密市、奥兰多市的旅游，通过梳理品牌形象、会议会展、建设大型购物商场和狂欢地带等措施，对城市经济、工资、就业等方面起到带动效应。[3]英国爱丁堡历史古镇旅游业，成为当地经济发展最

---

① Aspa Gospodini. Urban waterfront redevelopment in Greek cities, a framework for redesigning space [J]. Cities, 2001, 18 (5): 285 – 295.
② Boris V., Dragan T. Tourism and urban revitalization: A case study of Porec, Yugoslavia [J]. Annals of Tourism Research, 1984, 11 (4): 591 – 605.
③ Dennis R. Judd. Promoting tourism in US cities [J]. Tourism Management, 1995, 16 (3): 175 – 187.

重要的产业之一。① 旅游业通过直接途径和间接途径对西班牙的巴塞罗那市的经济产生溢出效应。② 旅游业融入城市商业之中，加强城市作为旅游地的吸引力，吸引更多旅游消费，推动城市商业发展。旅游产业与其他产业融合形成旅游新业态，成为旅游业新的增长极。如丹麦的哥本哈根市、美国的奥兰多市、中国的北京市、上海市、澳门市等经济发达城市，通过蒂沃丽花园、哈利·波特主题公园、渔人码头、欢乐谷、田子坊等创意旅游产品增强旅游产品的吸引力，延伸了城市旅游产业链。但凯文（Kevin）研究旅游者消费与城市遗产旅游的关系指出，要带动旅游者的消费，需妥善处理遗产地和零售业、商业之间的关系。③ 城市消费建立在生产功能之上，旅游业的发展要处理旅游业与服务业、工业的产业地位关系。旅游业的适度发展有助于城市经济发展，但过度发展将削弱城市的生产功能，抑制城市基本活动部门的功能，减缓城市发展速度。

四、旅游规划与城市规划

旅游发展具有鲜明的政府意愿，城市管理者主要通过规划和政府相关政策指导大型旅游事件。宏观旅游战略的可持续发展，必须充分尊重当地社区利益。④ 有文献指出，反对发展旅游业的居民支持政府采取限制性的产业政策，支持发展旅游业的居民则强烈反对政府采取限制性的产业政策，大多数中间人群的利益是政府制定旅游发展规划和产业政策时重点关注的对象。⑤ 道格拉斯·G. 皮尔斯（Douglas G. Pearce）指出，在法国巴黎市的城市规划、香榭丽舍大道的开发和卢浮宫发展规划中，公

---

① Parlett G., Fletcher J., Cooper C. The impact of tourism on the old town of Edinburgh [J]. Tourism Management, 1995, 16 (5): 355 – 360.

② Murillo J., Vayà E., Romaní J., et al. How important to a city are tourists and day – trippers? The economic impact of tourism on the city of Barcelona [J]. Tourism Economics, 2013, 19 (4): 897 – 917.

③ Kevin M. Consuming in the Civilized City [J]. Annals of Tourism Research, 1996, 23 (2): 322 – 340.

④ Roche S., Spake D. F., Joseph M. A model of sporting event tourism as economic development [J]. Sport, Business and Management: An International Journal, 2013, 3 (2): 147 – 157.

⑤ Madrigal R. Residents perceptions and the role of government [J]. Annals of Tourism Research, 1995, 22 (1): 86 – 102.

众参与对其所在城市的旅游发展起着重要作用。[①] 城市内部交通，是游客城市旅游体验的决定性因素。城市规划者在应对城市公共交通增长的服务供给过程中，旅游施加了积极的外部压力，旅游为提升公共服务提供额外资金，但无形中增加了居民的额外成本。[②]

旅游规划的目标，在于解决管理者、经营者和参与者三者利益在城市建设过程中的协调问题。旅游用地的空间布局、旅游产品建设、交通线路组织、政策法规体系依附于城市规划，旅游规划可丰富城市规划内容、促进城市形象提升与城市特色形成、提高城市环境质量和市场竞争力。旅游规划强调城市的对外服务功能，城市规划系统提高城市的综合功能，强调对市民的服务功能。二者侧重点不同，但目的一致。

五、旅游业与城市文化

旅游作为城市的重要功能之一，是区域文化交流的重要手段。旅游的人本主义，能够促进自下而上的城市空间重构。旅游对城市的社会内容、习俗传统的影响是双面的。洪都拉斯首都伯利兹城通过营销玛雅历史文化旅游产品，开拓国际旅游市场，提升旅游在其主要经济部门的地位，[③] 旅游收入被投入遗址科考工作中。作为通往马丘比丘的主要关口，秘鲁的库斯科市旅游资源吸引了大批游客。有文献认为，旅游发展往往同化了城市边缘区域，带来迎合高消费的商业氛围，简单化或抹杀历史遗迹的文化意义。[④] 有文献认为，旅游威胁到遗产完整性、居民生活质量。[⑤]

目前，工业文化旅游成为许多城市的重要旅游项目，工业企业、旅

---

① Douglas G. Pearce. Tourism development in Paris, public intervention [J]. Annals of Tourism Research, 1998, 23 (2): 457–476.

② Daniel Albalate, Germà Bel. Tourism and urban public transport: Holding demand pressure under supply constraints [J]. Tourism Management, 2010, 31 (3): 425–433.

③ Ramsey D., Everitt J. If you dig it, they will come: Archaeology heritage sites and tourism development in Belize, Central America [J]. Tourism Management, 2008, 29 (5): 909–916.

④ C. A. Hope, M. S. Klemm. Tourism in difficult areas revisited: The case of Bradford [J]. Tourism Management, 2001, 22 (6): 629–635.

⑤ Van den Berghe P. L., Ochoa J. F. Tourism and nativistic ideology in Cuzco, Peru [J]. Annals of Tourism Research, 2000, 27 (1): 7–26.

游公司、城市管理者（公共组织）之间的合作，形成多赢的发展模式。①
20 世纪 80 年代晚期，亚洲美食主题假日的引入，对当时处于高失业率状态的英国布拉德福德市起到了有效的社会就业带动作用。工业旅游对传统工业的再演绎，能够建立强大的品牌资产，成为工业城市开展文化传播的独特路径。②

六、旅游业与城市形象

城市景观具有丰富的文化底蕴，代表一个城市的主题形象。重要的城市景观往往是城市地标，当其融入旅游功能，将被纳入旅游系统，同时满足城市居民和游客的观赏娱乐需求。旅游业的持续发展，取决于城市整体的形象、活力及吸引力。城市形象为旅游业的发展起到宣传作用。如广东省东莞市通过特色城镇发展、会展旅游、购物旅游、酒店带动的会议旅游、休闲娱乐等新型旅游吸引力，将城市的整体集合效应和良好人居环境建设作为旅游发展的重要组成部分，改善和重造东莞城市形象。③ 节事旅游这一充满了象征意义的再现空间，也与被社会性建构的城市形象关联密切。城市形象在一定程度上受游客对旅游产品及旅游服务评价的影响，如德国的慕尼黑啤酒节和中国的青岛啤酒节均带动了举办城市的经济发展、增强了城市竞争力，对城市形象具有明显的提升作用，但也不能忽视节事旅游对于城市社会生活秩序的干扰，需要提前防范大型节事旅游活动可能带来的挤出效应和低谷效应。④

---

① Otgaar A. H. J., Van Den Berg L., Feng R. X. Industrial tourism: Opportunities for city and enterprise [M]. London: Routledge, 2016.

② Chow H. W., Ling G. J., Yen I. Y. and Hwang K. P. Building brand equity through industrial tourism [J]. Asia Pacific Management Review, 2017, 22 (2): 70 –79.

③ 朱竑，戴光全. 经济驱动型城市的旅游发展模式研究 [J]. 旅游学刊，2005，20 (2)：41 –46.

④ 宗刚，赵晓东. 啤酒节对主办城市的影响效益分析——慕尼黑啤酒节与青岛啤酒节的比较 [J]. 旅游学刊，2013，28 (5)：72 –79.

七、旅游业与城市品牌

旅游品牌建设，建立在城市文化、城市形象之上。温瑞奇（Weinreich）提出，目的地营销人员必须知道品牌从产生、发展、成熟、衰落到消亡的过程是 S 曲线。[①] 摩根等（Morgan et al.）将温瑞奇提出的观点运用到旅游目的地品牌的发展阶段，提出旅游目的地品牌流行度曲线的四个阶段：时髦阶段、著名阶段、熟悉阶段、疲劳阶段。如果目的地没有进行长期品牌维护，会不可避免地陷入疲劳阶段。[②] 布等（Boo et al.）探讨了旅游目的地品牌个性和品牌形象的相关关系。有研究通过实证资料提炼、建立了游客角度的品牌权益模型，并对美国拉斯维加斯和大西洋城的游客进行了在线测量。[③]

如何通过品牌提升政治决策的可信性和政府的良好形象，是许多城市管理者关注的首要问题。时尚口号和标语，是品牌建设最重要的因素。[④] 从游客感知和顾客感知的角度来看，感知和体验是研究的两个主要方面。有学者认为，旅游城市营销需要了解城市主要目标顾客对城市的认知、了解和感知，分析每个目标市场上目标顾客感知和实际之间的差距。[⑤] 城市及其顾客有一个"相遇"的过程，这个过程通过顾客对城市形象的感知实现，城市营销思想的基础应该是顾客导向，城市品牌构建的两个层面，一个层面是城市的营销活动；另一个层面是顾客的感知，口号和标志只是城市品牌运营战略的工具，不是品牌战略的全部。[⑥] 品牌生死取决于体验感。[⑦] 毛里求斯的路易港市的案例研究也表明，社会属性、交通属性、政府服务属性和购物属性能够对旅游发展整体形象感知产生

① 左冰，杨艺. 旅游业关联结构及其经济贡献研究——以广东省为例 [J]. 旅游学刊，2021，36（4）：14 - 30.

② Morgan N., Pritchard A., Pride R. Destination branding [M]. London：Routledge，2007.

③ Soyong Boo, James Busser, Seyhmus Baloglu. A model of customer - based brand equity and its application to multiple destinations [J]. Tourism Management，2009，30：219 - 231.

④⑥⑦ Kavaratzis M., Ashworth G. J. City branding：An effective assertion of identity or a transitory marketing trick? [J]. Tijdschrift voor economische en sociale geografie，2005，96（5）：506 - 514.

⑤ John A. Quelch, Gail McGovem. Does the customer come first in your boardroom? [J]. Leader to Leader，2005，35：28 - 32.

影响。[①]

八、旅游业与城市环境

城市旅游粗放式、无序发展与不合理布局往往破坏环境，良好的旅游发展模式可以引导或加速城市环境质量的改善。[②] 旅游业与城市协调发展研究主要涉及六个方面：①旅游促进城市商业区建设和城市滨水空间开发；②旅游促进城市经济发展，带动就业；③旅游规划是城市规划的补充，解决了城市管理者、城市经营者和城市参与者三者利益在城市建设过程中的协调问题；④旅游是文化交流的重要手段，旅游规划的人本主义能够促进自下而上的城市空间重构；⑤旅游业发展提高城市整体形象、活力和吸引力；⑥良好的旅游发展模式，可以引导或加速城市环境质量改善。

综合来看，旅游业与城市协调发展是城市化进程中政府和市场两种力量共同作用的结果，旅游业与城市协调发展作用机制，见图2-1。第一，经济全球化和产业升级推动城市发展，形成良好的交通区位、环境、配套设施，为旅游业发展提供硬件保障。城市第二产业的发展，为旅游业发展提供坚实的经济基础。旅游业快速发展的动力来源于两方面：一是内部动力，包括旅游资源开发和产业专业化分工；二是外部动力，主要包括城市工业转型的需要、旅游市场需求的不断扩大、科技发展带来旅游产品的不断深化。第二，政策和市场两方面的外部力量，宏观上引导和调控着旅游业的发展节奏和空间结构。外部力量体现在三个方面：①城市产业发展战略对第三产业的重视；②政府开展旅游规划对旅游资源开发、空间格局架构的影响，引导旅游企业、旅游资金注入，影响旅游业发展速度；③在市场经济条件下，产业融合、产品营销等新业态不断推动旅游业与服务业共同发展。第三，城市第三产业的深化推动旅游

---

① Ramkissoon H. , Nunkoo R. City image and perceived tourism impact: Evidence from Port Louis, Mauritius [J]. International Journal of Hospitality & Tourism Administration, 2011, 12 (2): 123 - 143.

② 翁钢民，鲁超. 旅游经济与城市环境协调发展评价研究——以秦皇岛市为例 [J]. 生态经济，2010 (3)：28 - 31.

业的良性发展，对城市文化、城市生态、城市形象建设起到重要的作用。旅游业通过城市滨水区开发、城市景区建设拓展城市空间。

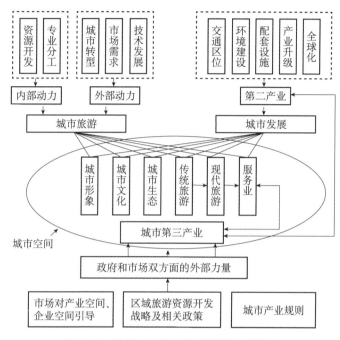

图 2 - 1　旅游业与城市协调发展作用机制

资料来源：笔者根据相关资料整理绘制而得。

第三节　旅游业在城市发展中的地位和角色

一、旅游业与休闲服务业协调发展

旅游业与休闲服务业协调发展，实现旅游业可持续发展具有一定现实意义，并以扬州市为例，定量分析了扬州市旅游业与休闲服务业协调发展的基础、意义及保障措施。① 许峰通过阐明休闲与旅游的关系，探讨

① 侯兵，陈肖静，许俊. 城市旅游与休闲服务业协调发展研究——以扬州为例 [J]. 华东经济管理，2009，23（3）：28 – 32.

了旅游城市经济产业中休闲服务部门的概念和内涵，从时空角度分析了休闲活动的演化过程，分析了休闲服务业的部门构成和国内外发展现状，探讨了中国旅游城市休闲服务业协调发展的初步构想。①

二、旅游业与经济发展协调

生延超和钟志平使用耦合度函数构建了旅游业与区域经济发展耦合协调度模型，并以湖南省为例，对旅游业与区域经济发展耦合协调发展情况进行了实证研究。研究结果表明，除长沙市达到优质协调外，湖南省旅游业对区域经济发展的促进作用滞后于区域经济对旅游业的贡献。② 秦克涛认为，重庆市在发展旅游经济过程中需结合特殊情况，建设有重庆市特色的旅游经济，通过旅游经济带动第一产业、第二产业的发展，协调旅游业发展与城市建设的关系。③ 和红和叶民强基于向量自回归模型对中国旅游业与经济增长的关系进行实证研究，结果表明，中国旅游业与经济增长存在长期稳定的动态关系，存在经济增长到国内旅游、国际旅游到国内旅游的单向因果关系，两者之间存在较强的正向作用。④

三、旅游业与文化建设协调发展

历史文化遗产的保护和开发促进了旅游业发展，进一步带动城市发展，城市发展为历史遗产地的保护提供了资金支持。城市发展不应以牺牲历史文化遗产为前提，处理好历史文化遗产保护、开发及其与载体城市之间的关系，实现历史文化遗产开发利用和城市发展的有效协同。⑤ 城

---

① 许峰. 旅游城市休闲服务业协调发展研究 [J]. 旅游学刊, 2001, 16 (5): 70 – 74.
② 生延超, 钟志平. 旅游产业与区域经济的耦合协调度研究——以湖南省为例 [J]. 旅游学刊, 2009, 24 (8): 23 – 29.
③ 秦克涛. 重庆的旅游经济与城市协调发展 [J]. 中国商贸, 2011 (24): 165 – 166.
④ 和红, 叶民强. 中国旅游业与经济增长相关关系的动态分析 [J]. 社会科学辑刊, 2006 (2): 134 – 138.
⑤ 许瑞娟, 翟宝辉. 论城市发展中的历史文化资源整合策略 [J]. 城市规划汇刊, 2004 (3): 49 – 53, 96.

市品牌建设多以城市历史文化为基础，周玉翠运用耦合协调函数，选取湖南省品牌旅游资源及反映湖南省旅游业发展的众多指标，分析了湖南省旅游资源系统和旅游系统之间的互动关系，结果表明，湖南省多数地区旅游资源系统和旅游系统之间的互动性处于失调状态。[①] 文化遗产型旅游资源与载体城市的文化建设存在千丝万缕的联系，文化遗产是载体城市文化的构成部分，也是载体城市文化内涵的展现。[②] 旅游再利用应兼顾城市文化的空间研究和空间的文化研究，在促进"地方感"形成的同时，强化"地方认同"，立足遗产真实性、完整性保护，从标志性构筑物、宏观可视性、情境化再现、形象意义认同和变化关系考量等视角介入，加强原有场所价值，凝聚"地方性"认同感，实现旅游发展的可持续性。[③]

四、旅游业与交通协调发展

旅游业发展与交通基础设施发展，存在天然的产业耦合性和空间重叠性。郭向阳等以长江经济带为研究对象，发现快速交通系统通过集聚扩散、调整重构、传导配置与整合优化等方式，加速城市（区域）间旅游要素集合的流动与交换，旅游业生产率通过"反哺效应"快速促进交通系统结构优化及服务能级提升。[④]

五、旅游业与环境协调发展

旅游经济与生态环境是在特定的人—地关系下融合了区域性、综合

① 周玉翠. 湖南品牌旅游资源与旅游业协调性研究 ［J］. 经济地理，2009，29（12）：2118 - 2122.

② 刘昱. 文化遗产型旅游景点与城市文化建设的关系 ［J］. 社会科学家，2012（6）：73 - 76.

③ 丁新军. "地方性"与城市工业遗产旅游再利用——以美国马萨诸塞州洛厄尔国家历史公园为例 ［J］. 现代城市研究，2018（7）：68 - 76.

④ 郭向阳，穆学青，明庆忠，陆保一. 长江经济带快速交通系统对城市旅游生产率的影响效应分析 ［J］. 经济地理，2021，41（12）：213 - 222.

性等多元特征的关联系统，是多种要素驱动的结果。① 崔峰在阐述协调发展度概念的基础上，引入协调发展度计算模型及计算方法，对上海市2000~2006年旅游经济与生态环境协调发展状况进行评价，结果表明，上海市旅游经济与生态环境的协调发展度总体呈上升趋势，但仍属中度到良好的协调发展类城市。② 翁钢民和鲁超通过建立旅游经济与城市环境协调发展计算模型，分析了旅游经济与城市环境协调发展的基本类型，建立协调发展评价指标体系，定量评价了秦皇岛市旅游经济与城市环境发展状况。③ 李锋构建了城市旅游环境质量评价指标体系，并对开封市和洛阳市的城市旅游环境质量进行了测评，得出开封市旅游环境质量水平是中等偏下，洛阳市旅游环境质量水平是中等的结论。④ 刘定惠和杨永春建立了区域经济—旅游—生态环境耦合协调度指标体系，对安徽省进行了实证分析，结果表明，安徽省经济—旅游—生态环境耦合协调度总体呈上升趋势。⑤ 此外，旅游业与人居环境具有互动特征，通过土地供给、政府投资、社会稳定、环境规制缓解人居环境的承载压力、保障资金来源、激发环保动力与强化约束力等转向促进人居环境改善。⑥

六、旅游业与城市协调发展综合评价

历史文化遗产和自然资源的开发利用，是旅游小城镇相互促进、协调发展的资源基础；交通条件、当地群众参与、规划引导和调控、经济

---

① 谷昊鑫，秦伟山，赵明明，孙海燕，王富喜. 黄河流域旅游经济与生态环境协调发展时空演变及影响因素探究 [J]. 干旱区地理，2022，45（2）：628-638.
② 崔峰. 上海市旅游经济与生态环境协调发展度研究 [J]. 中国人口·资源与环境，2008（5）：64-69.
③ 翁钢民，鲁超. 旅游经济与城市环境协调发展评价研究——以秦皇岛市为例 [J]. 生态经济，2010（3）：28-31.
④ 李锋. 基于协调发展度的城市旅游环境质量测评研究——以开封市和洛阳市为例 [J]. 地域研究与开发，2011，30（1）：90-94.
⑤ 刘定惠，杨永春. 区域经济-旅游-生态环境耦合协调度研究 ——以安徽省为例 [J]. 长江流域资源与环境，2011，20（7）：892-896.
⑥ 时朋飞，徐浜森，陈婷婷，周赀. 旅游业促进人居环境改善的效应测度与分析 [J]. 统计与决策，2022，38（9）：94-98.

社会可持续发展，分别是旅游城市发展的基础工作和根本目标。[①] 罗文斌等运用 TOPSIS 法对杭州市旅游业与城市发展的协调性评价问题进行了研究，认为随着城市化和旅游业的发展成熟，杭州市的协调状态逐渐优化。[②] 汪婷等构建旅游业与城市发展的协调性发展水平评价指标体系，对安徽省三个旅游城市黄山市、池州市和芜湖市城市旅游业与城市发展的协调性发展水平进行了对比。[③] 洪学婷等则在构建文化资源和旅游业评价指标体系的基础上，建立耦合协调模型，研究发现文化资源与旅游业耦合协调度受到经济发展水平、市场需求、基础设施、环境和人才等因素的影响。[④]

总体来看，多从单个要素角度探讨旅游业与城市协调发展，研究内容不断细化，研究范围从西安市、上海市等大城市向中小城市不断扩大，研究方法也从具体案例的描述性分析和简单统计分析，向复杂的地理数学模型发展。但协调作为一种状态，不是单个系统或要素的增长，而是多系统或多要素在协调的有益约束和规定之下的综合发展。旅游业与城市发展的协调，强调旅游业与城市各系统发展之间的整体效应和功能协调，两者关系的变化必将牵涉区域内城市旅游业空间布局、产业组织结构的变化。旅游业与城市协调发展逐渐受到关注，研究内容多涉及旅游业与城市经济、城市文化、城市交通之间的协调研究。旅游业与城市发展综合性评价，是将旅游业与城市各子系统之间的耦合关系进行综合评价，目前，成果较为少见，仅有少数学者对城市群或都市圈旅游协调性进行基础分析。在研究方法与理论的基础上，主要通过收集二手数据建立评价指标体系，使用耦合模型进行测度，虽然目前评价指标体系尚不能统一，但是研究结论较为一致。文献多基于具体案例地的实证研究，缺乏系统性分析，没有形成统一的理论基础，多是旅游

---

① 李雁灵. 旅游经济与城市协调发展分析［J］. 山西财经大学学报，2019，41（S2）：8 - 9，26.

② 罗文斌，汪友结，吴一洲，吴泽斌. 基于 TOPSIS 法的城市旅游与城市发展协调性评价研究——以杭州市为例［J］. 旅游学刊，2008（12）：13 - 17.

③ 汪婷，陆林，朱付彪. 旅游业发展与城市发展的协调性比较研究——安徽省旅游城市实证分析［J］. 资源开发与市场，2011，27（9）：855 - 858.

④ 洪学婷，黄震方，于逢荷，沈伟丽. 长三角城市文化资源与旅游产业耦合协调及补偿机制［J］. 经济地理，2020，40（9）：222 - 232.

学与经济学、社会学、数学等多学科的理论方法和理论基础的交叉运用，系统性较弱。

旅游业与城市协调发展作为一种状态，强调双向子系统之间的耦合，表现在产业经济、社会文化、生态系统上的协同发展，是城市的单体协调，作为一种过程，强调各系统增长演进的协同作用。旅游地的生命周期，决定了旅游业与城市协调发展所表现出的地域性、阶段性的动态特征和城市模式。旅游业发展受到两个因素制约。

（1）产业发展约束。旅游业发展受到经济基础和社会生活方式的制约及环境容量的影响，仅有有限的城市能够真正将旅游业作为支柱产业。忽略或过于强调旅游业在城市发展中的作用都是片面的观点，旅游业对产业之间的联接作用和融合作用，要远大于其带来的直接经济收益。

（2）城市规划的约束。现代城市建设追求工业化的经济成果，而大大忽略了城市建筑式样所体现的人文关怀。中国旅游业一直存在误区，改革开放前，片面强调城市的生产功能，忽略其游憩功能和旅游功能；20 世纪 90 年代以来，又片面追求旅游功能，忽视了城市的整体地位及城市其他功能与旅游之间的关系。城市建设规划的初衷，往往体现了城市居民的价值标准和利益需求，却忽略了游客的客观需求。时至今日，城市规划、旅游业规划成为城市发展的指挥棒，如要真正实现现代旅游业与城市发展的功能性协调，必须加强规划对旅游业、空间布局的指向性，同时，凸显城市的地域文化，在城市景观建设中注入旅游要素，满足居民与游客双方的需求，充分体现城市对游客的人文关怀。

第四节　旅游业与城市协调发展的理论基础

一、理论基础

（一）系统理论

系统优化是指，系统在一定外部环境条件约束和限制下，使系统处于最优的工作状态或达到最优解的过程。系统是在某一环境下，由几个要素以一定的组织结构和组织形式相互联系形成的具有特定功能的有机整体。系统整体功能大于部分功能之和。处于运行状态的系统，通过与外界的物质、信息、能量的相互交换来维持整体与局部、局部与局部、整体与外界环境之间的相互依赖、相互制约与相互影响的有机联系。

系统一般包括构成要素、组织结构、功能三个方面，各方面之间相互联系、相互影响，具有动态发展特征。（1）构成要素是指，形成系统的基本要素，要素和系统是部分和整体的关系，要素之间通过一定的联系形成结构，结构通过与外部环境的联系在某些运行法则的引导下形成一定功能。在旅游业与城市协调发展系统中，旅游业发展要素和城市发展要素之间具有相互联系。（2）组织结构是指，构成系统的基础要素之间稳定的关联方式，具有一定的结构、一定的链接方式，没有组织结构，就无法组合系统要素。在旅游业与城市协调发展系统中，两个系统发展要素通过产业、产品以及具体事物之间的联系进行空间组织。（3）功能是指，系统发展过程中所呈现的秩序，是系统与外部环境相互作用表现出来的行为方式，反映了系统的外在能力和外在功能。在旅游业与城市协调发展过程中，不同发展要素通过多样化的组织结构形成特定功能，功能之间的协调是系统保持结构稳定性的必要条件。对系统的剖析有利于认识其运行规律，协调、优化系统发展。系统具有整体性、独立性、层次性、环境适应性、动态性五大特征，而这些基础要素、组织结构和组织功能等特征的识别，是促进系统优化的根本。①

城市旅游地是一个包含了旅游发展六要素的有机系统。旅游业与城市协调发展，是一个涉及社会、经济、环境等之间关联作用的系统工程。旅游业与城市各自具有子系统，并通过各个子系统的运行和交叉作用有效运转。从系统角度来看，旅游要素的变动必然会对子系统的交通、食宿、产品等各个要素产生影响，也会对城市发展中的土地利用、人口就业、经济产业结构产生影响。两个并行系统中某一个要素的变动，将引发整体的动态改变。因此，旅游业与城市发展协调演进是一个复杂、系统的工程，只有促进基础要素包括经济、社会、人口、文化、生态等子

---

① 车铭哲. 浅析社区静态交通问题——重庆市沙坪坝区金沙港湾社区停车问题调研分析[J]. 重庆建筑, 2013, 12（2）: 49–52.

系统的协调发展，才能共同促进两个系统的优化和交叉作用的顺利运行。

对本书的启示是，以系统论为指导，构建旅游业与城市协调发展水平的定量评价模型，并研究旅游业与城市协调发展各要素的整合问题与优化问题，有利于城市可持续发展达到最优目标。

（二）协调发展理论

协调指，配合得当，通过正确处理组织内外各种关系，为组织正常运转创造良好的条件和环境，促进组织目标的实现。在经济学中，协调可以视为各种经济发展因素共同作用下经济系统的均衡发展状态及趋向均衡的过程。在管理学中，协调主要是指，实现管理目标的手段和过程，强调综合考虑各种管理要素。在系统科学中，协调是为实现系统总体演进，两种或两种以上相互关联的系统或系统要素之间相互协作、配合得当、互为促进的一种良性循环态势及其控制过程。

熊德平（2009）认为，综合既有的协调定义，协调是指，在尊重客观规律、把握系统相互关系原理的基础上，为实现系统演进的总体目标，通过建立有效的运行机制，综合运用各种手段、方法和力量，依靠科学的组织和管理，使系统总体演进目标，各子系统或各元素之间相互协作、相互配合、相互促进而形成的一种良性循环态势。一是，关系为协调的前提和基础，协调为关系的理想状态和实现过程；二是，协调以实现总体演进目标为目的，总体演进目标是协调的前提；其三，协调对象是相互关联的系统，协调是系统内外联动的整体概念，孤立的事物或系统组成要素不存在协调，系统间的有机联系是协调的基础；其四，协调必须有协调主体、协调手段、协调机制与协调模式，协调手段有自然的和人为的以及二者在不同程度上相互配合形成的不同形式；其五，协调是动态和相对的，是始终与发展相联系的具有时间约束、空间约束的概念。协调的反面是不协调或失调，但在现实中，协调是随着协调目标及其环境条件而变化的具有一定阈值的协调度，越过阈值为失调。

协调强调两个或两个以上系统或系统要素之间的关系保持理想状态。协调发展是协调与发展的交集，是系统或系统内要素之间在和谐一致、配合得当、良性循环的基础上由低级到高级，由简单到复杂，由无序到有序的总体演化过程。协调发展不是单一的发展，而是多元发展，在协调发展中，发展是系统运动的指向，而协调则是对这种指向行为的有益约束和规定，强调的是整体性、综合性和内在性的发展聚合。

协调发展不允许一个系统或要素使整体（大系统或总系统）或综合发展受影响，追求在整体提高基础上的全局优化、结构优化和个体共同发展的理想状态。可持续发展是协调发展的最高目标，协调发展是实现可持续发展的最基本手段。依据上述分析，协调发展的概念可以概括为，以实现人的全面发展为系统演进的总目标，在遵循客观规律的基础上，通过子系统与总系统，以及子系统相互间及其内部组成要素间的协调，使系统及其内部构成要素之间的关系不断向着理想状态演进的过程。

旅游业是城市系统中的一个子系统，在城市发展过程中，旅游业子系统与城市经济子系统、城市社会子系统、城市环境子系统发生各种联系。协调作为一种状态，强调旅游业与城市发展过程中的双向子系统之间的耦合，表现为两者在经济效应、功能和文化上的协同发展。只有子系统在城市发展过程中实现和谐发展，才能推动城市整体系统的发展。

（1）产业经济协调，主要体现在旅游业与城市发展是否具有协同关系。旅游业促进城市发展最显著的特点，是旅游业能够为城市带来就业机会、促进城市经济发展、扩展产业链。对英国康沃尔市（Cornwell）旅游住宿与饮食业的旅游相关统计研究表明，旅游业发展有利于财政平衡，提高地区经济水平和居民生活水平，同时也警示，若集中发展旅游业，会引起城市工业衰退。[①] 零售业与旅游业的关系是纠缠不清的，零售业发达，将可能成为旅游目的地的一个重要吸引力，而城市环境质量好，旅游者的到来又能够带动零售业。[②] 城市的消费建立在生产功能之上，旅游业的发展，就是要正确地处理旅游业与服务业、工业的产业地位关系。旅游业适度发展有助于城市经济快速发展，但旅游业过度发展将削

---

① Andrew B. P. Tourism and the economic development of Cornwall [J]. Annals of Tourism Research, 1997, 24 (3): 721 –735.

② Jansen – Verbeke M., Van Rekom J. Scanning museum visitors: Urban tourism marketing [J]. Annals of Tourism Research, 1996, 23 (2): 364 –375.

弱城市的生产功能，使城市基本活动部门的功能受到抑制，城市将受到威胁。

（2）社会文化协调，主要体现在城市对人性的塑造和通过主客文化碰撞形成的城市氛围对游客的熏陶。旅游将使主客文化产生人性的碰撞。从大的尺度来讲，旅游可促进文明发展，如张骞出塞、马可·波罗东游，都促进了东西方异域文化的交流和文明的传播，带动了东西方社会、经济、文化的发展。旅游可以使游客了解异域风情，增加阅历，加深对世界的认知。此外，城市景观、公共设施的文化性，会对游客价值观念产生影响。城市景观往往代表一个城市的主题形象，如上海市地标性建筑东方明珠"大珠小珠落玉盘"的景象，与外滩"万国建筑博物群"、金茂国际金融中心聚集在一起，体现了上海都市文化和海派文化的融合，具有丰富的文化底蕴，成为游客认识上海文化的重要途径。当城市地标性建筑物融入旅游业功能，如巴黎埃菲尔铁塔、悉尼歌剧院等世界重要城市的地标建筑都有观光、会议、餐饮、购物等旅游活动，被纳入旅游业系统，它们不仅满足了城市居民的生活需求，而且，满足了游客的基本旅游需求。城市建筑式样、文化主题等特征，向游客无声诠释了城市文化，加深了游客对不同文化的认识。人类进化的本质是文化进化，而非单纯的生物进化。美国城市学家路易斯·芒福德（Lewis Mumford）在其著作《城市发展史——起源、演变和前景》（*The City in History：Its Origins，Its Transformations，and Its Prospects*）中指出："城市乃是人类之爱的一个器官，它同语言一样，能实现人类的积累和进化""城市的主要功能是化力为形、化权能为文化、化朽物为活生生的艺术形象、化生物繁衍为社会创新，最优化的城市经济模式应是关怀人、陶冶人的"。城市是人类文明的产物，旅游作为区域文化交流的重要手段，无疑将在此主题上起到重要作用。

（3）生态协调，体现在旅游活动对城市生态系统的影响。旅游对城市生态系统的消极影响，往往是对旅游资源的粗放式开发造成的。但不可否认，良好的旅游发展模式可以引导或加速环境质量的改善。这必须从粗放式发展转变为集约式发展，找到旅游与生态系统协调共生的契合点，是旅游业发展的方向，也是时代的要求。

（三）城市化理论

传统城市化理论强调工业化对城市化发展的重要推动作用。工业化推动了城市化的高速进程，也促进了大众旅游的两个必要条件：充足的时间、良好的经济能力。二战以来，旅游业在世界范围内蓬勃发展，旅游业发达地区为了给旅游者提供交通、游览、食宿、娱乐、购物等一系列服务，使生产、提供这些商品和服务的行业和居民集聚，形成具有明显职能特征的城镇，这种城镇化形式是在第三产业成为城市（镇）化后续动力的特定背景下出现的。这种新型、独特的城市（镇）化形式，最早在欧洲、美国和澳大利亚出现。当前，中国正呈现出新城市化趋势，即多元城市化动力替代一元城市化动力或二元城市化动力。发展城市旅游业促进城市功能的多元化，旅游成为促进"城市再生"的重要动力，旅游城市化已逐渐成为多元城市化道路的一种模式。

旅游业的乘数效应。衡量旅游业经济效益的一个重要方法是乘数理论。乘数（multiplier）是指，某一经济变量对另一经济变量的影响或比率。乘数概念源于 19 世纪后半叶，美国经济学家卡恩（Kahn）提出乘数理论并将其作为经济分析工具。旅游收入乘数表明，旅游目的地对旅游行业投入导致的本地区综合经济效益总量的增加。当游客在旅游地消费的资金流入旅游地经济系统之中，会直接或间接引起一系列生产资料、生活资料的生产部门以及提供相关服务的企事业单位的经济运转，通过社会经济活动的连锁反应，增加社会经济效益。

旅游业发展地区为了给游客提供交通、游览、食宿、娱乐、购物等一系列服务，使生产、提供这些商品和服务的行业和居民聚集，形成具有明显职能特征的城镇。一些在最初一轮城市化进程中未得到充分开发的地区，通过发展旅游业带动了产业发展，就业机会大增，引起居民聚集，形成新型旅游城镇。旅游业成为现代城市发展的重要动力和模式之一。

（四）旅游业关联理论

产业关联是指，国民经济中各产业之间投入与产出、供给和需求之间的内在关系，其实质是产业之间供求、技术依赖和相互促进的关系。①
旅游业具有较强的开放性、关联性，具有边缘、集合特征，常与其他产
业部门发生技术经济联系，产业关联度高、波及效应广。

随着中国旅游业快速发展，对区域经济和城市经济产生了明显的带
动作用，使旅游业成为主导产业。根据国际经验，旅游业关联了国民经
济中的 109 个产业类型，涉及 39 个产业部门。旅游业通过产业辐射效应
和乘数效应，带动六要素产业及其外围产业的发展。

从产业关联关系来看，旅游业关联包含前向关联、后向关联和旁侧
关联。前向关联是指，产业生产对生产中端产业部门的影响，即通过供
给关系进行部门间联系；后向关联是指，通过需求与其他部门相联系。
旅游业涵盖了多样化的服务性行业，前向关联是某产业对上游产业部门
的影响；后向关联是该产业对下游产业部门的影响；旁侧关联则是旅游
业对于社会文化发展、国际交流等方面的重要作用。

对本书的启示是，旅游业的综合带动作用较强，涵盖吃住行、游购
娱等多个方面，并且，通过这六要素又与城市通信、金融、商业等发生
紧密的产业关联。旅游业与城市协调发展，是旅游要素与其他城市要素
之间的紧密联系和互动关系。该理论可以为分析旅游业要素的关联特征
提供理论分析支持。

（五）旅游地生命周期理论

旅游地生命周期理论，是描述某一旅游地各种要素演变规律的理论。
该理论有助于判别某一旅游地的发展阶段特征，明确未来的演变方向以进
行相应的优化调整。旅游地生命周期理论源于克里斯塔勒《对欧洲旅游地
的一些思考：外围地区—低开发的乡村—娱乐地》（*Some Consideration of
Tourism Location in Europe：The Peripheral Region – Undeveloped Countries –
Recreational Areas*）一书中，认为地中海沿岸旅游乡村演化过程可以分为发
掘阶段、增长阶段和衰落阶段。20 世纪 70 年代，有文献就美国大西洋城的

---

① 刘晓欣，胡晓，周弘. 中国旅游产业关联度测算及宏观经济效应分析——基于 2002 年
与 2007 年投入产出表视角 [J]. 旅游学刊，2011，26（3）：31 – 37.

盛衰变迁，提出了类似的发展模式。① 而最受认可的是，巴特勒·R.（Butler R.）借助产品生命周期理论描述的旅游区发展过程的阶段性特征，可以划分为探索阶段、参与阶段、发展阶段、巩固阶段、停滞阶段、衰落阶段、复兴阶段，② 形成了"S"型发展周期曲线。旅游地生命周期理论阶段性特征，见表2-2。

表2-2　　　　　　　　旅游地生命周期理论阶段性特征

阶段	特　征
探索阶段	少量的"多中心型"游客或探险者；少有或没有旅游基础设施，只有自然吸引物或文化吸引物
参与阶段	当地投资于旅游业，有明显的旅游季节性；旅游地进行广告宣传活动；客源市场形成；公共部门投资于旅游基础设施
发展阶段	旅游接待量迅速增长；游客数超过当地居民数；明确的客源市场；大量广告宣传，外来投资，并逐渐占据控制地位；人造景观出现，并取代自然吸引物或文化吸引物；"中间型游客"取代探险者游客或"多中心型"游客
巩固阶段	增长速度减缓，扩大广告宣传以克服淡季、开发新市场；吸引了"自我中心型"游客；居民充分了解旅游业的重要性
停滞阶段	游客人数达到顶点，达到容量限制；旅游地形象与环境相脱离；旅游地不再时兴，严重依赖于"回头客"；低客房出租率；所有权经常更替；向外围地区发展
衰落阶段	客源市场在空间和数量上减少，对旅游业的投资开始撤出，当地投资可能取代撤走的外来投资。旅游基础设施破旧，并可能被取代
复兴阶段	全新吸引物取代了原有吸引物，或开发了新的自然资源

资料来源：Donald Getz. Planning for tourism business districts：Original research article［J］. Annals of Tourism Research，1993，20（3）：583-600.

生命周期的演化，通常受到商业发展、交通条件、基础设施、客源市场、外部政治环境等方面的动态影响。要素的改变具有联动传导效应，当旅游地处于后期发展阶段时，通过其他复兴战略也能实现旅游地的复兴。而对旅游地生命周期的控制，可以通过优化旅游吸引物系统，新产品开发、市场形象的重新树立，促进供给与需求的动态平衡。

受开发条件、交通通达性等外在环境影响，不同城市旅游发展的起

① Mathieson A.，Wall G. Tourism，economic，physical and social impacts［M］. London：Longman，1982.

② Butler R. The tourism area life cycle［M］. Channel View Publications，2006.

始时间不同，使不同城市的旅游业发展处于不同阶段，拥有不同的旅游业规模、旅游产品类型、旅游业形态，关联产业的规模效应也有差异。同时，旅游业发展的成熟度与该城市的社会发展紧密相连，影响区域对旅游业发展的意愿和态度。通过旅游地生命周期理论，可以清楚地分析旅游业发展现状产生差异的原因，有利于对旅游业与城市协调发展水平进行合理界定。

二、旅游城市化模式与机制研究

旅游城市化模式，是旅游城市化研究的重点。根据开发侧重点的不同，相关研究将旅游城市化划分为几种模式。赵庆海认为，城镇旅游开发需要根据客观实际合理规划，并将城镇旅游开发划分为三种模式：资源型旅游城镇、参与型旅游城镇和接待型旅游城镇。① 黄金火和吴必虎认为，资源型旅游城镇应该改善综合环境，坚持以名气、人气和财气相互转换的可持续发展模式，并以资源型城镇西安市临潼区为例做了实证研究。② 王红和宋颖聪将旅游城镇化分为内涵式旅游城镇化（城镇质量提升、空间结构重组、功能转型等）和外延式旅游城镇化（城市规模扩张、地域城镇化、景观城镇化等）。③ 李柏文按照资源、市场、资本不同，组合成"高资源，高市场、低资本""高资源、低市场、低资本"等八种组合方式，将各地旅游城镇化归纳为这八种组合方式，并提出了每种组合方式的发展策略。④ 林莉和梅燕认为，红色旅游业对新型城镇化有促进作用，并指出了旅游业引导新型城镇化建设的三大模式。⑤ 舒伯阳和罗锦屏认为，旅游业能有效地促进新型城镇化建设，并提出了旅游集散中心模

---

① 赵庆海. 小城镇的旅游开发 [J]. 岱宗学刊：泰安教育学院学报，2002（3）：86-87.
② 黄金火，吴必虎. 区域旅游系统空间结构的模式与优化——以西安地区为例 [J]. 地理科学进展，2005，24（1）：116-126.
③ 王红，宋颖聪. 旅游城镇化的分析 [J]. 经济问题，2009（10）：126-129.
④ 李柏文. 中国旅游城镇化模式与发展战略研究 [J]. 小城镇建设，2012（1）：14-19.
⑤ 林莉，梅燕. 革命老区旅游业引导的新型城镇化建设研究 [J]. 贵州社会科学，2014（3）：98-101.

式、旅游新农村社区模式等五种发展模式。[①]

　　另一些学者进行了旅游城镇化模式的案例研究。常等（Chang et al.）提出了生产制造中心功能转型化、资源型旅游城市两种模式。[②] 海伊镇（Hay－on－Wye）成为二战后英国最成功的旅游小镇，原因在于，当地以特色图书馆为营销模式。[③] 佩奇[④]、芬恩（Finn）[⑤]、休斯（Hughes）[⑥]、麦克尔彻（Mckercher）[⑦] 分别就博物馆文化旅游、大型综合购物中心、中国北京传统民居胡同、英国伦敦戏院、美国拉斯维加斯建筑旅游等进行了旅游与城镇化发展的模式研究。黄震方等认为，城市化带动、城市、游客选择、旅游业发展、设施完善、政策作用等，是旅游城市化动力机制的主要影响因素。[⑧] 李鹏认为，旅游需求助推了城市化进程，旅游供给、旅游政策等因素起到了重要作用。[⑨] 丁娟认为，城市化背景下的旅游业发展、区位条件、游客偏好、政策条件等因素较为重要。[⑩] 王旭科和赵黎明认为，区位、景点、规划、营销、设施、城市环境是影响旅游业发展的主要因素。[⑪] 安传艳将影响城市旅游发展的因素分为内在因素和外在因素，内在因素包括游客需求和市场供给，外在因素包括政策、区位、资源禀赋、游客选择偏好等。[⑫] 徐红罡和袁红认为，基础设施、人力资源、

---

① 舒伯阳，罗锦屏. 旅游业引导的新型城镇化典型模式探究 ［J］. 武汉商学院学报，2014，28（3）：23－27.

② Chang T. C.，Milne S.，Fallon D.，et al. Urban heritage tourism：The global－local nexus ［J］. Annals of Tourism Research，1996，23（2）：284－305.

③ Seaton A. V.，Palmer C. Understanding VFR tourism behaviour：The first five years of the United Kingdom tourism survey ［J］. Tourism Management，1997，18（6）：345－355.

④ Page S. J. Urban tourism in New Zealand：The national museum of New Zealand project ［J］. Tourism Management，1993，14（3）：211－217.

⑤ Page S. J. Urban tourism ［M］. London：Routledge，1995.

⑥ Hughes H. L. Theatre in London and the inter－relationship with tourism ［J］. Tourism Management，1998，19（5）：445－452.

⑦ Mckercher B.，Chan A. How special is special interest tourism？ ［J］. Journal of Travel Research，2005，44（1）：21－31.

⑧ 黄震方，吴江，侯国林. 关于旅游城市化问题的初步探讨——以长江三角洲都市连绵区为例 ［J］. 长江流域资源与环境，2000（2）：160－165.

⑨ 李鹏. 旅游城市化的模式及其规制研究 ［J］. 社会科学家，2004（4）：97－100.

⑩ 丁娟. 山岳型旅游地旅游城镇化动力机制研究——以九华山为例 ［J］. 资源开发与市场，2007（6）：569－570，562.

⑪ 王旭科，赵黎明. 宁夏中卫市旅游资源及开发对策研究 ［J］. 干旱区资源与环境，2008（1）：107－112.

⑫ 安传艳. 旅游城市化内涵及动力机制研究 ［J］. 理论界，2008（8）：223－224.

产业集聚等对旅游业增长作用巨大。①

无形的旅游吸引物，也能产生较大的城镇化发展效应。例如，泰伊（Tighe）认为，大型文化节事活动能够促进城市规划、经济收入的改变。② 汉尼根（Hannigan）认为，旅游或者重大事件是促进老工业地区或城市再生的主要动力。③ 格莱斯顿（Gladstone）对美国新奥尔良市的研究佐证了汉尼根的观点，认为旅游促进了新奥尔良市的发展，尤其对飓风后的城市经济恢复帮助很大，因此，建议根据城市的特点重点发展节事旅游。④ 史密斯·S. L. J.（Smith S. L. J.）认为，文化类休闲旅游活动可以带动商业投资。⑤ 史密斯·M. 和凯丽（Smith M. and Kelly）认为，工业城镇可以利用地方文化特色激活文化旅游发展，促进城镇经济转型。⑥ 杜瓦·K. 等（Dewar K. et al.）也对文化节事活动的旅游者流入、旅游收入、旅游经济发展前景等进行了探讨。⑦

三、旅游城市可持续发展研究

旅游城市的可持续发展，需要在资源集约利用和有效管理的前提下，优化产业配置、合理布局空间，以满足居民、游客、企业、政策发展等多重需求，实现资源开发利用基础上的城市经济社会发展、人口就业福利优化和资源环境循环利用的良性运转。目前，该方面的研究可以归纳为以下五点。

---

① 徐红罡，袁红. 广东建立"文化大省"的旅游需求辨析——以广州市为例 [J]. 特区经济，2006（8）：63 - 65.

② Tighe A. J. The arts/tourism partnership [J]. Journal of Travel Research, 1986, 24（3）：2 - 5.

③ Hannigan K. Sober ways, politic drifts and amiable persuasions: Approaching the information highway from the dusty trail [J]. IASSIST Quarterly, 1995, 19（2）：20.

④ Gladstone D. L. Event - based urbanization and the New Orleans tourist regime: A conceptual framework for understanding structural change in US tourist cities [J]. Journal of Policy Research in Tourism, Leisure and Events, 2012, 4（3）：221 - 248.

⑤ Smith S. L. J. The measurement of global tourism: Old debates, new consensus, and continuing challenges [M]. John Wiley & Sons, Ltd, 2008.

⑥ Smith M., Kelly C. Wellness tourism [J]. Tourism recreation research, 2006, 31（1）：1 - 4.

⑦ Dewar K., Meyer D., Li W. M. Harbin, lanterns of ice, sculptures of snow [J]. Tourism Management, 2001, 22（5）：523 - 532.

第一，旅游开发模式与旅游管理模式研究。主要针对资源开发中存在的具体问题提出相应的解决措施，优化旅游城市的未来发展。①

第二，旅游城市的要素优化发展研究。科斯塔·C.（Costa C.）总结了旅游和城镇发展理论，认为旅游规划和城镇规划密切相关，并为未来城镇发展提供了建议。②戈斯泊迪尼（Gospodini）认为，城市规划对于吸引游客有影响，因此，城市规划要考虑到旅游业发展，二者要协调发展。③阿卡玛·J. S. 和基蒂·D.（Akama J. S. and Kieti D.）采用田野调查法和问卷调查法对肯尼亚旅游城市蒙巴萨市进行研究，认为可持续旅游的发展是当地社会经济发展的有效路径。④

第三，旅游空间结构优化研究。从城市层面来看，旅游空间可以划分为城市内部旅游空间结构、环城游憩带空间结构和以城市为集散中心的区域旅游空间结构三个层次。城市内部旅游空间，包含了若干游憩商业区、历史文化经典、街区公园、大型购物娱乐场所、餐饮名店等，以街区和小集聚中心等形式存在，提供休闲、娱乐、旅游、文化产品的功能。旅游城市体系，既是区域旅游流的集聚地和疏散中心，也是重要的旅游目的地和旅游客源地。⑤旅游中心城市与周围其他城市，通过旅游流、旅游市场等要素的空间集聚效应、空间扩散效应形成有效的空间组织，呈现差异性、层次性、空间衰减性等发展特征。区域旅游或城市旅游能够实现可持续发展，必须在此地域范围内形成结构合理、等级体系合理、产品类型结构合理、旅游流流通的有机共同体。

第四，旅游城市可持续发展对策研究。通过资源整合、宣传推广、技术优化等促进可持续发展，根据市场需求进行科学规划，从资源开发、

①　田金霞. 旅游景区游客满意度研究——以浏阳大围山景区为例［J］. 商场现代化，2008（15）：72 - 74.
②　Costa C. An emerging tourism planning paradigm? A comparative analysis between town and tourism planning ［J］. International Journal of Tourism Research，2001，3（6）：425 - 441.
③　Gospodini A. Urban design，urban space morphology，urban tourism：An emerging new paradigm concerning their relationship ［J］. European Planning Studies，2001，9（7）：925 - 934.
④　Akama J. S. ，Kieti D. Tourism and socio - economic development in developing countries：A case study of Mombasa Resort in Kenya ［J］. Journal of Sustainable Tourism，2007，15（6）：735 - 748.
⑤　杨国良，黄鹭红，刘波，彭文甫，吴妍. 城市旅游系统空间结构研究［J］. 规划师，2008（2）：58 - 62.

产品体系构建、城市区域合作、资金投入、交通等基础设施改善、文化特色挖掘等方面提升。① 在旅游市场定位方面，旅游城市的形象品牌设计甚为重要，如大城市近郊等地区都要针对自身的产品优势进行明确的市场定位。② 在旅游规划方面，多数学者认为，需要形成系列性、可操作性的规划体系，从全局出发进行资源合作共享开发。③ 从宏观调控方面来说，政策制定需要与规划相契合，以合理的政策引导投入开发、公共服务提供、社区参与，并进行相应的宣传和管理。④ 在可持续发展方面，旅游城镇应加强基础工作，探索产品开发新模式，综合考虑资源基础、文化特色、环境承载力、群众利益等多方面的需求。⑤

第五，旅游业与城市协调发展实证研究。国内外学者对旅游业与城市协调发展的实证研究较多，本书特选取中国的杭州市、三亚市和荷兰的阿姆斯特丹市三个城市，进行旅游业与城市协调发展的实证分析，为本书研究作为辅证。

（一）中国杭州市

杭州市位于长三角地区，是杭州都市圈的中心城市和中国东南部的重要交通枢纽，区位优势显著。杭州市融合江、河、湖、山等资源优势和上千年的文化底蕴，旅游发展实力强劲。2014 年，杭州市旅游在中国排名位列前 7 位。⑥

1. 旅游发展特征

中华人民共和国成立以来，杭州市旅游发展相继经历了接待事业期

---

① 许梅. 经济欠发达地区古镇旅游开发摭谈——以连云港市南城镇为例［J］. 当代经济（下半月），2008（10）：106 – 107.

② 黄慧明，魏清泉. 大城市边缘小城镇休闲度假旅游开发研究——以高明市杨梅镇为例［J］. 地域研究与开发，2001（3）：79 – 83.

③ 王旭科，赵黎明. 宁夏中卫市旅游资源及开发对策研究［J］. 干旱区资源与环境，2008（1）：107 – 112.

④ 赵丽华. 政府在旅游城镇建设中的作用——以山西砂河镇的旅游城镇建设为例的分析［J］. 山西高等学校社会科学学报，2005（11）：58 – 60.

⑤ 刘承昕. 经济欠发达地区旅游型城镇建设初探［J］. 徐州教育学院学报，2006（4）：57 – 59.

⑥ 数据来源于 2015 年《中国旅游统计年鉴》。

（1949～1977 年）、稳步发展期（1978～1988 年）、调整巩固期（1989～1998 年）、持续发展期（1999～2010 年）和国际化与转型期（2011 年至今）（陆林等，2013）。旅游产品从传统观光旅游过渡到丰富的旅游产品体系，城市旅游设施、公共服务水平不断提升，旅游收入对城市发展、城市知名度提高的贡献度越来越大，已经成为中国较成熟的旅游目的地之一，正在不断向国际化旅游城市迈进。

2. 发展经验

自从杭州市开始发展旅游，就在城市规划中考虑旅游业发展的诉求，主要体现在旅游功能植入、产业业态设计、产品体系建设、宣传营销、品牌推广等方面，城市旅游形象从 20 世纪 80 年代的"人间天堂"到近年来的"东方休闲之都"，表明城市的旅游功能发展定位是随着市场需求动态调整的。

杭州市作为长三角地区的副中心城市，具有良好的交通区位和市场规模，旅游业与城市公共交通不断融合发展，城市公共交通建设较大程度上改变了杭州市边缘区的旅游资源区位、旅游市场区位、旅游从业人员区位、旅游交通区位，促进旅游边缘区旅游用地增加以及旅游资源与旅游项目开发，吸引旅游企业在城市边缘区布局。[①]

旅游类的大型重大事件及其项目投资建设，促进了城市功能升级、存量空间改造和知名度提高，如 2011 年西湖申遗成功加快了旅游产品体系优化升级；2014 年京杭大运河申遗，进一步推动了城市知名度的提升。从对杭州市旅游经济效率的影响角度来看，旅游业效益与城市经济发展成正比。[②]

（二）中国三亚市

三亚市是海南国际休闲旅游岛的中心旅游城市，依托良好的热带海滨资源实现了城市建设大跨越，已经成为世界著名热带滨海度假旅游

---

① 卞显红. 城市轨道交通建设对城市旅游边缘区发展影响研究：基于旅游企业空间区位选择视角 [J]. 科研管理，2015，36（6）：60–67.

② 刘建国，刘宁. 2006–2013 年杭州城市旅游全要素生产率格局及影响因素 [J]. 经济地理，2015，35（7）：190–197.

城市。

1. 旅游发展特征

三亚市旅游产品体系不断完善，从传统的海滨观光向海滨休闲度假、免税购物、邮轮、游艇等专项旅游，文化演艺、特色餐饮等民宿产品多元方向发展，旅游业态、产业体系更加健全，有效地满足了多样化的市场消费需求。

三亚市旅游发展对城市贡献巨大，特别是在第三产业服务业发展中，旅游业的引领、带动作用更明显，其中，尤以旅游服务业的贡献最大。旅游业发展扩大了三亚市的城市知名度，有效地为三亚市吸引了大量企业投资和人才。

2. 发展经验

三亚市旅游业的发展，加快了城市基础设施建设，营造了良好的城市发展环境，增强了就业带动能力，带动了第三产业的发展，改善了城市形象和城市吸引力，提升了城市价值。

（三）荷兰阿姆斯特丹市

阿姆斯特丹市是荷兰的首都，也是荷兰最大的城市，毗邻欧洲最大的消费市场。阿姆斯特丹市是荷兰的金融贸易中心、旅游中心和文化艺术中心，旅游业和文化业是核心产业之一。阿姆斯特丹市拥有欧洲最大的交易所、银行、国家博物馆、现代艺术博物馆、美术馆等文化遗产资源。2016 年，《易行指南》（*Rough Guides*）发布了 2015 年度全球最佳旅游城市排名，阿姆斯特丹市排名第七。即使是在新冠疫情影响下，2021年全球最具吸引力的城市目的地排名，阿姆斯特丹市仍位居第三。阿姆斯特丹市旅游业发展卓越的原因，可以归纳为以下三点。

1. 以商务为核心推动城市营销，致力于文化、创意等旅游延伸产业发展

城市是最主要的旅游地域载体，形象是对复杂事物和复杂想法的简化结果，城市形象是人们对城市所有要素有机构成的整体现状和整体趋势的综合印象和总体感知。[①] 随着市场竞争的日趋激烈，城市形象在城市

---

① 张静儒，陈映臻，曾祺，吴必虎，Alastair M. Morrison. 国家视角下的目的地形象模型——基于来华国际游客的实证研究 [J]. 旅游学刊，2015，30（3）：13 - 22.

规划和营销管理中的地位逐渐凸显，塑造和推广城市形象成为城市可持续发展的关键。①

阿姆斯特丹市的旅游业营销，具有世界旅游业标杆意义。通过现代文化旅游、会议旅游、商务旅游等形式，向旅游者、居民等群体宣传旅游形象，提升吸引力。② 2004 年 3 月，阿姆斯特丹合作伙伴机构（Amsterdam partners）成立，旨在促进赞助企业、文化机构及政府部门合作，提高旅游消费。达勒斯·H.（Dahles H.）提出重塑阿姆斯特丹市旅游形象战略，必须强调重建以当地文化为主题的旅游形象，并使其发展成未来的世界旅游中心之一。③

2. 便捷化、个性化的城市交通对游客具有充足的吸引力和趣味性

荷兰政府对阿姆斯特丹市的市内交通投资巨大，形成了较完善的市内外交通联系设施。城市内部水网密布，发展了丰富多彩的城市水上旅游线路和旅游项目，并进行运河游船建设，以满足游客在城市河道中的游览活动，让游客领略到阿姆斯特丹运河带的文化内涵。此外，还设置了城市观光巴士，途经老城中心、运河带、中央火车站等城市标志性地点，可 24 小时搭乘，为游客提供便捷化服务。

阿姆斯特丹市最大的特点，是设计了旅游服务的相关产品，提升了游客体验。例如，据《阿姆斯特丹公共交通指南》介绍，相关旅游产品提升了旅游便利度、舒适性、满意度和回游率。④

3. 营造安全卫生的旅游业发展环境

阿姆斯特丹市是世界上最安全的城市之一，对城市社会治安严加管理，充分保证游客的人身安全。此外，重视城市环境卫生，采取垃圾分类、垃圾发电等现代科技进行城市污染物处理，所得的电力可以覆盖阿姆斯特丹市的交通、地铁、路灯、标志性建筑等用电领域。

---

① 王山河，陈烈. 基于结构方程模型的广州城市形象元素分析评价［J］. 经济地理，2010，30（1）：69 - 74.

② 赵中华，王春雷，全华. 公私合作在旅游目的地营销中的应用研究——基于阿姆斯特丹和上海的案例比较［J］. 人文地理，2014，29（3）：135 - 142.

③ Dahles H. Tourism, government policy, and petty entrepreneurs in Indonesia［J］. South East Asia Research, 1998, 6（1）：73 - 98.

④ 林涛. 上海旅游咨询中心及其免费信息调查研究：游客视角［J］. 旅游学刊，2007，22（4）：88 - 91.

第五节　小结

旅游业与城市协调发展是随着旅游业的快速发展而产生的，近年来，在中国表现得尤为突出，旅游业在城市发展中的重要性越来越大。从中外文相关研究特点来看，主要从旅游发展对城市产生的经济效应、社会效应、文化效应、环境效应入手，分析旅游收入、人口就业、社会环境改善对城市发展的贡献，也集中于以城市为单位对不同城市间的旅游发展现象进行对比；外文文献较多地关注旅游城镇、旅游个案的研究，研究点包括城镇减贫问题、社区影响问题、公共交通服务问题等，中文文献较多地关注旅游业与城市协同发展的关系及产生的效应与影响因素。

事实上，旅游业与城市协调发展，体现了旅游业与城市发展的协同、共同发展的本质内涵。旅游业发展通过交叉要素的数量、质量等方面的优化来巩固、促进城市发展成果，反之，城市发展也能为旅游业发展提供基础支撑。当前，既有文献对于旅游业与城市协调发展的研究主要集中在水平测算和案例对比，未能有效地揭示协调发展过程中的要素关联作用，尚缺少较有成效的系统性研究。

第三章

旅游业与城市协调发展研究方法构建

第一节　方法论基础

一、一般系统论

一般系统论（general system theory）又称普通系统论，是由美籍奥地利生物学家贝塔朗菲（Bertalanffy）于 20 世纪 20 年代根据生物学中的流行观点和生物学机体论概念提出的理论，将有机体作为一个整体或系统来考察的思想，并于 1937 年提出了一般系统论的初步框架。作为最高层次系统科学的组成部分和现代系统理论的重要组成部分，一般系统论的主要任务是通过研究各种系统整体及其内部各要素之间的相互关系，从本质上说明它们之间的结构、功能、行为和动态等。其主要理论观点有以下四点。

（1）整体性。系统是由多元素相互作用、相互联系形成的复合体，反映了系统内所有元素之间在相互作用和相互联系中形成的整体性过程，系统整体性从空间和时间两个维度不断变化和调整。

（2）非加和性。复合体分为加和性复合体和非加和性复合体。加和性复合体是指，将复合体内所有分离的元素集合在一起，各元素之间并不存在关联性和作用性，各元素之间的现存状态都不会影响复合体的累积结果。非加和性复合体是指，受到复合体内所有元素特征及各元素之间相互作用和关联结果的影响，不仅是各元素在数量、形态等方面的单纯求和。一般系统论的系统，是非加和性复合体。

（3）开放性。现实世界中的自然系统、社会系统、经济系统、文化系统等都是开放的，存在内部特征和外部特征两种特征。外部特征存在于系统内部，与外界在物质、能量和信息上交流，内部特征是系统内部通过不断瓦解原有的元素组合，重新组建新的元素组合，元素数量和元素组合持续变化。系统内部在不断瓦解和重组的过程中，随时与系统外部环境的物质、能量和信息进行输入与输出，系统才能保持持续更新状态。

（4）动态性。每个系统都存在类似出生、成长、衰退、死亡的生命周期过程，从时间角度出发，不同时间点呈现出不同的空间特性和结构特性，将所有时间点连起来就形成一段动态的空间、结构演化过程。系统的动态性依靠系统内部元素的联系和作用，保持与系统外部环境的交互性，只有坚持系统的动态状态与开放状态，才能维持系统的相对稳定性。

一般系统论给出了研究复杂系统的新思路和新方法，并为我们正确认识协调发展系统的结构、功能及性质提供依据，奠定了方法论基础。同时，系统整体并非机械地局限于数量上的增减而呈现螺旋式上升，能够实现"1+1>2"的整体效果。

二、自组织理论

（一）自组织理论的基本概念

自组织理论是在没有任何外部指令的条件下，系统内部的各子系统能够按照某种已有规则形成一定结构或功能的自组织现象的理论。它以最新的科学理论与科学方法对复杂系统的生命演化过程、规律进行研究，研究分散独立的元素作用或联系成一个整体结构和功能的复杂系统的过程，研究自然界中非生物的物理现象、化学现象和有生命的生物进化、社会经济系统演化及发展等方面。系统自组织理论包括，耗散结构理论、协同学、突变论、协同动力论、演化路径论、混沌论等。

（二）协同学微观方法

协同学的微观方法，是从微观描述过渡到宏观描述的方法，从系统内部各子系统的微观变化得到呈现宏观状态的原因。协同学发展了微观方法的基本原理——伺服原理，认为对于由大量子系统构成的巨大系统来说，会形成高维数的演化方程，给实际处理过程带来极高的难度，实践性较差。通过发展绝热消去原理，可以忽略系统演变过程中不起主导作用的元素，大大简化演化方程，只用对系统演变过程起较大影响的元素，不仅使方程更易于求解，也可以更有效地反映子系统之间的系统关系，以及系统整体呈现现有状态或现有结构的原因。伺服原理说明，系统从无序转变为有序，再从有序转变为复杂有序，这个过程就是系统不断更新的自组织过程，系统内部拥有主导作用元素和次要作用元素，失去主导作用元素的系统将呈现杂乱无章的混乱状态，消除次要作用元素将会获得简化后的系统演化方程。

（三）协同学宏观方法

面对协同学微观方法无法解决的复杂系统，我们可以用观测、统计、调研和实验等方法得到宏观资料，用唯象学方法处理复杂系统内部相互作用、相互关联的元素，然后，推测带来宏观系统结构或过程变化的微观原因，这就是协同学的宏观方法。协同学的宏观方法依托最大信息原理，又称最大信息熵原理，与协同学微观方法的伺服原理共同被称为协同学的两大理论支柱。

最大信息原理是指，在系统即将从有序状态变为无序状态前，系统内所有内部元素在各种可能的系统状态中处于信息最大值。当系统处于平衡状态时，系统内部与外界之间不发生信息交换、能量交换等，保持整体能量不变，可以通过拉格朗日乘子法求出系统内部的协调发展过程。当系统处于非平衡状态时，我们需要在拉格朗日乘子法的基础上，加上最大信息原理、概率归一化条件和约束条件，综合确定系统状态。

（四）协同学自组织理论

协同学自组织理论说明，无论平衡相变过程，还是非平衡相变过程，只要系统未处于临界区域时，系统内起决定作用的元素或子系统都可以控制系统整体，那么，在从有序到无序、再到有序的无限更新过程中，无论系统处于哪个阶段的有序结构或无序结构，都是由系统内部因素自发组织的，这就是协同学的自组织理论。自组织理论打破了突变理论、耗散理论等理论之间的界定，形成了将各个理论统一描述的一种理论。

协同学的自组织理论认为，系统在平衡相变和非平衡相变过程中，都是自组织过程，同时，各种自组织过程中存在的规律性与各元素及所有元素的性质无关。这就极大地拓宽了协同学自组织理论的适用面，不仅适用于可掌握其微观规律的化学系统、物理系统等，而且，可以应用于复杂的社会经济系统。

三、自组织理论在协调发展系统运行中的特征

（一）宏观调控在协调发展系统运行中的作用

协调发展系统是一个自组织系统，系统可以实现从无序到有序的进化发展，这种进化发展过程会形成怎样的结构和功能则不完全受到系统自组织的控制，人类行为的介入和改动也能够左右系统出现何种结构和功能以及该结构和功能出现时间的早晚。特别是，当系统已经处于临界状态时，人类细微的行为变化可能带给系统完全不同的发展结果，宏观调控政策的出现和修改能够从整体上影响人的决策和选择，因此，宏观调控在协调发展系统中占有非常重要的地位。

（二）开放在协调发展系统运行中的作用

自组织理论认为，系统能够从无序走向有序，证实其不断与外界交流物质、能量和信息，如果没有开放的条件，再有序的系统也无法逃离走向混乱的趋势。在社会经济系统中，人们可以利用系统开放的特征，不仅进行物质、能量等方面的交换，而且，进行信息、技术等方面的交流，人们正是通过系统内外各方面的交流，左右和影响协调发展系统向更加完善、更加高效、更加符合需求的结构和功能发展。

（三）协调发展系统内部的相互作用是复杂的非线性关系

协调发展系统内部关系是各要素之间的复杂关系，不是简单的因果关系和线性关系。同时，在协调发展系统内部各要素相互作用、相互关联的过程中，既存在正向的增长效应，又存在负向的削弱效应，两种效应可能来源于同一宏观调控手段或系统自组织运行过程。

第二节　研究方法的对比与选择

一、研究方法的对比

协调是指，系统内各子系统、各部分、各元素之间共同的目标相互合作、相互依存、相互调整，并在此基础上形成合理的比例结构。协调发展是指，协调发展系统内各子系统、各部分、各要素为实现其共同目标，按照它们相互配合、相互协作、相互依存、相互调整所形成的合理比例结构发展变化的过程和状态。人们在实践研究中判断协调发展的程度，主要采用以下三种方法。①

（一）区间值判断法

区间值判断法是以发展系统中各子系统的综合指标为基础，通过建立协调发展数字模型，确定协调发展区间，判断协调发展系统是否协调的方法。主要步骤为：一是确定各子系统的综合指标；二是建立各子系统协调发展模型；三是估计待定系数，确定方程式；四是确定各子系统综合指数的估计值；五是确定协调发展区间；六是判断一定时期内反映各子系统发展状况的指标是否协调发展。采用区间法判断协调发展状况，思路清晰、操作简便，也符合协调发展的含义。从上面的步骤中可以看出，区间法的科学性建立在协调发展各子系统综合指标科学性的基础之

---

① 王维国. 协调发展的理论与方法研究［M］. 北京：中国财政经济出版社，2000：212.

上，如果不能很好地确定协调发展各子系统的综合指标，就难以用此种方法评价协调发展状况。此种方法的另一局限性表现在，其只能对协调发展做出协调与不协调的判断，不能精细刻画协调发展状况。

（二）功效系数评价法

协调发展是一个客观存在的系统。协调发展是指，系统之间或系统要素之间在发展过程中彼此和谐、相互促进、共同发展。协同论认为，系统走向有序的机理不在于系统现状的平衡或不平衡，也不在于系统距平衡态多远，关键在于系统内部各子系统间相互关联的协同作用，其左右着系统相变的特征和规律。协同论认为，系统的演化是由系统慢弛豫变量间的协同作用决定的。因此，刻画协调发展程度，需要建立协调度测算模型，其中的变量应是协调发展系统中的慢弛豫变量。

协调发展系统组成要素复杂多样，将每一要素对系统发展的贡献看成系统发展的一个目标，则协调发展系统可看成多目标问题。因此，可采用多目标决策技术建立协调度模型。应用功效系数法评价协调发展状况，首先，要科学地确定由各种序参量组成的协调度指标体系，确定序参量是该评价方法的关键；其次，确定各序参量的上限值、下限值；再次，确定各序参量对系统有序的功效；最后，计算协调度，以评价协调发展程度。

功效系数评价法克服了区间判断法不能做出精确判断的不足，它给出的数在 $0 \sim 1$ 区间，以描述协调发展程度。该方法的中心环节，是建立功效函数和协调度模型。此处涉及两个问题。一个是序参量的选择及其上限值、下限值的确定问题；另一个是运用协调发展理论与方法，研究协调度模型中权数的确定问题。如果能够很好地解决这两个问题，运用功效系数评价法就可以对协调发展系统的协调发展状况做出科学判断。

（三）协调发展判断的坐标系法

协调发展是由人口、社会、经济、资源、环境、科技六大子系统组成的大系统。为了判断协调发展状况，可以通过两两子系统的比较，建立坐标系，判断两两子系统是否协调。我们称这种判断方法为坐标系法。

在协调发展系统中，各子系统相互联系、相互制约、相互促进，以完成协调发展的总体目标。在这一复杂的协调发展系统中，子系统间最基本的是两两子系统间的相互作用关系。为方便说明问题，我们以经济子系统与环境子系统为例说明这种方法。经济子系统与环境子系统的相互作用，按其性质可分为两大类：一类是正作用，指一个子系统的发展对于另一个子系统发展的促进作用和保障作用；另一类是负作用，指子系统 a 的发展对子系统 b 的发展起着制约作用和阻碍作用。根据经济子系统与环境子系统相互作用的强弱程度又可分为：强相互作用型系统、弱相互作用型系统。强相互作用型系统是指，正作用较强或负作用较强的环境经济系统，又进一步分为良性循环型环境经济系统、恶性循环型环境经济系统和过渡型环境经济系统。这种方法最大的优点是简便、明确、易于应用，而最大的缺点是不适用于多个指标的综合评判，因而对使用的判断指标要求特别严格。除此之外，它还不能给出更详尽的描述。

二、研究方法选择

（一）熵值法

在信息论中，熵是一种对不确定性的度量，信息量越大，不确定性越小，熵也越小；信息量越小，不确定性越大，熵也越大。熵值法是指，用来判断某个指标离散程度的数学方法，离散程度越大，该指标对综合评价的影响越大。[①] 在构建旅游业与城市耦合协调评价模型前，需要确定系统内各个指标的权重，根据来源数据的原始信息，对各指标之间的关联性和差异性进行分析，进而确定权重，避免了主观因素带来的偏差。具体计算步骤为以下五点。

1. 对评价指标作无量纲化处理

对系统中所有量纲不同的原始数据指标进行预处理，可以采用极值法、标准化、均值化等方法，达到消除不同类型、不同单位指标之间差异的目的。经过无量纲处理后会出现零值，为避免处理后的数据失去意

---

① 于洪雁. 中国旅游供需耦合协调发展研究 ［M］. 北京：冶金工业出版社，2018：39.

义，对数值进行平移，A 为平移幅度，A 取值为 0.1，见式（3-1）：

$$x_{ij} = \frac{x_{ij} - \min(x_{ij})}{\max(x_{ij}) - \min(x_{ij})} + A \qquad (3-1)$$

2. 对经过标准化处理的指标值作比重变换，计算指标 x_{ij} 的比重 s_{ij}，见式（3-2）：

$$s_{ij} = \frac{x_{ij}}{\sum_{i=1}^{n} x_{ij}} \qquad (3-2)$$

3. 计算第 j 项指标的熵值 r_{ij}，式（3-3）：

$$r_{ij} = -\frac{1}{\ln n} \sum_{i=1}^{n} s_{ij} \ln s_{ij} \qquad (3-3)$$

4. 计算第 j 项指标的差异度 v_{ij}，见式（3-4）：

$$v_{ij} = 1 - r_j \qquad (3-4)$$

5. 确定第 j 项指标的权重 λ_{ij}，见式（3-5）：

$$\lambda_{ij} = \frac{v_j}{\sum_{j=1}^{n} v_j} \qquad (3-5)$$

经过上述公式计算，将得到旅游业和城市系统不同年份、不同指标的权重数据，为最大限度地消除计算数据的偏差，将权重数据求出平均值，作为旅游业和城市系统评价指标的权重值。

（二）重心坐标法

重心坐标法是空间分析中常用的一种方法，用来表征一个事物整体在二维空间分布的相对位置，用来揭示其分布特征和分布方向性。通常，可以引入要素空间分布的平均中心或者算数平均中心来刻画空间属性的集聚特征及偏离轨迹。根据重心坐标及其重心演变的轨迹，揭示系统耦合协调度在空间上的分布中心，以及不同年份的重心位置在空间上的演变情况，以捕捉其演变规律。重心坐标法计算公式，见式（3-6）。

$$\overline{X}_i = \frac{\sum_{i-1}^{n} p_i x_i}{\sum_{i=1}^{n} p_i}, \quad \overline{Y}_i = \frac{\sum_{i-1}^{n} p_i y_i}{\sum_{i=1}^{n} p_i} \qquad (3-6)$$

在式（3-6）中，X_i、Y_i 分别为第 i 个区域中心位置的经纬度坐标，用几何中心位置表示，P_i 为系统耦合协调度的分布值，n 为被评价的区域个数。

（三）标准差椭圆法

20 世纪 20 年代，勒菲弗尔（Lefever）对经典统计学中标准差概念的二维空间进行推广，提出了标准差椭圆法。标准差椭圆法的核心原理，是用距离来度量空间要素分布的离散程度，被广泛应用到空间统计的相关领域。这一方法已被嵌入 Arcgis 软件之中，作为空间分布特征的分析方法，通过统计模块的统计工具可以实现 Arcgis 软件中作为空间分布特征的分析方法。计算公式，见式（3-7）～式（3-12）。

$$\tan\theta = \frac{A+B}{C} \tag{3-7}$$

$$A = \sum_{i=1}^{n}(x_i-\bar{x})^2 - \sum_{i=1}^{n}(y_i-\bar{y})^2 \tag{3-8}$$

$$B = \sqrt{\left[\sum_{i=1}^{n}(x_i-\bar{x})^2 - \sum_{i=1}^{n}(y_i-\bar{y})^2\right]^2 + 4\left[\sum_{i=1}^{n}(x_i-\bar{x})(y_i-\bar{y})\right]^2} \tag{3-9}$$

$$C = 2\sum_{i=1}^{n}(x_i-\bar{x})(y_i-\bar{y}) \tag{3-10}$$

$$\sigma_x = \sqrt{\frac{\sum_{i=1}^{n}[(x_i-\bar{x})\cos\theta - (y_i-\bar{y})\sin\theta]^2}{n-2}} \tag{3-11}$$

$$\sigma_y = \sqrt{\frac{\sum_{i=1}^{n}[(x_i-\bar{x})\sin\theta - (y_i-\bar{y})\cos\theta]^2}{n-2}} \tag{3-12}$$

在式（3-7）～式（3-12）中，x_i、y_i 为要素 i 的几何中心坐标，n 为要素总数，$\bar{x}$ 和 $\bar{y}$ 为要素的平均中心，σ_x 为标准差椭圆短轴，σ_y 为标准差椭圆长轴。

通过标准差椭圆短轴和标准差椭圆长轴计算椭圆面积，见式（3-13）：

$$S = \frac{\pi\sigma_x\sigma_y}{4} \tag{3-13}$$

上述公式对转角、标准差椭圆短轴和标准差椭圆长轴、椭圆面积的计算，可通过 Arcgis 软件中的数据统计模块实现。应用标准差椭圆法，能够从多重角度反映要素空间分布的整体性特征。标准差椭圆中心，反映了系统耦合要素空间分布整体在二维空间上的相对位置，也可以看作空间分布的平均中心。转角反映其在二维空间上分布的主趋势方向，以角度的形式展现，即为从标准差椭圆的顶点开始顺时针进行测量的标准差椭圆长轴的旋转角度。标准差椭圆长轴为所测量指标在空间主要分布方向上偏离的程度，标准差椭圆短轴为在次要方向上偏离的程度。标准差椭圆长短轴的比值，用来反映要素空间分布的形态。标准差面积反映了在二维空间上分布的点的紧凑度或分散度。标准差椭圆的一系列指标，为描述系统耦合协调度提供了参考。

第三节 TOPSIS 方法的基本原理与方法步骤

一、传统的 TOPSIS 方法

（一）传统的 TOPSIS 方法基本原理

传统的技术优选法（technique for order preference by similarity to an ideal solution，TOPSIS）于 1981 年由黄和尹（Hwang and Yoon）首次提出，属于多属性决策方法中常用的一类方法。根据有限的评价对象与理想化目标的接近程度进行排序，是在现有对象中进行相对优劣评价的一种方法。其中，理想目标（ideal solution）有两个，一个是肯定的理想目标（positive ideal solution）或称最优目标（是指数值越大越好的指标）；另一个是否定的理想目标（negative ideal solution）或称最劣目标（是指数值越小越好的指标）。评价最好的对象应该与最优目标的距离最近，而与最劣目标的距离最远，距离的计算可采用明考斯基距离，常用的欧几里得几何距离是明考斯基距离的特殊情况。该方法应用起来方便、合理、易于理解和计算，备选方案可以用简单的数学形式描述，在比较过程中可以使用客观权重，在很多领域内得到推广和应用。为了更直观地表示 TOPSIS

方法的原理，图 3-1 给出了具有两个属性决策问题的图解。

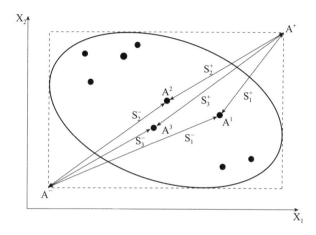

图 3-1 具有两个属性决策问题的图解

资料来源：Hwang Yeong-Hyeon，Gretzel Ulrike，Fesenmaier Daniel R. Multicity trip patterns: Tourists to the United States［J］. Annals of Tourism Research，2006，33（4）：1057-1078.

在图 3-1 中，X_1、X_2 分别表示两个不同的属性，A^+ 表示该决策问题的正理想解，A^- 表示该决策问题的负理想解，A^1、A^2、A^3 表示三个不同的备选方案，S_1^+、S_2^+、S_3^+ 分别表示 A^1、A^2、A^3 到正理想解 A^+ 的距离，S_1^-、S_2^-、S_3^- 分别表示 A^1、A^2、A^3 到负理想解 A^- 的距离。由图 3-1 可以看出，方案 A^1 到正理想解 A^+ 的距离最近，方案 A^3 到正理想解 A^+ 的距离最远，方案 A^2 到正理想解 A^+ 的距离介于方案 A^1 和方案 A^3 之间。同时，方案 A^1 到负理想解 A^- 的距离最远，之后是方案 A^2，方案 A^3 到负理想解 A^- 的距离最近，因此，方案 A^1 优于方案 A^2，方案 A^2 优于方案 A^3，决策者应采用方案 A^1 相对应的因子水平组合。

TOPSIS 方法是一种理想目标相似性的顺序优选技术，在多目标决策分析中是非常有效的方法，其通过归一化后的数据规范化矩阵，找出多个目标中的最优目标和最劣目标（分别用正理想解和负理想解表示），分别计算各评价目标与正理想解和负理想解的距离，获得各评价目标与理想解的贴近度，按理想解贴近度的大小排序，以此作为评价目标优劣的依据。贴近度取值在 0~1 区间，该值越接近 1，表示相应的评价目标越接近最优水平；反之，该值越接近 0，表示相应的评价目标越接近最劣水平。

（二）传统的 TOPSIS 方法基本步骤

传统的 TOPSIS 方法，一般选用欧几里得距离对每个解与正理想解、负理想解的距离进行计算，对于备选方案可以选用向量等形式表示，备选方案可以用简单的数学形式描述，在比较过程中，还可以使用主观权重或客观权重。遇到多目标最优化决策问题时，假设待决策的多属性问题有 m 个方案：D_1、D_2、D3，…，D_m，每个方案有 n 个属性：X_1、X_2、X_3，…，X_n，则传统的 TOPSIS 方法基本步骤如下。

第一步：建立多属性决策矩阵 D，则该问题的决策矩阵，见式（3-14）：

$$D = \begin{array}{c} A^1 \\ A^2 \\ \cdots \\ A^m \end{array} \begin{bmatrix} x_1 & x_2 & \cdots & x_n \\ x_{11} & x_{12} & \cdots & x_{1n} \\ x_{21} & x_{22} & \cdots & x_{2n} \\ \cdots & \cdots & \cdots & \cdots \\ x_{m1} & x_{m2} & \cdots & x_{mn} \end{bmatrix} \tag{3-14}$$

在式（3-14）中，x_{ij} 是方案 A^i、属性 x_j 的值（$i = 1, 2, \cdots, m$，$j = 1, 2, \cdots, n$）。

第二步：令 x_j^* 表示第 j 个属性的最大值，则矩阵 D 标准化后的矩阵，见式（3-15）：

$$P = \begin{bmatrix} p_{11} & p_{12} & \cdots & p_{1n} \\ p_{21} & p_{22} & \cdots & p_{2n} \\ \cdots & \cdots & \cdots & \cdots \\ p_{m1} & p_{m2} & \cdots & p_{mn} \end{bmatrix} \tag{3-15}$$

在式（3-15）中，$p_{ij} = \dfrac{x_{ij}}{x_j^*}$（$i = 1, 2, \cdots, m$，$j = 1, 2, \cdots, n$）。

第三步：计算 P 的加权矩阵，见式（3-16）：

$$WP = \begin{bmatrix} w_1 p_{11} & w_2 p_{12} & \cdots & w_n p_{1n} \\ w_1 p_{21} & w_2 p_{22} & \cdots & w_n p_{2n} \\ \cdots & \cdots & \cdots & \cdots \\ w_1 p_{m1} & w_2 p_{m2} & \cdots & w_n p_{mn} \end{bmatrix} = \begin{bmatrix} r_{11} & r_{12} & \cdots & r_{1n} \\ r_{21} & r_{22} & \cdots & r_{2n} \\ \cdots & \cdots & \cdots & \cdots \\ r_{m1} & r_{m2} & \cdots & r_{mn} \end{bmatrix}$$

$$\tag{3-16}$$

在式（3 – 15）中，w_j 是第 j 个属性的权重值，且 $\sum_{j=1}^{n} w_j = 1$。

第四步：确定正理想解和负理想解。正理想解：对于正向类指标，如效益类指标，正理想解是该属性所有方案中数值最大的。从决策矩阵看，正理想解是各列中的最大值组成的集合；对于反向类指标，如成本类指标，正理想解是该属性所有方案中数值最小的，即决策矩阵各列中的最小值组成的集合，见式（3 – 17）。负理想解：对于正向类指标，如效益类指标，负理想解是该属性所有方案中数值最小的，即决策矩阵各列中的最小值组成的集合；对于反向类指标，如成本类指标，负理想解是该属性所有方案中数值最大的，即决策矩阵各列中的最大值组成的集合，见式（3 – 18）：

$$r^+ = \{(\max r_{ij}\,|\,j \in J),(\min r_{ij}\,|\,j \in J')\,|\,i = 1,2,\cdots,m\}$$

$$= \{r_1^+,r_2^+,\cdots,r_j^+,\cdots,r_n^+\} \tag{3 – 17}$$

$$r^- = \{(\min r_{ij}\,|\,j \in J),(\max r_{ij}\,|\,j \in J')\,|\,i = 1,2,\cdots,m\}$$

$$= \{r_1^-,r_2^-,\cdots,r_j^-,\cdots,r_n^-\} \tag{3 – 18}$$

在式（3 – 17）中，$J = \{j = 1,2,\cdots,n\,|\,j$ 与正向类指标有关$\}$，$J' = \{j = 1,2,\cdots,n\,|\,j$ 与反向类指标有关$\}$。

第五步：通过计算 n 维欧几里得距离，分别得到各方案到正理想解和负理想解的距离值。

各方案到正理想解的距离值，见式（3 – 19）：

$$d_i^+ = \sqrt{\sum_{j=1}^{n} (r_{ij} - r_j^+)^2}\,(i = 1,2,\cdots,m) \tag{3 – 19}$$

各方案到负理想解的距离值，见式（3 – 20）：

$$d_i^- = \sqrt{\sum_{j=1}^{n} (r_{ij} - r_j^-)^2}\,(i = 1,2,\cdots,m) \tag{3 – 20}$$

第六步：计算各方案到理想解的相对贴近度，见式（3 – 21）：

$$C_i^* = \frac{d_i^-}{d_i^+ + d_i^-}\,(i = 1,2,\cdots,m) \tag{3 – 21}$$

在式（3 – 18）中，$0 \leqslant C_i^* \leqslant 1$，$C_i^*$ 衡量各方案到负理想解的距离与正负理想解之间距离的比值，因此，C_i^* 的值越大，表明该方案距离负理想解越远，而距离正理想解越近。

  第七步，根据 C_i^* 的大小进行升序排列或降序排列，确定备选方案的优先次序，其中，最大的 C_i^* 值表示距离正理想解最近而距离负理想解最远，与之相对应的备选方案即为最佳方案。

  传统的 TOPSIS 方法可以对已有的有限备选方案进行排序，快速确定最佳备选方案，简单易懂，易于推广，根据以上计算步骤，可以归纳其具体的应用流程如下。

  第一步：确定各质量特性的类型；

  第二步：将质量特性值转化为相应类型的质量损失函数；

  第三步：确定各个方案及相关属性，并建立决策矩阵 D；

  第四步：对决策矩阵 D 进行标准化处理后，建立决策矩阵 P；

  第五步：对标准化后的矩阵 P 进行加权处理后，得到矩阵 WP；

  第六步：确定正负理想解，计算各方案分别到正理想解的距离和各方案到负理想解的距离；

  第七步：计算各方案到理想解的相对贴近度 C_i^*；

  第八步：根据 C_i^* 的大小进行升序排列或降序排列。

二、改进的 TOPSIS 方法

（一）改进的 TOPSIS 方法基本原理

  TOPSIS 方法是系统工程中有限方案多目标决策分析的一种常用技术，近年来，被广泛应用于多指标的综合评价。目前，TOPSIS 方法的改进主要围绕权系数矩阵，只有一种密切值法。传统的 TOPSIS 方法评价协调值 C 值的公式为 $C_i = D_i^+ / \min(D_i^+) - D_i^- / \max(D_i^-)$，密切值法是 $C_i = D_i^+ / \min(D_i^+) - D_i^- / \max(D_i^-)$，两种方法都基于比例关系进行评价。传统的 TOPSIS 方法的局限性在于，无法辨别相对于参考点连线对称的两个评价单元的优劣性、评价对象之间的横向比较能力较差造成的逆序问题；密切值法的局限在于，如果存在 $D_i^+ / \min(D_i^+) \geq 1$ 和 $0 \leq D_i^- / \max(D_i^-) \leq 1$，两项经压缩处理后的数量级别不等造成的判断失误。本书采用的 TOPSIS 方法改进了评价对象与理想解的评价公式，通过计算空间两点之间的相对距离，等权重的考虑各评价对象的相对接近度，避免出现逆序问题，具有客观性和说服力。在实际操作中，如果按比例准确画出各评价对象在二维空间中的分布图，那么，不需专门计算，只需测量排序结果，更加方便、简单。[①]

（二）改进的 TOPSIS 方法基本步骤

1. 根据差值法和线性函数转换法对原始数据进行同趋势化处理和无量纲化处理，得到原始数据矩阵，见式（3-22）；得到数据归一化矩阵，见式（3-23）：

$$X' = \begin{bmatrix} x'_{11} & x'_{12} & \cdots & x'_{1j} \\ x'_{21} & x'_{22} & \cdots & x'_{2j} \\ \cdots & \cdots & \cdots & \cdots \\ x'_{i1} & x'_{i2} & \cdots & x'_{ij} \end{bmatrix}_{m \times n,} \qquad (3-22)$$

$$A = \begin{bmatrix} a_{11} & a_{12} & \cdots & a_{1j} \\ a_{21} & a_{22} & \cdots & a_{2j} \\ \cdots & \cdots & \cdots & \cdots \\ a_{i1} & a_{i2} & \cdots & a_{ij} \end{bmatrix}_{m \times n} \qquad (3-23)$$

在式（3-23）中：$a_{ij} = \dfrac{x_{ij}}{\sqrt{\sum\limits_{i=1}^{n}(x_{ij})^2}}, i = 1,2,3,\cdots,m; j = 1,2,\cdots,n;$

x_{ij} 表示指标实际值，x'_{ij} 表示第 i 个城市、第 j 项评价指标的数值；a 表示归一化矩阵。

2. 运用熵值赋权法确定指标权重，见式（3-24）。熵值赋权法由各个指标的实际数据求出最优权重，增加指标分辨意义和差异性。

$$e_j = -k \sum_{i=1}^{m} \left[\left(X'_{ij} \Big/ \sum_{i=1}^{m} X'_{ij} \right) \times \ln \left(X'_{ij} \Big/ \sum_{i=1}^{m} X'_{ij} \right) \right],$$

$$令 k = 1/\ln m, \ \omega_j = (1 - e_j) \Big/ \sum_{j=1}^{n} (1 - e_j) \qquad (3-24)$$

[①] 王璐璐，虞虎，周彬. 基于改进 TOPSIS 法的中国 25 个主要旅游城市的城市旅游与城市发展协调水平 [J]. 经济地理，2015（2）：7.

在式（3－24）中，e_j 表示第 j 项指标的熵，ω_j 表示第 j 项指标的信息熵权重值；k 表示玻尔兹曼常量。

3. 根据矩阵 A 和所得权重求出加权矩阵，选出最优方案 A^+，见式（3－25）；选出最劣方案 A^-，见式（3－26），分别为：

$$A^+ = （a_{i1}^+, a_{i2}^+, \cdots, a_{in}^+）, a_{ij}^+ = \max_{1 \leqslant i \leqslant m}（a_{ij}） \qquad (3-25)$$

$$A^- = （a_{i1}^-, a_{i2}^-, \cdots, a_{in}^-）, a_{ij}^1 = \min_{1 \leqslant i \leqslant m}（a_{ij}） \qquad (3-26)$$

4. 计算各评价方案与最优方案的距离 D_i^+，见式（3－27）；计算各评价方案和最劣方案的距离 D_i^-，见式（3－28）：

$$D_i^+ = \sqrt{\sum_{j=1}^{n} \omega_j（a_{ij}^+ - a_{ij}）^2} \qquad (3-27)$$

$$D_i^- = \sqrt{\sum_{j=1}^{n} \omega_j（a_{ij}^- - a_{ij}）^2} \qquad (3-28)$$

5. 建立各评价对象（D_i^+，D_i^-）的二维数据空间，见式（3－29），设点 **A**（min（D_i^+），max（D_i^-））为最优理想参照点，计算与点 **A** 的相对距离 C_i，根据 C_i 值对各评价对象从小到大进行排序。若 C_i 值较小，则评价对象为较优。若 X_i、X_j 到参照点 **A** 的距离相等，直接比较两者的得分值，根据靠近 min（D_i^+）或 max（D_i^-）的原则决定优劣，见图 3－2。

$$C_i = \sqrt{[D_i^+ - \min(D_i^+)]^2 + [D_i^- - \max(D_i^-)]^2} \qquad (3-29)$$

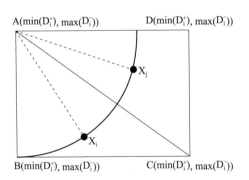

图 3-2　改进的 TOPSIS 方法示意

资料来源：Hwang Yeong - Hyeon, Gretzel Ulrike, Fesenmaier Daniel R. Multicity trip patterns: Tourists to the United States [J]. Annals of Tourism Research, 2006, 33（4）：1057 - 1078.

第四节　旅游业与城市协调发展评价指标体系

一、评价指标体系构建原则

无论是作为城市发展的内部要素还是作为与经济、社会、文化、环境等并行的子系统来考虑，旅游业都是一个独立的系统或要素。旅游发展系统和城市发展系统都是在各种因素的相互作用、相互影响下形成的复杂系统，为了更好地反映两大系统之间的相互关系，探索旅游业与城市发展的协调性，构建了旅游业与城市协调发展评价体系，在选择指标时遵循以下五个原则。

（一）科学性原则

科学性原则是所有指标选择原则中最主要的，也是优先考虑的原则。评价指标体系的构建必须以严谨的科学依据为基础，所选指标与评价内容保持一致，指标体系的设计过程只有严格依据科学性原则，才能最终得到与实际情况相符的评价结果。

（二）可操作性原则

系统及其内部各个要素之间相互联系的特性和无限可分的层次，使得协调发展体系的可选指标越来越多，模型结构太复杂，还要经过指标赋值、权重计算、结果分析等多个研究环节，都会造成较大的错误或偏差。因此，指标的选择要与系统紧密相关，要遵循方便收集和查找以及便于理解和把握的原则。

（三）全面系统性原则

旅游业和城市是紧密联系的两大系统，城市发展是旅游业发展的基础，旅游业发展能够带动城市发展，两者相互作用、相互影响，选取的指标越全面、越系统，测量的结果才会越准确。因此，指标的选择，首先，要全面覆盖旅游业与城市两个系统及其内部各个要素的特点和协调程度；其次，评价指标体系具有清楚的层次和合理的结构，且相互之间协调一致，既可以从整体上反映两大系统的协调程度，也可以体现系统内部各因素之间的协调程度。

（四）动态和静态相结合原则

旅游业和城市协调发展的评价，不仅包含对过去时间段的评价，也可以随时对当前状况或未来状况进行评价，具有可延续性特点，动态和静态相结合符合对评价体系的更高要求。因此，要求所选取的指标具有较大的时间跨度，能够阶段性地反映旅游业和城市动态变化的过程，了解不同时间段和不同社会背景下的系统及其内部各要素的演变趋势，预测未来一定时期内的变动程度，经得起时代发展的检验。

（五）代表性原则

旅游业和城市发展的影响指标众多、范围极广，并随着时间延续具有变化性，选取的指标必须具有代表性，只有选取根本性的指标，删减过于追求全面性而引入的干扰性指标或重复性指标，才能使评价指标体系简单明了，避免不准确的评价结果。

二、评价指标的选择

美国经济学家斯蒂格利茨曾预言，中国的城市化将成为影响世界经济发展的两件大事之一。随着中国城市化的飞速发展，旅游业已经逐渐融入城市发展体系，旅游业与城市发展的联系越密切，越要求旅游业与城市发展呈现较高的协调性。旅游业的发展受到城市基础设施、城市环境等外在因素的综合影响，特别是在一些经济体量庞大、社会文化先进、环境质量优良、基础设施完备、公共服务完善、交通设施便利的大都市，这些也是促进城市旅游业发展的重要因素，成功地吸引大量旅游者。相对于旅游业发展，城市发展要从城市的整体发展出发，以城市经济、社会和环境等要素的数量增长和结构进化为主要特征。结合城市旅游业与城市发展的内在联系，指标选择在依据科学性原则、可操作性原则、全面系统性原则、动态和静态相结合原则、代表性原则的基础上，共选择了城市经济基础、城市规模水平、城市公共交通、城市环境保护、城市旅游形象、旅游就业、旅游业规模七个决策层指标和 26 个指标层指标，旅游业与城市协调发展评价指标体系，见表 3 - 1。

表 3 - 1　　　　　　　旅游业与城市协调发展评价指标体系

目标层	决策层	指标层	单位	指标属性	评价目标
旅游业与城市协调发展水平测度体系	城市经济基础	GDP	万元	正指标	5
		第三产业占 GDP 比重	%	正指标	
		社会消费品零售总额	亿元	正指标	
		国内旅游收入	亿元	正指标	
		入境旅游收入	万美元	正指标	
	城市规模水平	城市人口增长率	%	正指标	5
		土地城市化率	%	正指标	
		城市固定资产投资	万元	正指标	
		人均实有铺装道路面积	平方米/人	正指标	
		每千人拥有床位数	张/千人	正指标	
	城市公共交通	年末实有出租汽车数	辆/万人	正指标	2
		年末实有公共汽（电）车营运车辆数	辆/万人	正指标	
	城市环境保护	城镇生活污水处理率	%	正指标	4
		生活垃圾无害化处理率	%	正指标	
		建成区绿化覆盖率	%	正指标	
		工业固体废物综合利用率	%	正指标	
	城市旅游形象	旅游总人次占全国游客数量比重	%	正指标	4
		城市市政公用设施建设固定资产	万元	正指标	
		污染指数二级及以上天数（良好天数）	天	正指标	
		万人拥有大学生数	人	正指标	
	旅游就业	第三产业就业比重	%	正指标	3
		住宿餐饮业就业数	人	正指标	
		文化、体育和娱乐业就业数	人	正指标	
	旅游产业规模	星级饭店数	个	正指标	3
		旅行社数	个	正指标	
		A 级景区数	个	正指标	

资料来源：笔者根据相关资料整理而得。

（一）城市经济基础指标的选择

城市经济是旅游业发展的前提和重要推动力，较高的城市经济水平能为旅游业提供较大的发展空间。旅游业发展在增加城市经济收入的同时，可以丰富城市生活，优化城市产业结构，吸引外来资金投入，增加社会就业岗位，完善公共基础设施建设。因此，选择的城市经济基础指标，包括 GDP、第三产业占 GDP 比重、社会消费品零售总额、国内旅游收入、入境旅游收入。

（二）城市规模水平指标的选择

在其他因素相同的情况下，城市规模越大，生产部门越多，市场交流越频繁，经济活动越复杂，该城市能够为旅游业提供产品和服务的能力越强。同时，当其他方面条件相同的情况下，城市规模（包括城市土地规模和城市人口规模）越大，城市发展水平越高，注入经济系统的其他消费引起的各轮综合经济效应越大，这就意味着，旅游消费给当地带来的经济效益越大。因此，选择的城市规模水平指标，有城市人口增长率、土地城市化率、城市固定资产投资、人均实有铺装道路面积和每千人拥有床位数。

（三）城市公共交通指标的选择

交通运输作为旅游业发展的先决条件和重要保障，两者是相互联系的整体，优良的交通系统能够吸引大量旅游者，不仅可以提高城市交通使用率，带动城市交通发展，而且，能够使已经衰退或者新生的旅游城市焕发生机和活力。同样，完善的城市公共交通是衡量城市发展水平的重要因素之一，也决定了游客拥有较强的可进入性，较多的游客数量才能促进并带动旅游业不断发展壮大。因此，根据目前城市主要的公共交通类型，城市公共交通指标选择了年末实有出租汽车数、年末实有公共汽（电）车营运车辆数。

（四）城市环境保护指标的选择

随着城市化，旅游建设速度加快，需要城市环境的同步发展，因此，与城市环境相关的基础设施不断建设与更新，在不断地满足旅游业发展的需要。旅游与城市环境协调发展是旅游业健康发展的重要标志，在理想状态下，二者可以相互促进，呈现良性循环的状态。但是，在社会发展现状下，城市环境与旅游发展存在一定错位，旅游业发展速度超过了城市环境的承载力，导致城市环境的一系列问题，结果只能反噬旅游业发展。城市环境保护指标选择了城镇生活污水处理率、生活垃圾无害化处理率、建成区绿化覆盖率、工业固体废物综合利用率。

（五）城市旅游形象指标的选择

城市旅游形象在一定程度上代表了社会及游客对该城市旅游业发展的评价和认可程度，在发展全域旅游的大背景下，各大城市都在努力整合城市相关社会资源，树立旅游形象品牌，提升城市旅游形象。建立良好的城市旅游形象，不仅可以直接增加城市旅游经济收入，吸引城市游客数量，而且，可以间接扩大城市旅游知名度，增加城市整体经济效益，为城市发展带来更多机会和资源。城市旅游形象是城市游客对城市旅游整体形象的感觉与知觉的心理过程，是动态的、多样的、相对的，涉及范围广泛且较难衡量。城市旅游形象指标选择了旅游总人次占全国游客数量比重、城市市政公用设施建设固定资产、污染指数二级及以上天数（良好天数）、万人拥有大学生数。

（六）旅游就业指标的选择

旅游业的发展离不开旅游从业者的参与和支持，城市旅游经济、城市旅游市场、城市旅游企业、城市旅游教育等都需要一定数量、质量劳动力的投入。旅游经济发展越好，说明游客数量越多，游客消费水平越高，对服务数量和服务质量要求也越高，对劳动力的需求也越大。旅游企业为旅游基础设施的完善提供了重要动力，也为城市发展提供了众多就业岗位。旅游就业指标选择了第三产业就业比重，住宿餐饮业就业数，文化、体育和娱乐业就业数。

（七）旅游业规模指标的选择

旅游业是具有高度消费趋向的综合性产业，外延广泛，涉及行业较多，产业边界较模糊，最具代表性的是专门性产业部门，例如，旅行社、景区等，还有基础性产业部门，例如，饭店、交通业等。旅游业包含了与旅游相关的产业门类，可以反映旅游业发展现状，也包含了重要的城市发展要素，能在一定程度上呈现城市发展状况。根据最能体现旅游业规模、全面展现旅游业内容的要求，旅游业规模指标选择了星级饭店数、旅行社数、A 级景区数。

三、评价指标体系的构建

旅游业与城市协调发展指标体系，是在遵循上述方法和原则并参考数十篇文献的基础上，对影响旅游业与城市协调发展的指标进行筛选而最终形成的。旅游业与城市协调发展评价指标体系，分为总目标层、决策层和指标层。

第一层次：总目标层。总目标层是对旅游业与城市协调发展水平进行评价的总方向，总目标层定义为旅游业与城市协调发展水平评价总分值。

第二层次：决策层。决策层确定构成旅游业与城市发展水平的主要内容或主要方面。在决策层中，可以从城市经济基础、城市规模水平、城市公共交通、城市环境保护、城市旅游形象、旅游就业、旅游业规模方面设置总目标的决策层，共七个决策层。

第三层次：指标层。指标层是对决策层各个指标的分解指标。指标层的指标，均为定量指标，指标层共有 25 个指标。

第五节　数据来源与数据处理

一、研究对象范畴

本书以中国主要旅游城市以及长三角城市群、中原城市群三个研究区域 2000 年、2005 年、2010 年、2015 年、2019 年五个年份的面板数据为研究范畴。

基于研究需要，对研究对象进行细分。

中国有 25 个主要旅游城市，分别是长春市、成都市、大连市、福州市、广州市、桂林市、哈尔滨市、海口市、杭州市、黄山市、昆明市、南京市、南通市、宁波市、青岛市、厦门市、上海市、深圳市、沈阳市、苏州市、无锡市、武汉市、西安市、中山市和珠海市。

长三角城市群有 16 个核心城市，分别是南京市、镇江市、扬州市、常州市、苏州市、无锡市、南通市、泰州市、杭州市、嘉兴市、湖州市、绍兴市、宁波市、舟山市、台州市、上海市。

中原城市群核心发展区的 14 个城市，分别是郑州市、开封市、洛阳市、平顶山市、新乡市、焦作市、许昌市、漯河市、济源市、鹤壁市、商丘市、周口市、晋城市、亳州市。

二、数据来源

数据主要包括三部分：直接数据、间接数据和补充数据。

直接数据主要来源于 2001 年、2006 年、2011 年、2016 年、2020 年的《中国城市统计年鉴》《中国旅游统计年鉴》《中国区域经济统计年鉴》，中华人民共和国国家统计局官网、中华人民共和国文化和旅游部官网、各省（区、市）的统计年鉴和各省（区、市）的国民经济和社会发展统计公报等。本书大部分数据为直接数据，具体包括 GDP、第三产业占 GDP 比重、社会消费品零售总额、国内旅游收入、入境旅游收入、城市人口增长率、土地城市化率、城市固定资产投资、人均实有铺装道路面积、每千人拥有床位数、（万人）年末实有出租汽车数（辆）、（万人）年末实有公共汽（电）车营运车辆数（辆）、城镇生活污水处理率、生活垃圾无害化处理率、建成区绿化覆盖率、工业固体废物综合利用率、城市市政公用设施建设固定资产、第三产业就业比重、住宿餐饮业就业数以及文化、体育和娱乐业就业数。

间接数据包括旅游总人次占全国游客数量的比重、污染指数二级及以上天数（良好天数）、万人拥有大学生数、星级饭店数、旅行社数、A 级景区数，是通过直接数据计算得到的。

补充数据是在个别年份、个别城市的某一项数据存在缺失的情况下，对无法搜索到的数据利用其他年份的数据以插值法和趋势外推法进行补充。资料来源具有权威性和可靠性。

第六节　小结

本章分五节探讨了如何选择城市与旅游协调发展水平的测算模型，是本书进行实证研究的重要内容。第一节，总结协调发展水平评价的方法论基础，认为协调发展的研究依托于一般系统论和自组织理论。第二节，通过研究方法对比得到可供选择的定量研究方法，首先，人们在研究实践中判断协调发展的程度，主要采用区间值判断法、功效系数评价法、协调发展判断的坐标系法等方法；其次，介绍了常见的定量研究协调发展水平的方法，熵值法、重心坐标法、标准差椭圆法。第三节，在介绍传统 TOPSIS 方法的基础上，结合熵值赋权法，增加指标分辨意义和差异性，提出了改进后的 TOPSIS 方法。第四节，构建了旅游业与城市协调发展评价指标体系，说明在进行指标体系构建时遵循的原则，七个决策层指标的依据和 25 个指标层指标的具体内容。第五节，介绍了主要实证研究对象及各个实证研究对象所用的数据来源与数据处理。

第四章

中国旅游城市旅游业与城市协调发展比较研究
——以25个主要旅游城市为例

第一节　25个主要旅游城市概况

　　根据《中国旅游统计年鉴》统计的重点旅游城市名单，本章选取了25个城市作为分析案例，按照字母排序分别是长春市、成都市、大连市、福州市、广州市、桂林市、哈尔滨市、海口市、杭州市、黄山市、昆明市、南京市、南通市、宁波市、青岛市、厦门市、上海市、深圳市、沈阳市、苏州市、无锡市、武汉市、西安市、中山市和珠海市，主要分布于中国沿海区域及内陆区域，大部分作为所在国家级城市群的核心城市，辐射到长三角城市群（上海市、南京市、杭州市、苏州市、无锡市、南通市、宁波市、苏州市、黄山市）、珠三角城市群（广州市、深圳市、珠海市、中山市）、成渝城市群（成都市）、长江中游城市群（武汉市）、山东半岛城市群（青岛市）、关中平原城市群（西安市）、北部湾城市群（海口市）、辽中南城市群（沈阳市、大连市）、哈长城市群（哈尔滨市、长春市）、粤闽浙沿海城市群（福州市、厦门市）、滇中城市群（昆明市）11个国家级城市群。

　　上海市、南京市、杭州市、苏州市、无锡市、南通市、宁波市、苏州市、黄山市作为长三角城市群的经济发达城市和优秀旅游城市，对所在的江苏省、浙江省和安徽省经济和旅游的发展具有长久而巨大的影响。2021年，上海市地区生产总值以8.1%的增速达到4.32万亿元，首度突破 4 万亿元大关，是中国真正的经济中心与金融中心。① 杭州市是浙江省省会和首批国家历史文化名城，2021 年的 GDP 占到浙江省的 1/4，旅游资源丰富，素有"人间天堂"的美誉。宁波市作为浙江省的副省级城市和计划单列市，是中国东南沿海重要的港口城市和长三角南翼经济中心。南京市是江苏省省会、南京都市圈的核心城市和中国东部地区重要的中心城市，也是全国重要的科研教育基地。苏州市是国家高新技术产业基地和风景旅游城市，拥有 2 个国家历史文化名城和 12 个中国历史文化名镇，6 家 5A 级景区和 35 家 4A 级景区，苏州古典园林和中国大运河苏州段被联合国教科文组织列为世界文化遗产。② 无锡市自古是鱼米之乡，经济飞速增长，是我国的民族工业和乡镇工业的摇篮，也是重要的风景旅游城市。南通市是中国长三角北翼的经济中心和现代化港口城市，集"黄金海岸"与"黄金水道"的优势于一身，被誉为"北上海"，有"世界长寿之都""国家智慧试点城市""全国文明城市"等荣誉称号。黄山市是徽文化的重要发祥地，黄山作为首批国家级重点风景名胜区，被列入世界文化与自然双遗产名录和世界地质公园，古村落西递宏村也被列入世界文化遗产。

广州市、深圳市、珠海市、中山市依托于珠三角城市群，为珠三角城市群制造业和服务业的发展提供了充足的人口支持和技术支持。广州市经济发达，是国家中心城市和国际大都市，交通便利，是国际性综合交通枢纽和中国通往世界的南大门，人类发展指数名列中国前列，有"花城"之称。深圳市是国家计划单列市和中国经济特区，被誉为"科技创新中心""区域金融中心""商贸物流中心"，创造了举世瞩目的"深圳速度"，也是全球十大热门旅游目的地城市之一。珠海市是珠三角地区海洋面积和海岛面积最大、岛屿最多、海岸线最长的城市，具有得天独厚的海滩旅游、海岛旅游和山岩旅游资源优势，先后荣获"国家园林城市""中国优秀旅游城市""中国最具幸福感城市"等称号。中山市既是

---

① 数据来源于《2021 年上海市国民经济和社会发展统计公报》，https：//wwwHsh huangpu. gov. cn/zw/009001/009001007/009001007001/20220318/a17e85fc - 4418 - 4486 - a5a6 - 7h8df853ac12. html.

② 数据来源于苏州市文化广电和旅游局官网，http：//wglj. suzhou. gov. cn/.

珠三角中心城市，也是粤港澳大湾区的重要城市，享有国家历史文化名城、广东省曲艺之乡（粤剧）、华侨之乡的美誉。

福州市、厦门市是粤闽浙沿海城市群的两大核心城市，协同引领城市群内其他城市的共同发展。福州市作为福建省省会、福州都市圈核心城市和中国东南沿海的重要都市，是海峡西岸经济区中心城市之一、首批对外开放的沿海开放城市和海洋经济发展示范区。福州市是国家历史文化名城，历史遗迹众多，也是滨江滨海生态园林城市，生态环境优美。厦门市作为中国经济特区和东南沿海重要的中心城市，是国家综合配套改革试验区和国家物流枢纽中心。厦门市作为重要的港口城市，是东南国际航运中心、国家海洋经济发展示范区。

成都市是古蜀文明的发祥地，是首批国家历史文化名城和中国最佳旅游城市之一。作为成渝城市群的中心城市，是成渝地区双城经济圈的核心城市，也是国家重要的高新技术产业基地、商贸物流中心和综合交通枢纽。武汉市是长江中游城市群的中心城市，素有"九省通衢"之称，高铁网辐射大半个中国，交通便利，是中国内陆最大的水陆空交通枢纽和长江中游航运中心。昆明市是滇中城市群的中心城市，是中国面向东南亚、南亚开放的门户城市，又是国家历史文化名城，气候宜人，四季如春，享有"春城"的美誉，形成以昆明市为中心，辐射全省，连接东南亚，集旅游、观光、度假、娱乐于一体的旅游体系。海口市是北部湾城市群的重要城市，国家"一带一路"倡议支点城市和海南自由贸易港核心城市，一座富有海滨自然旖旎风光的南方滨海城市。

沈阳市、大连市两个副省级城市与联系紧密的多个地级市组成了辽中南城市群，其中，沈阳市是中国最大的综合性重工业基地和先进装备制造基地，也是京津冀地区通往关外的综合交通枢纽。大连市聚集了港口、工业、贸易、金融和旅游等资源优势，成为东北地区最大的港口城市、对外贸易口岸、经济中心、金融中心和现代产业聚集区，城市风景优美，有着"浪漫之都"的美誉。哈尔滨市地处中国东北地区、东北亚中心地带，是国家战略定位的沿边开发开放中心城市、东北亚区域中心城市及对俄罗斯合作中心城市，被誉为"欧亚大陆桥的明珠"。哈尔滨市是国家历史文化名城、热点旅游城市和国际冰雪文化名城，素有"冰城""东方莫斯科""东方小巴黎"之称。长春有"东方底特律"和"东方好莱坞"之称，是东北亚经济圈中心城市、著名的中国老工业基地和中国最早的汽车工业基地和电影制作基地。长春市作为国家历史文化名城，有众多历史古迹、工业遗产和文化遗存，也是中国四大园林城市之一，享有"北国春城"的美誉。

青岛市作为山东半岛城市群的中心城市，是重点历史风貌保护城市、滨海度假旅游城市和海上体育运动基地，环境优美，被誉为"东方瑞士"，截至 2020 年，青岛市拥有 A 级旅游景区 112 处。[①] 西安市是关中平原城市群的唯一核心城市，自古就有"八水绕长安"之美誉，是中国历史上建都朝代最多、时间最长、影响力最大的都城之一，也是世界四大古都之一，被联合国教科文组织确定为"世界历史名城"。有两项六处遗产被列入《世界遗产名录》，拥有"中国最佳旅游目的地""中国国际形象最佳城市之一"的美誉。

第二节　发展现状与特征分析

一、区位分析

（一）地理区位

25 个主要旅游城市大体分布于我国领土的东部沿海地区，气候复杂多样，地形复杂多变。部分城市集中于东部沿海地区和南部沿海地区的长江中下游平原及东南丘陵地区，濒临黄海、东海和南海，处于江海交汇之地，沿江沿海港口众多，地形较为平坦，气候宜人，温和湿润，动植物资源丰富。一部分城市集中分布于东北地区，东北平原广布，气候对比分明，森林覆盖率高，生态环境优美，拥有独特的森林、草原、湿地和冰雪旅游资源；另一部分城市零星地散落在我国西南地区，地形多样，垂直地貌突出，资源特色显著，气候特点鲜明。

---

① 数据来源于青岛市文化和旅游局官网，http：//whlyj. qingdao. gov. cn/。

（二）交通区位

上海市等处于长江三角洲地区的主要旅游城市，交通干线密度高，主要城市间高速铁路有效连接，沿海、沿江联动协作的航运体系初步形成，区域机场群体系基本建立。截至 2020 年，长三角地区有 21 条高铁线路，长达 5 306 千米，苏浙皖沪"三省一市"所有省辖市均通动车。长三角地区铁路网密度达到 325 千米/万平方千米，是全国平均水平的 2.2 倍，全年铁路旅客发送量占全国铁路的 20.5%。[①]

广州市等位于珠江三角洲地区的主要旅游城市，是重要的交通枢纽城市，基本上形成了综合立体交通网布局，形成了以深圳盐田、广州南沙、珠海高栏港三个枢纽港为核心，多个沿海、内河次级港口的布局，汇集了京广、京港、京九等多条国家干线铁路和区际干线铁路，国内外航线可达多数国家和地区。哈尔滨市、长春市、大连市和沈阳市所在的东北经济区内部，铁路公路、航空四通八达，交通线路纵横交错，并与港口运输实现无缝对接。

昆明市、成都市、西安市、武汉市作为所在省（区）的省会城市、桂林市作为所在区域的中心城市，交通条件优越，区位优势明显。例如，昆明市长水国际机场开通国内航线、国际航线和地区航线 100 多条，是中国第七个吞吐量超过 2 000 万人次的机场，成都市 2020 年末拥有公路总里程 29 627.1 千米，等级公路29 578.8 千米，[②] 西安市具有承东启西、连接南北的重要战略地位，有 9 条国家级高速公路在此交会，是全国干线公路网中最大的节点城市之一。桂林市与长沙市、贵阳市、广州市、南宁市 4 个城市形成两小时经济圈，辐射中南地区、西南地区、粤港澳大湾区和东盟，成为大西南区域性的重要交通枢纽。武汉市地处长江黄金水道与京广铁路大动脉的十字交汇点，是中国内陆最大的水陆空交通枢纽。

（三）经济区位

上海市、杭州市、宁波市、苏州市、无锡市、南京市、南通市七个

---

① 数据来源于人民铁道网。
② 数据来源于《2020 年成都市国民经济和社会发展统计公报》。

主要旅游城市，依托于东部沿海综合经济区，该经济区是具有国际影响力的世界性金融中心，全国最具影响力的多功能制造业中心，特别是轻工业装备产品制造中心，以及高新技术研发中心和制造中心。其中，2021 年上海市地区生产总值达到 43 214.85 亿元，同比增长 8.1%，① 杭州市、宁波市是浙江省经济实力最强的两个城市；南京市 2020 年人均消费总额高达 7.61 万元，消费实力排名全国第一，中国城市投资活跃度排名第四；苏州市在 2020 年上半年名列中国 GDP 十强城市，全年实现地区生产总值为 20 170.5 亿元，人均地区生产总值比 2019 年增长 8.1%②；2021 年无锡市和南通市第三产业的生产总值均实现不同幅度的增长，其中，无锡市城镇化率达到 82.79%，就业人数不断提高，南通市人均地区生产总值为 14.26 万元，增长 8.8%。③

广州市、海口市、珠海市、中山市、厦门市、福州市、深圳市七个旅游城市依托于南部沿海经济区，该经济区是全国最重要的外向型经济发展基地，全国最大、最重要的高档耐用消费品、非耐用消费品生产基地，具有全国意义上的高新技术产品制造中心。2021 年，深圳市地区生产总值为 30 664.85 亿元④，在中国百强城市排行榜中排第三，经济总量长期位列中国城市第四位。2020 年，广州市实现地区生产总值为 25 019.11 亿元，第三产业的贡献率达到 57.5%。⑤ 2020 年，珠海市地区生产总值为 3 481.94 亿元，同比增长 3.0%。⑥ 2020 年，中山市地区生产总值为 3 151.59 亿元。⑦ 厦门市和福州市作为福建省经济发展水平最高

---

① 数据来源于《2021 年上海市国民经济和社会发展统计公报》，https：//tjj. sh. gov. cn/tjgb/20220314/e0dcefec098c47a8b345c996081b5c94. html。

② 数据来源于《2020 年苏州市国民经济和社会发展统计公报》，https：//www. suzhou. gov. cn/szsrmzf/tjgb2021/202104/b737f95065e84ef3bbc44679ca6b604d. shtml。

③ 数据来源于《2021 年无锡市国民经济和社会发展统计公报》，https：//fao. wuxi. gov. cn/doc/2022/03/10/3616324. shtml。《2021 年南通市国民经济和社会发展统计公报》，http：//tjj. nantong. gov. cn/ntstj/tjgb/content/d1200f47 – 6506 – 4836 – a400 – 33db2d5e45f8. html。

④ 数据来源于《2021 年深圳市国民经济和社会发展统计公报》，https：//www. sz. gov. cn/cn/xxgk/zfxxgj/tjsj/tjgb/content/post_9763161. html。

⑤ 数据来源于《2020 年广州市国民经济和社会发展统计公报》，https：//www. gz. gov. cn/xw/zwlb/bmdt/stjj/content/post_7199946. html。

⑥ 数据来源于《2020 年珠海市国民经济和社会发展统计公报》，https：//www. zhuhai. gov. cn/gkmlpt/content/2/2753/mpost_2753573. html#1638。

⑦ 数据来源于《2020 年中山市国民经济和社会发展统计公报》，http：//www. zs. gov. cn/zwgk/sjfb/tjgb/content/post_1923332. html。

的两个城市，城镇化率达到 100%，2020 年，福州市地区生产总值为 10 020.02 亿元，① 首次突破万亿元大关，2021 年，厦门市地区生产总值为 7 033.89 亿元，比 2020 年增长 8.1%。② 2021 年，海口市实现地区生产总值 2 057.06 亿元，比 2020 年增长 11.3%，③ 增速飞快。

哈尔滨市、长春市、沈阳市、大连市四个旅游城市依托于东北综合经济区，该经济区是重型装备和设备制造业基地，能源原材料制造业基地，全国性的专业化农产品生产基地。哈尔滨市、长春市和沈阳市作为所在省的省会城市，大连市作为国家计划单列市，四个城市经济稳定发展，具有较强的经济发展凝聚力。2021 年，哈尔滨市、长春市、沈阳市、大连市分别实现地区生产总值 5 352 亿元、7 103.12 亿元、7 249.7 亿元、7 825.9 亿元。④

昆明市、桂林市和成都市三个旅游城市依托于大西南综合经济区，该经济区有以重庆市为中心的重化工业和以成都市为中心的轻纺工业，也是以旅游开发为"龙头"的"旅游业—服务业—旅游用品生产"基地。2020 年，昆明市地区生产总值为 6 733.79 亿元，增长 2.3%，居民消费价格总水平上涨 3.1%；2020 年，桂林市地区生产总值为 2 130.41 亿元，人均地区生产总值为 41 294 元，比 2019 年增长 5.9%；2020 年，成都市地区生产总值为 17 716.7 亿元，比 2019 年增长 4.0%。⑤

西安市属于黄河中游综合经济区，2020 年，西安市地区生产总值为 10 020.39 亿元，比 2019 年增长 5.2%，增速高于全国、全省的 2.9% 和 3.0%，总面积为 10 752 平方千米（含西咸新区），建成区面积为 700.69 平方千米，常住人口（含西咸共管区）1 316.30 万人。⑥ 武汉市和黄山市属于长江中游综合经济区，2020 年武汉市经济总量位居全国城市前十，

---

① 数据来源于《2021 年福州市国民经济和社会发展统计公报》，http://www.fuzhou.gov.cn/zwgk/tjxx/ndbg/202203/t20220331_4336407.htm。

② 数据来源于《2022 年厦门市国民经济和社会发展统计公报》，http://tjj.xm.gov.cn/tjzl/ndgb/202303/t20230321_2726562.htm。

③ 数据来源于《2022 年海口市国民经济和社会发展统计公报》，https://www.hainan.gov.cn/hainan/tjgb/202302/41a62acff4864c7fba975b3f4c732e46.shtml。

④ 数据来源于 2022 年哈尔滨市、长春市、沈阳市、大连市的《国民经济和社会发展统计公报》。

⑤ 数据来源于 2021 年昆明市、桂林市、成都市《国民经济和社会发展统计公报》。

⑥ 数据来源于《2021 年西安市国民经济和社会发展统计公报》。

达到 15 616.1 亿元，高新技术企业达到 6 259 户，增长 41.7%，招商引资实际到位资金 9 328.6 亿元，进出口逆势增长 10.8%。[①] 青岛市属于北部沿海综合经济区，2020 年地区生产总值为 12 400.56 亿元，占国内生产总值的比重为 1.22%，增长 3.7%。其中，第三产业增加值的增长率为 2.6%，三次比重为 3.4：35.2：61.4。[②]

二、产 业 分 析

（一）产 业 结 构

2000～2019 年 25 个主要旅游城市的产业结构不断调整，整体呈现"三、二、一"的结构态势。25 个主要旅游城市产业结构与发展水平（2000 年、2005 年、2010 年、2015 年、2019 年），见表 4-1。2019 年，上海市三次产业比重分别为 0.3：27.0：72.7，深圳市三次产业比重分别为 0.1：39.0：60.9，厦门市三次产业比重分别为 0.4：41.6：58.0，广州市三次产业比重分别为 1.1：27.3：71.6。2021 年，珠海市三次产业比重分别为 1.4：41.9：56.7。2020 年，中山市三次产业增加值分别为 71.57 亿元、1 556.78 亿元、1 523.25 亿元。[①]厦门市产业结构持续优化升级，三次产业比重由改革开放初期的 26.5：51.6：21.9 调整为 2020 年的 0.4：39.5：60.1。2019 年福州市第一产业占比降低，第三产业占比上升，高新技术产业增加值占 GDP 的比重也大幅提升，高新技术产业增加值占 GDP 的比重提高到 19%。2021 年，沈阳市实现地区生产总值 7 249.7 亿元，其中，三次产业比重分别为 4.5：35.5：60.0。2019 年大连市三次产业比重分别为 6.5：40.0：53.5，平稳较快发展。2019 年昆明市地区生产总值为 6 475.88 亿元，三次产业比重分别为 4.2：32.1：63.7，对 GDP 增长的贡献率分别为 3.4%、25.3% 和 71.3%，分别拉动 GDP 增长 0.2%、1.7% 和 4.6%。2020 年，成都市的产业发展对经济增长的贡献率分别为 2.7%、45.1%、52.2%，三次产业比重分别为 3.7：30.6：65.7。

---

① 数据来源于《2021 年武汉市国民经济和社会发展统计公报》。
② 数据来源于《2021 年青岛市国民经济和社会发展统计公报》。

表4—1　25个主要旅游城市产业结构与发展水平（2000年、2005年、2010年、2015年、2019年）

城市	2000年				2005年				2010年				2015年				2019年			
	GDP（亿元）	第一产业比重（%）	第二产业比重（%）	第三产业比重（%）	GDP（亿元）	第一产业比重（%）	第二产业比重（%）	第三产业比重（%）	GDP（亿元）	第一产业比重（%）	第二产业比重（%）	第三产业比重（%）	GDP（亿元）	第一产业比重（%）	第二产业比重（%）	第三产业比重（%）	GDP（亿元）	第一产业比重（%）	第二产业比重（%）	第三产业比重（%）
南京市	776	5.3	48.4	46.3	2 235	3.3	49.8	46.9	4 515	2.8	46.5	50.7	9 721	2.4	40.3	57.3	14 031	2.1	35.9	62.0
苏州市	335	5.9	56.5	37.6	1 630	1.9	65.0	33.1	3 573	1.5	58.4	40.1	7 494	1.9	48.6	49.5	9 049	1.0	47.5	51.5
无锡市	426	3.9	58.7	37.4	1 618	1.8	60.9	37.3	2 987	1.8	56.0	42.2	4 352	1.4	47.5	51.1	6 081	1.0	47.5	51.5
南通市	290	17.9	50.1	32.0	625	11.0	56.1	32.9	1 416	7.6	55.3	37.1	2 455	5.5	50.9	43.6	3 472	4.6	49.1	46.4
杭州市	711	7.4	51.4	41.1	2 379	4.7	51.3	44.0	4 872	3.5	47.8	48.7	9 227	2.9	38.9	58.2	14 349	2.1	31.7	66.2
宁波市	461	8.2	55.6	36.2	1 261	5.4	55.1	39.6	2 701	4.1	55.4	40.5	4 601	3.3	50.8	45.9	7 649	2.7	48.2	49.1
上海市	4 812	1.6	46.0	52.4	9 197	1.0	46.9	52.1	17 915	0.6	41.5	57.9	26 887	0.4	31.8	67.8	38 155	0.3	27.0	72.7
广州市	2 165	4.0	43.4	52.6	4 792	2.5	39.7	57.8	9 879	1.8	37.2	61.0	18 100	1.3	31.6	67.1	23 629	1.1	27.3	71.6
深圳市	1 665	1.0	52.5	46.5	4 951	0.2	53.2	46.6	9 582	0.1	47.2	52.7	17 503	0.0	41.2	58.8	26 927	0.1	39.0	60.9
珠海市	284	4.2	55.5	40.3	635	3.0	53.4	43.5	1 209	2.7	54.8	42.5	2 025	2.2	49.7	48.1	3 436	1.7	44.5	53.8
中山市	313	7.8	54.5	37.7	880	3.5	61.3	35.2	1 851	2.8	58.0	39.2	3 010	2.2	54.3	43.5	3 101	2.0	49.1	48.9
长春市	618	14.3	43.2	42.5	1 200	10.7	46.9	42.4	2 364	7.6	51.7	40.7	4 314	6.2	50.1	43.7	5 196	5.9	42.3	51.8
成都市	670	9.6	44.7	45.7	1 518	7.7	42.5	49.9	3 932	5.1	44.7	50.2	8 460	3.5	43.7	52.8	13 578	3.7	30.8	65.5
大连市	790	9.4	46.6	44.0	1 599	8.5	46.3	45.2	3 432	6.7	50.9	42.4	3 532	5.9	43.3	50.8	5 655	6.5	40.0	53.5
福州市	464	13.5	46.5	40.0	715	11.8	47.0	41.2	1 544	9.1	44.9	46.1	2 829	7.7	43.6	48.7	5 693	5.6	40.8	53.6

续表

城市	2000 年				2005 年				2010 年				2015 年				2019 年			
	GDP（亿元）	第一产业比重（%）	第二产业比重（%）	第三产业比重（%）	GDP（亿元）	第一产业比重（%）	第二产业比重（%）	第三产业比重（%）	GDP（亿元）	第一产业比重（%）	第二产业比重（%）	第三产业比重（%）	GDP（亿元）	第一产业比重（%）	第二产业比重（%）	第三产业比重（%）	GDP（亿元）	第一产业比重（%）	第二产业比重（%）	第三产业比重（%）
桂林市	100	33.0	30.7	36.3	181	24.3	39.4	36.4	361	18.4	44.6	37.0	783	17.5	46.4	36.2	914	23.1	22.6	54.3
哈尔滨市	550	17.6	33.9	48.5	1 215	16.4	35.3	48.3	2 582	11.3	37.8	51.0	4 212	11.7	32.4	55.9	4 093	10.8	21.5	67.7
海口市	134	2.4	25.9	71.7	301	7.7	27.6	64.8	595	6.4	24.0	69.6	1 162	4.9	19.3	75.8	1 672	4.3	16.5	79.2
黄山市	36	23.0	29.8	47.2	71	16.4	36.0	47.7	141	12.7	44.1	43.2	245	10.4	39.9	49.7	397	7.6	34.6	57.8
昆明市	483	8.2	47.1	44.7	805	7.3	44.9	47.8	1 549	5.7	45.3	49.0	3 073	4.7	40.0	55.3	5 069	4.2	32.1	63.7
青岛市	629	12.2	48.7	39.1	1 472	6.6	51.8	41.6	3 231	4.9	48.7	46.4	5 977	3.9	43.3	52.8	9 344	3.4	35.7	60.9
厦门市	502	4.2	52.8	43.0	1 007	2.1	54.9	43.1	2 060	1.1	49.7	49.2	3 466	0.7	43.6	55.7	5 995	0.4	41.6	58.0
沈阳市	938	6.4	44.2	49.4	1 817	6.1	43.5	50.5	4 185	4.6	50.4	44.9	5 891	4.7	47.8	47.5	5 936	4.4	33.7	61.9
武汉市	1 207	6.7	44.2	49.1	2 238	4.9	45.5	49.6	4 559	3.1	45.5	51.4	8 806	3.3	45.7	51.0	16 223	2.3	36.9	60.8
西安市	602	6.5	47.7	45.8	1 147	5.3	42.5	52.2	2 763	4.3	43.5	52.2	5 136	3.8	36.7	59.6	8 999	3.0	34.0	63.0

资料来源：2001 年、2006 年、2011 年、2016 年、2020 年《中国城市统计年鉴》。

2020 年，桂林市第一产业占比为 22.74%，第二产业占比为 22.84%，第三产业占比为 54.42%。2020 年，西安市地区生产总值为 10 020.39 亿元，增速高于全国 2.9%、全省 3.0%，三次产业增加值分别增长 3.0%、7.4%、4.2%。2019 年，武汉市实现地区生产总值 16 223.21 亿元，同比增长 7.4%，三次产业比重分别为 2.3∶36.9∶60.8。2021 年，青岛市全年地区生产总值为 14 136.46 亿元，比 2020 年增长 8.3%，三次产业增加值分别为 470.06 亿元、5 070.33 亿元、8 596.07 亿元。①

（二）产业发展水平

2000～2019 年 25 个主要旅游城市产业发展过程中，地区生产总值呈现不同幅度提升。其中，苏州市、杭州市、成都市三个城市的地区生产总值实现了 20 余倍增长，上海市、深圳市、广州市、南京市、杭州市、成都市、武汉市是增长值最大的城市。除了海口市和武汉市的第一产业比重呈现负增长，其他 23 个城市的第一产业比重和第二产业比重均呈现负增长，第三产业比重不断上升，投资、消费、外贸、服务业等为主的第三产业增加值增长较快，占全市经济比重仍然最高，是推动经济稳定增长的重要引擎；第一产业增加值、第二产业增加值总体运行在合理区间，助推长春市经济稳中有升、稳中向好。

三、城市发展情况

（一）城市总体情况

25 个主要旅游城市大多分布于长三角地区、珠三角地区等经济发达地区或是区域经济中心城市和省会城市，在所在区域乃至全国都具备经济发展水平高，人口基数大，人口城镇化率高，交通便利，基础设施建设优良，公共服务配套完善等优势特征。第一，从地区经济发展来看，2019 年，地区生产总值在 10 000 亿元以上的城市有南京市、苏州市、无

---

①　数据来源于《2001 中国城市统计年鉴》《2020 中国城市统计年鉴》《2021 中国城市统计年鉴》。

锡市、杭州市、宁波市、上海市、广州市、深圳市、成都市、青岛市、武汉市 11 个，且第三产业产值比重均在 50% 以上，其中，上海市最高为 38 156 亿元，之后，深圳市为 26 927 亿元，广州市为 23 629 亿元，黄山市、海口市和桂林市最少，分别为 818 亿元、1 672 亿元、2 106 亿元，经济发展水平差距较大。① 第二，从人口规模来看，成都市、上海市、广州市、武汉市、哈尔滨市人口规模较大，2019 年，成都市和上海市的总人口数量约为 1 500 万人，广州市、武汉市、哈尔滨市的总人口数量为 900 余万人，珠海市、中山市、海口市和黄山市总人口数量最少，约为 200 万人，这与城市经济发展水平及产业结构有较大的关系。同时，南京市、上海市、广州市、深圳市、珠海市、海口市、厦门市、武汉市的人口城镇化率已经达到 100%，南通市、桂林市、黄山市的人口城镇化率较低，分别只有 28%、25%、32%。第三，从城市建设来看，上海市总面积为 6 340.5 平方千米，城市建设用地为 1 899 平方千米，是 25 个主要旅游城市中最大的，之后是深圳市、成都市、南京市、武汉市，黄山市城市建设用地与其他城市差距较大，仅有 57 平方千米，南京市、广州市、珠海市、黄山市的建成区绿化覆盖率最高，均在 45% 左右，但其他城市的建成区绿化覆盖率也在 35% 以上，差距不大。2021 年，厦门市城市建设用地面积为 371.42 平方千米，拥有公园 180 个，占地面积为 3 930.22 公顷；人均公园绿地面积为 14.84 平方米，建成区绿化覆盖面积为 18 513.81 公顷，绿化覆盖率为 45.65%②。

（二）旅游公共服务

城市的旅游公共服务，包括旅游公共交通基础设施服务体系、旅游公共信息服务体系、旅游公共安全保障体系等。

第一，在旅游公共交通基础设施服务方面，上海市综合铁路、水路、公路、航空、轨道五种运输方式，具有超大规模的综合交通运输网络，是中国第一个区（县）全部开通地铁的城市，也是继广州市之后第三个开通跨市地铁线路的城市；第二，在旅游公共信息服务方面，大部分旅

---

① 数据来源于《2020 中国城市统计年鉴》。
② 数据来源于《2020 中国城市统计年鉴》《2022 中国城市统计年鉴》。

游城市均会成立专门的旅游信息服务中心，例如，厦门市旅游集散服务中心负责全市旅游公共服务网点的规划、布局、建设与运营，布局全市主要交通节点和服务点及多个线上平台系统，为市民、游客提供旅游咨询、旅游集散、旅游预订、投诉助理、宣传推广、信息预警等旅游公共服务，同时，包括便民出借、应急医药、失物招领、手机充电、邮政代办等无偿便民服务；第三，在旅游公共安全保障方面，需要完善旅游安全体制机制建设、旅游公共安全应急处置基础设施建设、旅游安全风险防范等建设。海口市、福州市、黄山市等旅游城市均针对当地易发生的自然灾害做好提前预案和应急基础设施建设，加强相关管理人员的风险防范意识。

四、旅游发展情况

（一）旅游资源特色

25个主要旅游城市处于不同纬度，地形条件、气候差异较大，不同地区的历史文化、传统风情、现代城市发展，令不同旅游城市形成了各具特色的旅游资源。第一，上海市、广州市、深圳市作为重要的大都市旅游目的地，都市风情旅游资源吸引了大量旅游者，例如，上海外滩、广州"小蛮腰"、深圳国贸大厦等；第二，杭州市、宁波市的山水风光旅游资源众多，杭州市拥有西湖风景名胜区、"两江两湖"两个国家级风景名胜区，天目山、清凉峰两个国家级自然保护区，七个国家森林公园，之江国家旅游度假区，西溪国家湿地公园，宁波市的地理位置赋予了宁波市独特的自然风光，有松兰山、九峰山、九龙湖等旅游风景区；第三，苏州古典园林是苏州市最具特色的旅游资源，拙政园和留园被列入中国四大名园，并和其他九个古典园林被联合国教科文组织列入《世界遗产名录》；第四，南京市、武汉市、西安市、成都市作为历史文化名城，遗留和保存着众多珍贵的人文旅游资源；第五，海口市、珠海市、厦门市、福州市、青岛市作为风景优美的沿海城市和滨海城市，海洋旅游资源和海滩旅游资源最具魅力，也是吸引旅游者的亮点，海口市具有热带海滨旅游资源，珠海市有东澳岛、珠海渔女、飞沙滩、淇澳岛等海岛沙滩旅游资源，厦门市和福州市名山、名寺、名园、名居众多，独具滨江滨海旅游和山水园林旅游城市风貌，包括鼓浪屿等；第六，哈尔滨市、长春市、沈阳市、大连市地理位置和气候条件独特，旅游资源丰富，其中，冰雪旅游最具特色，例如，哈尔滨冰雪大世界、沈阳东北亚滑雪场、莲花山滑雪场等；第七，昆明市、桂林市、黄山市自然风光旖旎，具有得天独厚的自然条件，拥有众多著名的自然景区、景点，昆明的石林、九乡溶洞，桂林漓江景区、桂林独秀峰、桂林两江四湖·象山景区，黄山风景名胜区等。

（二）旅游景区

旅游景区是旅游业的核心要素和旅游产业的主体成分，是旅游产业链的中心环节、旅游消费的吸引中心，也是旅游业的辐射中心，旅游景区的质量和数量直接影响旅游业的发展。第一，旅游景区的星级是判定旅游景区质量的重要指标，对于 25 个主要旅游城市，截至 2021 年底，苏州市 5A 级旅游景区分别为苏州园林、苏州周庄古镇景区、苏州同里古镇景区、苏州金鸡湖景区、苏州吴中太湖景区、苏州沙家浜·虞山尚湖旅游区，主要以园林古镇和自然景观为主。西安市拥有秦始皇兵马俑博物馆、华清池景区、大雁塔·大唐芙蓉园景区、城墙·碑林历史文化景区和大明宫旅游景区，以历史文化遗址景观为主。第二，旅游景区数量具有集聚效应和规模效应，大量旅游景区的聚集更有利于吸引旅游者，众多旅游景区数量为当地旅游业和城市发展奠定了良好基础。第三，25 个主要旅游城市分布于全国各地，包含众多类型的旅游景区，包括地文景观、水域风光、遗址遗迹、建筑与设施、旅游商品、人文活动等多种类型。

（三）旅游业水平

旅游业是包含了与旅游者相关的交通、游览、住宿、餐饮、购物、文娱六个环节的综合性行业，其中，国内外旅游收入、旅游人次、旅游业就业人数、星级饭店数、旅行社数、景区数量等是衡量旅游业水平的重要指标和重要依据。第一，从国内外旅游收入来看，国内外旅游收入之间有较明显的一致性，国内旅游收入较高，则国外旅游收入也较高；第二，从旅游相关企业数量来看，旅行社数、星级宾馆数、景区数是直接为旅游者提供旅游服务的企业，直接影响旅游业的发展水平，为旅游者提供了充足而良好的住宿条件，同时，上海市、深圳市、杭州市、南京市、青岛市、成都市、西安市拥有较多旅行社；第三，从旅游人次和就业数来看，上海市、西安市、成都市、武汉市和杭州市的旅游人次较多，分别占到全国旅游总人次的5.96%、4.85%、4.51%、3.58%和3.35%。2018年，杭州市旅游总人数为18 403.4万人，增长13.0%，其中，接待入境旅游者420.5万人次，增长4.5%，2019年，广州市接待过夜旅游人数6 773.15万人次，比2018年增长3.7%，境内旅游者5 873.72万人次，增长4.3%。旅游业的发展带来了巨大的劳动力需求，充足的劳动力是支撑旅游业发展的核心力量之一，旅游业越发达，劳动力需求越高。2019年，上海市、广州市、深圳市的住宿餐饮业就业人数分别达到66.79万人、11.42万人和10.81万人。杭州市、南京市、成都市、武汉市和西安市的住宿餐饮业就业人数，均在5万人以上，25个主要旅游城市的旅游业发展水平（2019年），见表4-2。

表4-2　　　　25个主要旅游城市的旅游业发展水平（2019年）

城市	国内旅游收入（亿元）	入境旅游收入（亿元）	旅游总人次占全国游客数量比重（%）	住宿餐饮业就业人数（万人）	星级饭店数（个）	旅行社数（个）	全国A级景区（个）
南京市	2 719.00	65.95	1.97	5.85	72	740	51
苏州市	2 559.29	191.71	2.19	4.42	77	478	53
无锡市	2 015.70	47.20	1.65	2.74	34	241	52
南通市	755.40	27.30	0.85	0.57	54	204	53
杭州市	3 953.70	51.30	3.35	7.81	126	895	103
宁波市	2 283.10	47.80	2.27	1.73	102	342	62
上海市	4 789.30	577.82	5.96	66.79	195	1 758	113
广州市	4 003.36	451.23	2.70	11.42	161	799	66
深圳市	1 369.46	345.15	2.83	10.81	94	1 020	16
珠海市	427.53	11.38	0.74	1.89	60	211	8
中山市	282.69	21.09	0.24	0.83	15	89	19
长春市	2 188.90	2.52	1.63	1.38	51	224	37
成都市	4 551.00	113.00	4.51	5.70	87	648	92
大连市	1 615.98	41.02	1.65	1.68	116	474	10
福州市	1 428.00	22.58	1.55	2.57	42	200	40
桂林市	1 731.75	142.50	2.23	0.62	42	358	82

续表

城市	国内旅游收入（亿元）	入境旅游收入（亿元）	旅游总人次占全国游客数量比重（%）	住宿餐饮业就业人数（万人）	星级饭店数（个）	旅行社数（个）	全国 A 级景区（个）
哈尔滨市	1 551.90	24.10	1.54	0.78	56	344	69
海口市	313.82	6.79	0.38	1.43	36	324	11
黄山市	14.80	50.20	1.30	0.40	33	212	48
昆明市	2 673.16	60.45	2.99	2.99	93	376	25
青岛市	1 897.20	108.40	1.82	2.77	98	575	110
厦门市	1 648.00	7.90	1.88	4.01	57	172	23
沈阳市	833.50	15.50	0.95	2.44	81	368	121
武汉市	3 421.52	149.27	3.58	5.19	57	415	44
西安市	3 036.00	110.05	4.85	5.12	87	574	77

资料来源：《中国文化文物和旅游统计年鉴2019》；《中国文化文物和旅游统计年鉴2020》。

第三节　旅游业与城市发展协调性水平测度

一、协调性水平划分

从决策层指标权重来看，权重值保持一致，城市经济基础、城市规模水平、城市公共交通、城市旅游形象四个决策层指标权重值较高，说明这四个指标对旅游业与城市发展协调性水平影响较大，均在 0.10000 以上，而城市环境保护、旅游就业和旅游产业规模三个决策层指标权重值较低，除了 2000 年的城市旅游就业为 0.11780 以外，其他值均在 0.10000 以下，说明这三个指标对旅游业与城市发展协调性水平影响较小。从决策层指标权重值在这五年内的变化可以发现，城市经济基础和城市规模水平的权重值在起伏变化中呈上升趋势。旅游业与城市发展协调性权重水平，见表 4-3。其中，城市经济基础的权重值从 2000 年的 0.28800 上升为 2019 年的 0.30100，城市规模水平的权重值从 2000 年的 0.19590 上升为 2019 年的 0.20990；城市公共交通、城市旅游形象的权重值波动幅度

表4-3　旅游业与城市发展协调性权重水平

目标层	决策层	指标层	单位	2000年	2005年	2010年	2015年	2019年
旅游业与城市协调发展水平测度体系	城市经济基础	GDP	万元	0.06217	0.07396	0.07501	0.07559	0.07342
		第三产业占GDP比重	%	0.00126	0.00170	0.00133	0.00151	0.00372
		社会消费品零售总额	亿元	0.06109	0.06106	0.05999	0.05086	0.04664
		国内旅游收入	亿元	0.09183	0.03666	0.08073	0.07262	0.10387
		入境旅游收入	万美元	0.07164	0.07722	0.06461	0.07419	0.07335
				0.28800	0.25060	0.28170	0.27480	0.30100
	城市规模发展水平	城市人口增长率	%	0.04929	0.04219	0.07397	0.08515	0.08647
		土地城市化率	%	0.06180	0.03932	0.04400	0.04255	0.04335
		城市固定资产投资	万元	0.06369	0.04181	0.03900	0.04105	0.04850
		人均实有铺装道路面积	平方米/人	0.01562	0.01129	0.00892	0.01699	0.02717
		每千人拥有床位数	张/千人	0.00552	0.00526	0.00585	0.00462	0.00443
				0.19590	0.13990	0.17170	0.19040	0.20990
	城市公共交通	年末实有出租汽车数	辆/万人	0.06348	0.05993	0.05519	0.05927	0.05590
		年末实有公共汽（电）车营运车辆数	辆/万人	0.06766	0.07935	0.06741	0.08386	0.07879
				0.13110	0.13930	0.12260	0.14310	0.13470

续表

目标层	准则层	指标层	单位	2000年	2005年	2010年	2015年	2019年
旅游业与城市协调发展水平测度体系	城市环境保护			0.02930	0.02630	0.00670	0.00800	0.01350
		城镇生活污水处理率	%	0.01031	0.01013	0.00156	0.00078	0.00046
		生活垃圾无害化处理率	%	0.11113	0.00989	0.00448	0.00004	0.00000
		建成区绿化覆盖率	%	0.00242	0.00148	0.00071	0.00066	0.00041
		工业固体废物综合利用率	%	0.00540	0.00477	0.00015	0.00655	0.01261
	城市旅游形象			0.16900	0.18900	0.18210	0.17000	0.17290
		旅游总人次占全国游客数量比重	%	0.03792	0.06359	0.04475	0.04820	0.04872
		城市市政公用设施建设固定资产	万元	0.07599	0.05337	0.06956	0.06184	0.05793
		污染指数二级及以上天数（良好天数）	天	0.00049	0.00072	0.00088	0.00216	0.00139
		万人拥有大学生数	人	0.05462	0.07133	0.06693	0.05776	0.06488
	城市旅游就业			0.11780	0.09000	0.10800	0.08800	0.08000
		第三产业就业比重	%	0.00530	0.00502	0.00536	0.00399	0.00377
		住宿餐饮业就业数	人	0.06434	0.03812	0.04481	0.03341	0.03753
		文化、体育和娱乐业就业数	人	0.04819	0.04707	0.05800	0.04488	0.03858

续表

目标层	决策层	指标层	单位	2000年	2005年	2010年	2015年	2019年
旅游业与城市协调发展水平测度体系	旅游产业规模			0.0690	0.16470	0.12680	0.13150	0.08800
		星级饭店数	个	0.01680	0.01408	0.01152	0.02343	0.02678
		旅行社数	个	0.03167	0.07723	0.03515	0.02722	0.02481
		A级景区数	个	0.02040	0.07343	0.08016	0.08086	0.03650

资料来源：笔者使用《2020中国城市统计年鉴》《2020中国文化和旅游统计年鉴》的相关数据运用TOPSIS方法计算整理而得。

较小，城市公共交通的权重值基本处于 0. 13000 ~ 0. 14000 区间，城市旅游形象的权重值始终处于 0. 16000 ~ 0. 19000 区间；城市环境保护、城市旅游就业的权重值在起伏变化中呈下降趋势，城市环境保护的权重值从 2000 年的 0. 02930 下降为 2019 年的 0. 01350，城市旅游就业的权重值从 2000 年的 0. 11780 下降为 2019 年的 0. 08000，旅游业规模先升后降，2019 年的权重值只有 0. 08800。城市经济基础、城市规模水平、城市旅游形象、旅游业规模、城市旅游就业、城市公共交通和城市环境保护的权重值经过五年的变化过程，后三个指标与前四个指标存在较大差距，使得决策层指标权重值之间的差距在小幅度拉大。但是，从指标层的权重得分来看，不存在单个指标主导的情况，旅游业和城市发展的协调水平是多种因素综合作用的结果，尤其是城市经济基础、城市规模水平、城市旅游形象是三个最主要的因素。

二、协调水平分布的空间分析

（一）协调水平

（1）采用 ArcGIS 软件中的最佳自然断裂法（natual breaks jenks），方差最小化分类方式，将 25 个案例城市在 2000 年、2005 年、2010 年、2015 年和 2019 年的协调水平得分划分为五个等级，25 个主要旅游城市的旅游业与城市发展协调水平，见表 4 - 4。从横向上来看，在 2000 年，上海市、广州市和深圳市属于第一等级，为高度协调类。大连市、武汉市、南京市、杭州市和西安市为第二等级，为较高协调类，占城市总数的 20%。第三等级是中度协调类，包括成都市、苏州市、福州市、哈尔滨市、沈阳市、厦门市和南通市七个城市，占 28%。第四等级是较低协调类，数量最多，包含无锡市、昆明市、长春市、宁波市、珠海市、青岛市和海口市七个城市。第五等级包含桂林市、中山市和黄山市三个城市，属于低度协调类。第一等级、第二等级城市数量最少，各占 12%；第三等级、第四等级城市数量较多且相差不大，各占 32%。在 2005 年，第一等级仅有上海市一个城市，广州市和深圳市降到第二等级，成都市和沈阳市上升为第二等级，大连市和西安市成为第三等级，昆明市和青岛市上

表4-4　25个主要旅游城市的旅游业与城市发展协调水平

2000年 等级	城市	协调水平	2005年 等级	城市	协调水平	2010年 等级	城市	协调水平	2015年 等级	城市	协调水平	2019年 等级	城市	协调水平
一	上海市	0.0000	一	上海市	0.0000	一	上海市	0.0000	一	上海市	0.0436	一	上海市	0.0117
	广州市	0.0444		深圳市	0.0901		广州市	0.0970		广州市	0.0575		广州市	0.0321
	深圳市	0.0753		广州市	0.0952		深圳市	0.1330	二	宁波市	0.1027		深圳市	0.0606
二	大连市	0.1112	二	南京市	0.1167	二	武汉市	0.1387		沈阳市	0.1231		成都市	0.0632
	武汉市	0.1273		武汉市	0.1189		南京市	0.1416		武汉市	0.1232		武汉市	0.0675
	南京市	0.1307		成都市	0.1204		成都市	0.1555		长春市	0.1333	二	杭州市	0.0966
	杭州市	0.1325		沈阳市	0.1302		苏州市	0.1656		南京市	0.1399		西安市	0.0992
	西安市	0.1404		杭州市	0.1354		杭州市	0.1664		昆明市	0.1451		南京市	0.1264
三	成都市	0.1455	三	西安市	0.1501	三	哈尔滨市	0.1678	三	成都市	0.1544	三	青岛市	0.1414
	苏州市	0.1510		大连市	0.1552		青岛市	0.1678		南通市	0.1603		昆明市	0.1437
	福州市	0.1516		青岛市	0.1626		西安市	0.1697		青岛市	0.1620		苏州市	0.1513
	哈尔滨市	0.1567		哈尔滨市	0.1653		福州市	0.1770		杭州市	0.1640		厦门市	0.1568
	沈阳市	0.1622		苏州市	0.1675		沈阳市	0.1774		深圳市	0.1670		宁波市	0.1620
	厦门市	0.1624		昆明市	0.1696		大连市	0.1918		厦门市	0.1670		哈尔滨市	0.1634
	南通市	0.1629		福州市	0.1775		无锡市	0.1919		苏州市	0.1674		福州市	0.1647
	无锡市	0.1646		无锡市	0.1804		宁波市	0.1999		大连市	0.1699		长春市	0.1663
四	昆明市	0.1652	四	长春市	0.1805	四	长春市	0.2089	四	桂林市	0.1739		沈阳市	0.1737
	长春市	0.1688		桂林市	0.1843		海口市	0.2113		福州市	0.1816	四	珠海市	0.1774

续表

2000 年 等级	城市	协调水平	2005 年 等级	城市	协调水平	2010 年 等级	城市	协调水平	2015 年 等级	城市	协调水平	2019 年 等级	城市	协调水平
四	宁波市	0.1710	四	宁波市	0.1867	四	昆明市	0.2120	四	哈尔滨市	0.1870	四	大连市	0.1792
	珠海市	0.1738		厦门市	0.1920		桂林市	0.2121		中山市	0.1924		桂林市	0.1809
	青岛市	0.1766		黄山市	0.2004		南通市	0.2193		无锡市	0.1938		无锡市	0.1858
	海口市	0.1787		珠海市	0.2010		珠海市	0.2249		珠海市	0.1984		中山市	0.2015
五	桂林市	0.1884	五	海口市	0.2034	五	中山市	0.2290	五	黄山市	0.2014	五	南通市	0.2091
	中山市	0.1928		南通市	0.2068		厦门市	0.2323		海口市	0.2131		海口市	0.2105
	黄山市	0.2149		中山市	0.2091		黄山市	0.2384		西安市	0.2251		黄山市	0.2214

资料来源：笔者使用 TOPSIS 方法计算整理而得。

升为第三等级，上升幅度较大，南通市、珠海市和海口市下降为第五等级，下降幅度较大，其他城市变化幅度较小。2010 年，苏州市、海口市上升幅度较大，苏州市从第三等级上升为第二等级，海口市从第五等级上升为第四等级，沈阳市、厦门市下降幅度较大，沈阳市从第二等级下降为第三等级，厦门市从第四等级下降为第五等级。2015 年，宁波市迅速上升，由原来的第 16 名上升为第 3 名，从第四等级上升为第二等级，沈阳市也从第 13 名上升为第 4 名，长春市从第 17 名上升为第 6 名，昆明市从第 19 名上升为第 8 名，厦门市从第五等级上升为第三等级，长春市从第四等级上升为第二等级；相反，深圳市、苏州市、哈尔滨市、西安市、福州市有较大幅度下降，深圳市从第 3 名下降为第 13 名，西安市下降至最后一名。2019 年，除了厦门市的协调水平在持续上升之外，其他城市与 2010 年的排名基本吻合。

（2）从 25 个主要旅游城市的旅游业与城市发展协调水平五年的整体发展来看，协调水平仍处于中等水平，整体水平有待提升，尤其是 2010 年第四等级城市、第五等级城市的数量共占到 48%，两者之间的关联效应尚未得到有效发挥。从五个等级的城市数量占比和各城市的旅游业来看，第一等级城市、第二等级城市总体数量基本不变，除了 2010 年为 5 个以外，其他四年都为 8 个，占比 32%，随着第三等级城市数量的增加，第四等级城市数量、第五等级城市数量有所减少，从五年不同等级的城市数量占比变化来看，整体上呈现出第一等级城市数量、第五等级城市数量较少，第二等级城市数量、第三等级城市数量、第四等级城市数量较多的"橄榄球状"的层次分布。

（3）从 25 个主要旅游城市的旅游业与城市发展协调水平五年的平均值和标准差来看，五年的平均值分别为 0.1460、0.1560、0.1772、0.1579、0.1419，整体协调水平呈现先下降、再回升的"U"字形变化趋势。第一等级城市、第二等级城市的协调水平得分最高，但第一等级城市、第二等级城市的标准差最大，除了 2000 年第五等级城市的标准差达到最大值 0.0116 以外，其他四年第一等级城市、第二等级城市的标准差都在 0.1000~0.2000 区间，且为五个等级中标准差最大的等级，尤其是 2019 年第一等级城市的上海市、深圳市、成都市、武汉市和广州市五个城市作为第一等级的标准差达到 0.0216，第三等级的标准差较小，基本保持在 0.0060 左右，差异不大，第四等级城市、第五等级城市标准差最小，基本在 0.0030 ~ 0.0080 区间。这表明，总体协调水平的首位度较高，中低水平城市之间得分差距较小。[①]

（二）空间分布格局

根据各城市协调水平得分，使用 ArcGIS 软件进行空间可视化发现：（1）从整体上看，第一等级城市、第二等级城市主要是东部沿海的长三角都市圈的中心城市、南部沿海的珠三角都市圈的中心城市（第一等级城市主要包括上海市、广州市、深圳市等，第二等级城市主要包括南京市、武汉市、成都市、杭州市等），第三等级城市、第四等级城市分布在中心城市周围地区（主要包括苏州市、宁波市、无锡市、青岛市、大连市等），城市之间差距较大，呈现"中心高、周围低"的空间分布格局，第五等级城市主要集中在黄山市、中山市、海口市、南通市等几个城市。以长三角都市圈为例，上海市协调度最高，是长三角都市圈的核心，杭州市、南京市作为杭州都市圈、南京都市圈的区域中心城市，协调度也较高，无锡市、南通市等城市依附于这几个中心城市分布，且差距较大。（2）中西部地区的中心城市得分也较高，其他城市得分较低，如成都市、武汉市、西安市都是整体协调度较高的城市，且一直处于第二等级，黄山市、桂林市、海口市的协调度则较低，多处于第五等级。其中，2019年，成都市的协调度水平为 0.0632，排名第四，而黄山市的协调度水平则为 0.2214，排名最后，协调度水平差异较大。（3）东北地区的四个城市协调度多处于第三等级、第四等级，其中，除了沈阳市在 2005 年和 2015 年位于第二等级，长春市在 2000 年处于第二等级，大连市、哈尔滨市则始终处于第三等级、第四等级，且城市之间差距较小，同一个城市在不同年份之间的差异变化也比较小，四个城市在五年中的协调度平均值分别为 0.1497、0.1568、0.1865、0.1707，[②] 整体协调度水平以较小幅度下降。（4）粤闽浙沿海城市群的厦门市、福州市多处于第三等级、第

---

①② 笔者使用《中国城市统计年鉴》和《中国旅游统计年鉴》的相关数据，运用 TOPSIS 方法计算而得。

四等级，只有厦门市在 2010 年大幅度下落到第五等级，两个城市在五年内的协调度水平的平均值分别为 0.1570、0.3695、0.2047、0.1743、0.1608，[①] 整体协调度水平远低于长三角都市圈、珠三角都市圈以及中西部地区和东北地区，仅高于以上都市圈和周边城市，例如，桂林市、海口市和黄山市。

第四节　影响因素分析

一、区位条件

区位条件直接关系到客源市场规模和旅游产品格局。区位条件越好，客源市场规模越大，旅游产品的受众群体越广泛。城市旅游地的区位，可以从交通区位、客源区位和资源区位三个方面来考虑。

首先，良好的交通区位条件可以增加旅游者数量、城市经济收入和城市就业岗位数量，带动旅游业及其他相关产业的发展。城市公共交通降低了旅游消费成本和旅游时间成本，让旅游者在消费总额不变的情况下得到更多旅游消费体验，提升旅游综合效率，提升旅游者的舒适度和满意度，使得单位投资收益率大大提高，提升城市旅游形象，提高旅游传播速度和重游率。上海市、杭州市、苏州市作为重要的交通中心城市和交通主干道的重要节点城市，便利的内外交通条件是吸引旅游者的重要因素。同时，良好的交通区位有利于景区间的联系，优化旅游产品的空间联系。如成都市、西安市、武汉市等得分较高的城市，位于区域交通中心，都是区域旅游集散中心，具有优越的交通区位优势，宁波市、厦门市、珠海市等城市虽然拥有良好的港口优势和临海优势，地理位置却偏离主要交通干线。[②]

[①] 笔者使用《中国城市统计年鉴》和《中国旅游统计年鉴》的相关数据，运用 TOPSIS 方法计算而得。

[②] 王璐璐，虞虎，周彬. 基于改进 TOPSIS 法的中国 25 个主要旅游城市的城市旅游与城市发展协调水平 [J]. 经济地理，2015，35（2）：195 - 201.

其次，从城市的客源区位考虑，城市既是客源地又是目的地，城市及其周边地区经济水平的高低直接决定了旅游的消费规模。随着高速交通的广泛使用，发达地区城市之间的联系进一步加强，中心城市的通勤圈进一步扩大，那些位于发达地区、人口稠密地区、客源腹地比较广阔的城市，得分显著高一些。如上海市、杭州市、苏州市、南京市等长三角都市圈的城市，广州市、深圳市等珠三角都市圈的城市，还有成都市和西安市等区域中心城市，这些城市人口众多，经济发展水平高，是国内重要的客源地，又具有丰富的旅游资源，能够吸引不同类型的旅游者。

从资源区位上讲，得分较高的城市在旅游资源数量上具有较大优势，旅游产品也具有综合性和垄断性，具有不可替代的吸引力。如深圳市、杭州市、成都市等打造了独具城市特色的高品质旅游产品，深圳市是中国设立的第一个经济特区，中国改革开放的窗口和新兴移民城市，是全球10大热门旅游目的地之一。杭州市和成都市是中国著名的休闲之都，杭州市是一座集自然造化和人文积淀于一体的人间天堂，文化底蕴深厚，名胜古迹众多，西湖及其周边有大量的自然景观遗迹及人文景观遗迹，具有代表性的包括西湖文化、丝绸文化和茶文化。成都市是全国十大古都之一，拥有都江堰、武侯祠、杜甫草堂、青羊宫、金沙遗址等众多名胜古迹，缓慢而休闲的生活节奏，经典的成都美食，吸引了大量旅游者，是中国最佳旅游城市之一。

二、城市类型

城市可划分为专门性旅游城市、转型性旅游城市、综合性旅游城市，城市空间形态、产业结构和基础设施配套不同使得不同类型的城市与旅游业发展的关联支撑作用产生差异，进而导致协调水平的分化，城市空间形态包括城市的空间区位特征、旅游资源和旅游特色，产业结构包括第三产业在地区生产总值中的比重以及第三产业比重的变化，基础设施配套包括城市的基础设施配套建设投入、内部交通条件、城市环境建设等，由此通过每个城市的主要特征来判别城市的类型。不同类型旅游城市的耦合协调得分，见表4-5。

协调水平排名前10的大部分城市都为综合性旅游城市，其得分远大于专门性旅游城市和转型性旅游城市，这些城市往往服务业经济发达、城市规模大，旅游产品的空间和数量较丰富，旅游配套完善，旅游业与城市产业的融合度较高。但是，在综合性旅游城市内部，不同城市之间存在差异，经济水平越高、旅游设施越完善、旅游资源越丰富的城市，具有更多发展优势，其协调水平也会更高。例如，相对于上海市、广州市、深圳市等一线城市来说，青岛市、厦门市、福州市、宁波市等区域性城市的得分要低一些。

转型性旅游城市主要分布在东三省、长三角地区，之前，这些城市以第二产业为支柱产业，在产业和基础配套方面与旅游发展的联系普遍较弱，旅游配套设施发展滞后，为了优化产业结构，适应经济发展需求，在原有产业不断削弱的情况下，加大第三产业和旅游业的投入和发展，转型后产业结构转向服务经济，加强了旅游业发展的支持力度，旅游业与城市发展的融合逐步显现。例如，沈阳市、南通市、哈尔滨市、长春市等城市之前以工业为主要产业，经过产业结构调整后，充分利用现有资源和条件，大力发展旅游业。

专业性旅游城市多以著名景区为依托，这些城市往往是"景城分离"的空间发展格局，一方面，城市发展水平相对落后，对旅游经济的支撑能力不足。例如，桂林市、黄山市等城市的旅游资源极具特色，旅游发展较早，但是，城市经济始终没有得到较大提升，城市配套设施建设无法高质量地满足旅游经济的发展。另一方面，旅游的带动效应多限制在景区周边，与城市发展的关联性较弱。例如，桂林市、黄山市等城市著名的旅游景区处于城市的外缘区域，与城市中心在地理区位上具有一定距离，在协调发展上不能起到很好的联动作用。

表4-5　　　　　　　　　不同类型旅游城市的耦合协调得分

城市类型	数量	城市及其排名（2000年）	城市及其排名（2005年）	城市及其排名（2010年）	城市及其排名（2015年）	城市及其排名（2019年）
专门性旅游城市	5	珠海市（20）、桂林市（23）、海口市（22）、中山市（24）、黄山市（25）	珠海市（22）、桂林市（18）、海口市（23）、中山市（25）、黄山市（21）	珠海市（22）、桂林市（20）、海口市（18）、中山市（23）、黄山市（25）	珠海市（22）、桂林市（17）、海口市（24）、中山市（20）、黄山市（23）	珠海市（18）、桂林市（20）、海口市（24）、中山市（22）、黄山市（25）

续表

城市类型	数量	城市及其排名（2000年）	城市及其排名（2005年）	城市及其排名（2010年）	城市及其排名（2015年）	城市及其排名（2019年）
转型性旅游城市	5	沈阳市（13）、哈尔滨市（12）、无锡市（16）、南通市（15）、长春市（18）	沈阳市（7）、哈尔滨市（12）、无锡市（16）、南通市（24）、长春市（17）	沈阳市（13）、哈尔滨市（9）、无锡市（15）、南通市（21）、长春市（17）	沈阳市（4）、哈尔滨市（19）、无锡市（21）、南通市（10）、长春市（6）	沈阳市（17）、哈尔滨市（14）、无锡市（21）、南通市（23）、长春市（16）
综合性旅游城市	15	上海市（1）、深圳市（3）、广州市（2）、南京市（6）、杭州市（7）、成都市（9）、西安市（8）、武汉市（5）、苏州市（10）、青岛市（21）、昆明市（17）、大连市（4）、厦门市（14）、福州市（11）、宁波市（19）	上海市（1）、深圳市（2）、广州市（3）、南京市（4）、杭州市（8）、成都市（6）、西安市（9）、武汉市（5）、苏州市（13）、青岛市（11）、昆明市（14）、大连市（10）、厦门市（20）、福州市（15）、宁波市（19）	上海市（1）、深圳市（3）、广州市（2）、南京市（5）、杭州市（8）、成都市（6）、西安市（11）、武汉市（4）、苏州市（7）、青岛市（10）、昆明市（19）、大连市（14）、厦门市（24）、福州市（12）、宁波市（16）	上海市（1）、深圳市（13）、广州市（2）、南京市（7）、杭州市（12）、成都市（9）、西安市（25）、武汉市（5）、苏州市（15）、青岛市（11）、昆明市（8）、大连市（16）、厦门市（14）、福州市（18）、宁波市（3）	上海市（1）、深圳市（3）、广州市（2）、南京市（8）、杭州市（6）、成都市（4）、西安市（7）、武汉市（5）、苏州市（11）、青岛市（9）、昆明市（10）、大连市（19）、厦门市（12）、福州市（15）、宁波市（13）

资料来源：笔者使用《中国城市统计年鉴》《中国旅游统计年鉴》的相关数据，运用 TOP-SIS 方法计算整理而得。

三、旅游业发展模式

受城市性质、发展政策、旅游资源等多种因素的影响，旅游业形成了不同的发展模式。都市型旅游城市以现代旅游产品为主，旅游资源类型丰富，政府大力支持第三产业和旅游业的发展，给予大量基础设施建设资金投入，旅游配套设施建设完善，经济发达，旅游业规模效应大。工业型旅游城市结合传统旅游产品与现代旅游产品，基于原有旅游资源开发新的旅游资源，打造更加丰富的旅游产品类型，具有一定的旅游业规模效应。自然观光型旅游城市以传统旅游产品为主，旅游资源特色显著，但是，旅游资源开发并不充分，产品类型单一，旅游业规模效应不明显。

首先，传统旅游景区和现代旅游业综合发展的大城市，聚集观光、休闲度假、会议会展、旅游购物等产品，产品体系较为完善、产业链较完整，可充分体现旅游业和城市产业之间的关联作用，协调水平较高。如上海、深圳着力发展现代服务业，进行全面旅游规划建设，形成了"宜居宜游、主客共享"的旅游环境，提高了城市基础设施、公共旅游配套服务利用率，形成了观光、商贸、休闲、度假等旅游产品集群化的发展模式。

其次，以传统旅游产品为主，具有一定规模效应，类型较多，协调水平中等。厦门市、宁波市等城市快速的经济增长推动了大量旅游产品建设，建成了城市自然观光、主题公园、历史文化街区等旅游项目。例如，厦门市的典型旅游景点有，鼓浪屿、环岛路、方特梦幻王国等；宁波市的典型旅游景点有，奉化溪口、天一阁、东钱湖、宁波方特东方神话等。然而，该类型旅游城市的旅游形象还相对模糊，旅游产业链较短，配套设施制约着接待能力的提高。

最后，以单一旅游产品为发展模式的城市，类型单一，规模效应不明显，协调水平较低。桂林市、黄山市等城市的协调水平较低，主要是这类城市的旅游业发展仍多依赖于传统的自然风光和人文资源，黄山市主要依靠收取黄山、西递宏村等景区的门票，桂林市主要依靠收取漓江、阳朔、象鼻山等景区的门票，带动相关产业发展力度不够，对城市发展的整体带动性不高，旅游业规模效益较低，不同协调等级城市的旅游产品比较（2019年），见表4-6。

表4-6　　　　　不同协调等级城市的旅游产品比较（2019年）

等级	城市	旅游产品类型	典型旅游景区（景点）	特点
1	上海市、深圳市、广州市、成都市、武汉市	观光购物、商务会议、会展节庆、大型主题公园、文化创意、历史文化古迹、休闲度假、自然风光	黄浦江外滩、城隍庙、世博园、豫园、上海新天地、锦江乐园、南京路步行街、杜莎夫人蜡像馆、田子坊；东部华侨城、欢乐谷、世界之窗、金沙湾、锦绣中华民俗村、大梅沙海滨公园、东门老街；园博园、长隆旅游度假区、白云山、陈家祠；青城山、成都大熊猫繁育研究基地；黄鹤楼	以现代旅游产品为主，类型多样、产业规模效应大、产业链较长

续表

等级	城市	旅游产品类型	典型旅游景区（景点）	特点
2	南京市、杭州市、西安市	观光购物、商务会议、会展节庆、大型主题公园、文化创意、历史文化古迹、休闲度假、自然风光	秦淮河、中山陵；西湖；秦始皇兵马俑、大雁塔	传统旅游产品与现代旅游产品并重，类型多样，规模效应明显
3	长春市、福州市、哈尔滨市、厦门市、宁波市、苏州市、青岛市、昆明市	观光购物、商务会议、历史文化古迹、娱乐休闲、自然风光	净月潭；三坊七巷；太阳岛、冰雪大世界；鼓浪屿；老外滩、天一阁·月湖；虎丘山；青岛崂山；云南石林	传统旅游产品与现代旅游产品并重，类型多样，具有一定规模效应
4	沈阳市、大连市、珠海市、无锡市、桂林市	历史文化古迹、自然风光、休闲度假	沈阳故宫；老虎滩海洋公园；长隆国际海洋度假区；三国城；阳朔	以传统旅游产品为主，类型较多
5	海口市、中山市、黄山市、南通市	自然风光、历史文化古迹	火山口、民俗村、海泉湾；黄山、西递宏村；濠河风景名胜区	传统旅游产品为主、类型单一、规模效应不明显

资料来源：笔者整理。

四、旅游业发展阶段

处于不同发展阶段的城市旅游，旅游产品体系成熟度、旅游配套服务水平、基础设施建设，会引起旅游业与城市产业融合度和产品生产效率的差异，影响协调水平。旅游产品内容、种类越丰富，旅游产品体系越成熟，越可以满足不同类型旅游者的需求，吸引众多旅游者消费，带动旅游业发展和优化，促进城市相关产业的共同发展。旅游配套服务水平越高，越能够满足不同层次、不同消费水平旅游者的需求，提高旅游者的整体满意度，让旅游者感受到城市旅游的便捷性和舒适度。基础设施建设越完善，旅游者越能够感知城市旅游和城市发展的魅力，提高城市知名度和美誉度。

上海市、广州市、深圳市、成都市、西安市、杭州市等一些城市历史悠久，旅游业发展成熟度较高，已经具有较为完备的旅游产品体系，景区、商务、购物、观光等旅游产品类型多样，城市节事活动、旅游宣传等不断促进旅游业发展。例如，上海市有黄浦江外滩、城隍庙、世博园、豫园、上海新天地、迪士尼乐园等，包含了观光购物、商务会议、会展节庆、大型主题公园、文化创意、历史文化古迹、休闲度假、自然风光等多种旅游产品，同时，上海市每年都会举办各种文化活动和体育赛事等，2020年共举办40项国际、国内重大赛事，成功举办第二十三届上海国际电影节、第二十六届上海电视节、上海市民文化节等重大文化活动，共组织"云展览""云演出""云游园""云过节""云直播"等3万余场在线公共文化活动，吸引超过2亿人次参与。上海市、广州市、深圳市、成都市、西安市、杭州市等旅游配套服务水平较高的城市，旅游餐饮、酒店等服务性配套设施完善，同时满足了城市居民和游客的需求，大大提高了产业融合度和投资利用率。

沈阳市、哈尔滨市、长春市等城市仍然在旅游业发展的探索过程中，需要旅游产品转型升级，打造完善的旅游产业链条，依托于传统旅游产品，丰富现代旅游产品内容提升协调水平。如果旅游业发展不成熟，旅游业的关联带动作用和服务配套设施的利用效率将大大降低。例如，黄山市、海口市等低协调水平的城市，目前，仍然处于旅游发展的前期阶段，旅游业发展早，但发展速度慢，旅游业发展阶段没有得到提升，仍然以单纯的观光型旅游产品为主，旅游产品内容单一，规模效应不明显。

第五节　小结

25个旅游城市的协调水平在层次结构上呈现两头少、中间多的橄榄球状，可划分为五类，前三等级城市的旅游业发展相对成熟，以旅游产品类型多样、旅游业规模较大、旅游交通便捷、基础设施完善为主要优势；第四等级城市、第五等级城市主要包括转型性旅游城市和专门性旅游城市，转型性旅游城市处于去工业化与现代服务业发展的转型期，旅游业是现代服务业的重要增长极，与城市发展之间的融合程度正在不断提高；专门性旅游城市旅游业的发展，将大量资金投入相关景区的建设，但未能充分发挥与城市发展之间的关联效应和社会效应。

从空间分布上看，协调水平较高的城市是位于长三角都市圈、珠三角都市圈的上海市、杭州市、南京市、深圳市、广州市等中心城市，其他城市以这些城市为中心呈"中心高、四周低"的状态分布。中西部地区的区域性中心城市的协调水平较高，其他城市较低。东北地区四个城市的协调水平相当，差距不明显。旅游业与城市发展协调性水平产生差异的影响因素，主要包括旅游城市的区位条件、城市类型、旅游发展模式和旅游发展阶段，四个因素相互作用，影响旅游业的规模效应、社会带动作用、与城市产业的关联作用，以及城市形象和生态环境建设，形成与城市发展较为紧密的联系，这种关系若向良好的方向发展便会形成较高的协调水平。因此，综合性旅游城市的旅游发展应关注优质资源开发和旅游产品组合，拓展与周边城市的旅游联系，优化城市生态环境，推动城市品质提升；转型性旅游城市应重视延伸旅游产业链，充分发挥旅游业的规模带动作用和社会效应，并通过旅游业发展塑造现代城市形象；专门性旅游城市应重点关注城市公共基础设施建设和旅游服务设施建设之间的协调，注重提高旅游投资效率，尽量考虑景区与城区发展协调问题，通过旅游业发展促进城市功能的提升和多元化。

第五章

城市群地区旅游业与城市协调发展评价
——以长三角城市群为例

旅游业作为城市服务业的重要部门，是推动城市发展的后续动力。"消费城市"兴起的同时，旅游业获得长足发展，城市吸引力由传统旅游转向综合性文化和创意旅游领域。①② 城市及其文化表征，成为可以生产和交换的商品。城市须进行营销，通过竞争获取可持续发展的资源。③ 大城市的功能、性质、作用，左右着区域旅游业的发展方向。④ 一个区域的旅游竞争力，主要反映在旅游城市竞争力。旅游成为城市经济活动中重要产业、并成为城市经济的一个增长极，其作为城市发展过程中的附属和陪衬的观念已经落伍。在旅游业发展过程中，需要明确将旅游业作为一个城市产业，将城市作为一个中心目的地来建设，旅游城市化作为一种城市经济发展模式，将成为城市产业发展乃至增强城市竞争力的一个制高点。⑤⑥⑦ 第 13 届全国区域旅游开发学术研讨会明确了经济转型背景下城市与旅游业融合发展的重要性：旅游业发展要适应城市形态的变化而主动改变，发展旅游业构成城市化的实质内容。⑧

---

① Glaeser, Edward L., Jed Kolko, et al. Consumer city [J]. Journal of Economic Geography, 2001, 1 (1): 27 - 50.

② Glaeser, Edward L., Joshua D. Gottlieb. Urban resurgence and the consumer city [J]. Urban Studies, 2006, 43 (8): 1275 - 1299.

③ 倪鹏飞. 中国城市竞争力报告 No. 2——定位：让中国城市共赢 [M]. 北京：社会科学文献出版社，2004：324 - 349.

④ 于英士. 北京建成现代化国际旅游城市 [J]. 旅游学刊，1994，9 (1): 13 - 15.

⑤ 魏小安. 旅游城市与城市旅游——另一种眼光看城市 [J]，旅游学刊，2001，16 (6): 8 - 12.

⑥ T. Hall. Tourism, Urban [J]. International Encyclopedia of Human Geography, 2009: 318 - 323.

⑦ 陈眉舞，张京祥. 基于城市竞争力提高的旅游业发展研究——以苏州为例 [J]. 地域研究与开发，2004，23 (5): 81 - 84.

⑧ 翟佳羽，刘鲁. "2010 中国城市榜·旅游城市发展峰会"会议述要 [J]. 旅游学刊，2010，25 (11): 95 - 96.

都市圈是由中心城市及与其社会经济高度一体化的周边地区共同构成的地域单元，逐渐成为中国区域经济发展的主体力量。① 都市圈是旅游的热点区域，中国的长三角都市圈、珠三角都市圈、长江经济带沿线都市圈旅游业产业规模、结构、体系发展迅速、持续优化，对于提高区域旅游竞争力起到了重要作用，正成为旅游地理学研究的前沿领域。②③ 正确认识都市圈旅游系统的特征、结构和演化机制，有利于发挥都市圈内部不同旅游地的优势，协调、平衡旅游地竞合关系，引导多层级旅游地之间的分工协作和旅游要素流动，促进都市圈旅游的可持续发展。

目前，都市圈旅游研究主要集中于三点：（1）都市圈旅游空间结构演变，基于空间构成要素、模式角度分析都市圈旅游地空间结构，探讨区域旅游均衡发展的优化措施；④ 基于旅游经济联系角度，分析都市圈城市旅游地角色、产品和线路优化路径及其一体化措施。⑤⑥ （2）都市圈旅游竞争与合作。从资源、景区、产品等角度分析城市旅游竞争力水平差异机制，⑦⑧ 从跨行政区管理角度探讨都市圈区域旅游合作模式及合作措施。⑨ （3）都市圈旅游业与旅游市场。基于产业集聚和旅游经济关联强度，提出区域旅游经济一体化趋势及其推进策略；⑩⑪ 从旅游资源空间分

---

① 韩刚，袁家冬. 论长春都市圈的地域范围与空间结构 [J]. 地理科学，2014，34（10）：1202 - 1209.

② 朱付彪，陆林. 珠江三角洲都市圈旅游空间均衡发展 [J]. 自然资源学报，2010，25（9）：1565 - 1576.

③ 陆林. 都市圈旅游发展研究进展 [J]. 地理学报，2013，68（4）：532 - 546.

④ 陈浩，陆林，郑嫚婷. 基于旅游流的城市群旅游地旅游空间网络结构分析——以珠江三角洲城市群为例 [J]. 地理学报，2011，66（2）：257 - 266.

⑤ 朱冬芳，陆林，虞虎. 基于旅游经济网络视角的长江三角洲都市圈旅游地角色 [J]. 经济地理，2012，32（4）：149 - 154.

⑥ 侯兵，黄震方，范楚晗. 区域一体化进程中城市旅游经济联系的演变与思考——以南京都市圈为例 [J]. 人文地理，2013，28（5）：94 - 100.

⑦ 黄耀丽，李凡，郑坚强，等. 珠江三角洲城市旅游竞争力空间结构体系初探 [J]. 地理研究，2006，25（4）：730 - 740.

⑧ 邓洪波. 都市圈城市旅游效率研究 [D]. 芜湖：安徽师范大学. 2014.

⑨ 殷柏慧，吴必虎. 长三角与环渤海区域旅游合作条件对比研究：兼论环渤海次区域旅游合作道路选择 [J]. 旅游学刊，2004，19（6）：33 - 37.

⑩ Bontje Marco, Burdack Joachin. Edge cities, European - style: Examples from Paris and the Randstad [J]. Cities, 2005, 22（4）：317 - 330.

⑪ 郏振华，高峻. 长三角区域旅游业集聚水平研究 [J]. 旅游科学，2010，24（1）：86 - 93.

布、旅游者空间行为分析都市圈旅游市场属性和游览特征。区域旅游系统研究主要集中于旅游系统组成要素、空间模式、演化作用方式等方面①②③④，针对都市圈旅游系统的研究较少。上述研究成果多注重都市圈旅游市场结构和旅行行为特征，多以都市圈为背景，分析城市旅游竞争力、城市旅游空间结构、产业集聚情况，从自下而上的视角判断都市圈的发展特征、优化措施。区域旅游系统研究主要针对广域范围旅游业要素、空间联系模式进行分析，可为都市圈旅游系统提供较好的基础理论依据。对都市圈这一特定地理单元的旅游系统研究分析尚显不足，研究主题零星分散，对都市圈所包含的旅游要素作用、作用过程及其演变特征机制等实质性内容分析较少、缺乏系统性，较大地限制了都市圈旅游的深入。与一般性区域旅游系统相比，都市圈旅游系统的产品体系、相互联系、交通通勤等方面更为紧密、结构更为复杂，从区域旅游产业链、一体化交通设施和区域性管理主体引领都市圈旅游业的发展。

区域城镇体系、一体化联系设施和生态空间为都市圈旅游系统的形成提供了物质基础，经济全球化、信息化和综合交通体系作为外部环境促进了都市圈旅游系统的发展，地理邻近结构力、产业链辐射力、城市行政协调力、文化结构力，在市场机制、竞合机制、集聚和扩散机制、制度机制作用下推动都市圈旅游系统的动态演化。

都市圈旅游是城市旅游发展的深化阶段，城市功能旅游化、区域客源流动、城市旅游综合实力提升、城市旅游联系的加强直接推动了都市圈旅游系统的形成，并且，在城市发育、旅游景区（景点）和基础设施建设的动态变化之上，表现出单核极化、空间对流和平衡优化三个阶段性特点。在旅游流空间作用下，都市圈旅游系统实现各旅游节点城市或旅游地的规模结构、职能结构和空间结构的优化配置，并依靠降低旅游

① Sessa A. The science of system for tourism development [J]. Annals of Tourism Research, 1988 (2)：219 – 235.

② Dredge D. Destination place planning and design [J]. Annals of Tourism Research, 1999, 26 (4)：772 – 791.

③ 吴必虎. 旅游系统：对旅游活动与旅游科学的一种解释 [J]，旅游学刊，1998 (1)：21 – 25.

④ McKercher B. A. Chaos approach to tourism [J]. Tourism Management, 1999 (20)：425 – 434.

交通成本和时间成本，增强城市之间的旅游流联系及旅游合作强度，降低行政区经济对都市圈旅游发展的空间阻碍，整合城市旅游形象，提升旅游业发展效益。

中国经济发展已进入转型期，都市圈作为旅游业发展的前沿热点地区，面临着产品结构调整、区域统筹协调、一体化设施建设等系列性问题，一体化与整合是都市圈旅游竞争力提升的重要途径和发展方向，其过程要强调对区域旅游资源的整合、协衡区域城市旅游的竞合关系、加强城市旅游合作和整体产品营销，需要对旅游业的主体功能及产业结构、社会经济空间结构、支撑体系建设及一体化管理进行适应性调整。都市圈旅游系统强调城市旅游行政管理、旅游设施一体化建设和产业链的区域关联，重点加强城市旅游合作、统一布局旅游业，增强城市间的通达度和公共设施共享程度，防止旅游业同构造成的无序竞争，促进中心城市的旅游业升级及对中小城市的空间辐射作用，同时，建设具有竞争力和特色的中小城市旅游产品，促进都市圈旅游的一体化协调发展。

第一节　长三角城市群概况

作为现代服务业的重要门类，旅游业具有关联性强、就业带动面广、生产过程环保可控等特点，在当前实体经济下行和生态环境严峻的多重压力下，旅游业是长三角城市群探索经济的新兴增长点，化解实体经济下行风险，实现兼顾经济效益和生态效益高质量发展的战略支柱性产业。伴随长三角地区三省一市旅游业合作的深化，旅游业对国民经济的贡献程度将不断提高，对长三角城市群一体化的推动作用将持续增强。

一、长三角城市群地理位置

长三角城市群位于中国东部沿海地区，包括上海市和江苏省、浙江省的共 16 个城市，即上海市、南京市、苏州市、无锡市、常州市、镇江市、南通市、扬州市、泰州市、杭州市、宁波市、嘉兴市、湖州市、绍

兴市、舟山市、台州市，2019 年地方生产总值约占国内生产总值的
37.78%，其中，第三产业达到 31.70%，是中国最大的经济核心区。① 长
三角城市群旅游交通发达，旅游资源丰富，是中国东南沿海最具吸引力
的区域性旅游目的地之一。长三角地区区域合作的雏形从 2004 年苏浙沪
两省一市领导座谈会制度开始，到 2008 年《国务院关于进一步推进长江
三角洲地区改革开放和经济社会发展的指导意见》出台，长三角地区区
域经济协同发展正式拉开帷幕，2010 年安徽省加入，长三角地区发展壮
大，泛长三角地区形成。2019 年，国务院《长三角一体化发展规划纲要》
发布，江苏省、浙江省、安徽省、上海市正式推进长三角区域一体化，
标志着其从理论层面落实到实践操作层面。研究 2000 年以来长三角城市
群各城市的旅游业与城市协调发展水平，探讨其影响因素，对制定长三
角区域旅游协调发展战略和推动旅游业合作全面发展提供目标比较与对
策借鉴。

二、长三角地区旅游业发展原因

作为中国旅游的"金三角"，目前，长三角地区是国内最大的旅游
市场。

第一，长三角地区拥有丰厚的自然资源与人文积淀，有利于产业的
融合联动。较高的经济社会发展水平，为长三角地区乡村旅游发展打下
坚实基础。同时，长三角地区历史悠久，水乡古镇、江南园林等主题元
素深入人心。近年来，长三角地区也抓住政策联动的契机，依托数量众
多的古建筑、文化名人辈出的文化优势，推动了该地区高质量文化旅游
业的迅猛发展。

第二，长三角地区发展乡村旅游，具有广泛的受众基础。受长三角
地区高品质旅游业品牌效应与旅游一体化的影响，上海市及周边苏南城
市的旅游市场消费推动了当地餐饮、娱乐、购物的全方位发展。加之长
三角地区及其辐射地带消费群体旅游愿望强烈并具有强劲的消费能力，

---

① 数据来源于《2020 中国统计年鉴》。

进一步推动了该地旅游业腾飞。

第三，长三角地区交通便利，基础设施完善。交通运输一体化的发展促进了长三角地区旅游资源的开发，推动了长三角地区经济飞跃。作为改革开放以来中国最强城市群，长三角地区一直是引领长江经济带经济发展的核心力量，城镇化基础良好。水运、铁路、公路、航空和管道等多种运输方式以及交通线网密度与运输量在全国名列前茅，省际公路、世界级的机场群与港口正在建设中。同时，长三角地区积极完善基础设施建设，紧跟特色民宿、共享经济等潮流。苏浙沪各地已积极探索"民宿＋"或"旅游＋"的旅游模式，推动长三角地区乡村旅游业转型与振兴，涌现出如莫干山民宿等具有丰富业态与核心竞争力的中国高端乡村度假胜地。

三、长三角地区旅游一体化发展历程

长三角地区旅游一体化已有 30 多年的实践。1988 年，"苏浙沪旅游年"的提出，标志着中国区域旅游合作的开始。21 世纪以来，泛长三角区域旅游联动，成为地区旅游发展的新诉求。[①] 2011 年，《苏浙皖沪旅游合作一体化框架协议》的签订，扩大了长三角旅游区的范围。2018 年，在全域旅游战略[②]和"一带一路"倡议背景下，长三角地区旅游一体化发展实现了升级；2018 年 9 月，长三角地区旅游一体化高峰论坛在上海举办，江苏省、浙江省、安徽省、上海市三省一市的地方政府和科研院所等多个机构共同参与；2018 年 11 月，首届长三角三省一市旅游协会联席会议在苏州召开，会议通过了《苏州宣言》，提出未来要建立统一规划、合力发展、协同推进、齐抓共管的新机制，共同推动长三角地区旅游高质量发展；2018 年 12 月，江苏省、浙江省、安徽省、上海市共同签署《推进长三角区域旅游一体化发展 2018 年行动计划》。有学者提出，目前，长三角地区旅游合作已深入市场、空间和产业等各个层面，宏观政

---

① https：//www.nia.gov.cn/n794014/n1050181/n1050479/c1174466/content.html？eqid＝8539do8700021C1000000006648beb1c.

② 2018 年，国务院办公厅印发《关于促进全域旅游发展的指导意见》。

策环境和微观主体意识比较到位，地区间的差距逐渐缩小且日趋稳定，已基本具备实现一体化发展的客观条件和环境支撑。长三角地区的旅游一体化发展，是中国区域旅游合作较为成熟和典型的代表，其演化过程对其他地区开展区域旅游合作有重要的借鉴意义，同时，对长三角内部区域继续深化旅游一体化有一定参考价值。

长三角地区旅游一体化在不同时期有不同表现，但旅游业作为区域经济的一部分，受宏观社会背景的影响较为深刻，按照宏观社会背景与旅游业发展中的标志性时间划分，长三角地区旅游一体化的发展过程大致分为以下四个阶段。

探索初期（1981～1992年），1981年国务院第一次全国旅游工作会议、1985年中央关于旅游管理体制的改革等重要事件，推动了旅游业向经济产业转变，提高了大多数旅游城市建设旅游饭店、旅游景区的热潮，旅游业发展的活力被调动起来。

起步阶段（1992～2003年），1992年，长三角地区的15个城市设立了协作部门主任联席会议制度，正式搭建了城市政府间合作的平台，开始常态化、制度化的区域合作进程。这一时期，长三角地区搭建的合作平台，为旅游业一体化发展提供了发育的土壤。

快速发展阶段（2003～2009年），2003年，杭州市牵头创办了首届长三角旅游城市"15＋1"高峰论坛，发布《杭州宣言》，开创性地提出共同打造长三角无障碍旅游区的倡议。此后，该论坛每年在长三角城市轮流举办，相继签署并发布了《黄山共识（2004）》《无锡倡议（2005）》《金华纲要（2006）》《南京宣言（2007）》《宁波宣言（2008）》《扬州共识（2009）》。这一时期，旅游企业通过发展连锁企业拓展空间分布，合作打造精品旅游线路，长三角地区的集散中心正式运作。同时，政府搭建了区域旅游合作发展平台，联合促销、共塑品牌，并制定了相关区域标准规范。

稳步提升阶段（2010年至今），2010年，上海市成功举办世博会，使得长三角地区旅游一体化的发展提高到一个新水平；2010年，《温州协议（2010）》发布。2010年，国务院正式批复《长江三角洲地区区域规划》，提出江浙沪皖四省市共26个城市联合打造"具有全球影响力的世界级城市群"，开启了旅游一体化发展的新征程。

第二节　旅游业与城市发展协调性水平测度

一、协调水平划分

长江三角洲旅游业与城市发展协调性最优接近度（2000 年、2005 年、2010 年、2015 年和 2019 年），见表 5 - 1。从指标权重看，各个指标得分较为均衡，没有出现城市经济发展水平或旅游业单方面主导的情况，2000 年、2005 年、2010 年、2015 年和 2019 年相比，各指标权重得分出现微小波动。根据协调水平得分，利用 ArcGIS 软件将其空间化，用詹克斯（Jenks）最佳自然断裂法（natural breaks）将 2000 年、2005 年、2010 年、2015 年和 2019 年的统计量聚成四类，以此将长三角城市群 16 个城市划分为四个等级。

第一等级为上海市。上海市是中国口岸城市，长三角城市群第一大城市，经济中心、金融中心、贸易中心和航运中心，城市文化底蕴丰厚，富有强烈的现代文化气息。城市景观、城市风情、民间风俗等具有极大的旅游吸引力。第二等级是南京市、杭州市、苏州市。南京市素有"六朝古都""博爱之都"之称，是中国重要的文化教育中心之一，华东地区重要的交通枢纽。南京市有中山陵、玄武湖、夫子庙、紫金山、明孝陵等一大批高品质旅游景点。"上有天堂，下有苏杭"的称号，赋予苏杭两市良好的旅游城市形象。西湖、千岛湖、天目山等旅游资源，造就了杭州市江、河、湖、山交融，观光游、会展游、休闲游发展迅速。苏州市素有"园林之城""东方威尼斯"之称，城中有园、园中有城，集山、水、城、林、园、镇于一体。第三等级城市有无锡市、常州市、扬州市、南通市、宁波市。第四等级城市包括镇江市、湖州市、泰州市、嘉兴市、绍兴市、舟山市。

从统计描述看，城市间差异显著，均值略降低，标准差有所提高，表明旅游业与城市发展协调水平的降低和城市之间协调水平分布差异的加剧。实际上，TOPSIS 方法计算出旅游业与城市发展之间区域内的相对协调水平，并非绝对协调度，均值降低并非协调水平的停滞或倒退，是旅游业与城市协调发展速度不一致导致的相对缓慢。

表 5 – 1　长江三角洲旅游业与城市发展协调性最优接近度（2000 年、
2005 年、2010 年、2015 年和 2019 年）

年份	旅游业与城市发展协调水平			
	最小值	最大值	平均值	标准差
2000	0	0.210476216754694	0.166961442	0.1267589
2005	0	0.218508349175784	0.169363851	0.1579867
2010	0	0.428153830055765	0.255649177	0.1981128
2015	0	0.249914137432255	0.206183537	0.2254679
2019	0.0024821400409894	0.215972997253262	0.159367177	0.2477559
年份	不同协调水平区间的市（区）个数			
2000	> 0.2104	0.1808 ~ 0.2104	0.1295 ~ 0.1808	< 0.1295
	1	15	8	2
2005	> 0.2185	0.1744 ~ 0.2185	0.1140 ~ 0.1744	< 0.1140
	1	17	5	3
2010	> 0.4281	0.2424 ~ 0.4281	0.1971 ~ 0.2424	< 0.1971
	1	15	5	4
2015	> 0.2499	0.2085 ~ 0.2499	0.1361 ~ 0.2085	< 0.1361
	1	19	3	3
2019	> 0.2159	0.1483 ~ 0.2159	0.0849 ~ 0.1483	< 0.0849
	1	18	4	3

资料来源：笔者使用 2001 年、2006 年、2011 年、2016 年、2020 年《中国城市统计年鉴》和 2001 年、2006 年、2011 年、2016 年《中国旅游统计年鉴》以及 2020 年《中国文化文物和旅游统计年鉴》的相关数据，运用 TOPSIS 方法计算整理而得。

二、协调水平分布的空间分析

1. 总体格局

从长三角城市群旅游业与城市发展的协调水平看，上海市、南京市、杭州市是长三角城市群的三个核心城市，苏州市、南通市紧邻上海市，扬州市紧邻南京市，无锡市和常州市分布于上海市与南京市相连接的重要交通线上，宁波市是长三角城市群南部城市中旅游业协调水平较高的城市。整体上，协调水平反映了三个特征：（1）江苏省城市协调水平显著高于浙江省；（2）除长三角城市群的三个核心城市上海市、南京市、杭州市外，其他协调水平较高的城市或者分布在核心城市边缘，或者分布在两两核心城市相连的重要交通线上；（3）协调水平得分较低的城市，依次分布于三个核心城市外围及边缘。

2. 演化格局

2000年，得分较高（大于0.2000）的城市，是镇江市、盐城市、泰州市、台州市、池州市、嘉兴市、金华市、湖州市、金山市九个城市；2019年，得分较高的城市（大于0.2000）有扬州市、台州市、滁州市、盐城市、舟山市。增幅最大的城市，依次是宁波市（0.4873）、镇江市（0.3673）、扬州市（0.2147）、湖州市（0.2287）、台州市（0.1457），其他城市增幅在0.1000以下。南部的宁波市发展快速，可能成为长三角城市群除上海市、南京市、杭州市外的另一个增长极。降幅较大的城市，依次是苏州市（-0.36780）、无锡市（-0.30775）、舟山市（-0.26578）、泰州市（-0.18764）、杭州市（-0.17546）、南京市（-0.10673），常州市降幅最小（-0.01488）。协调水平空间分布不存在高值集聚现象或低值集聚现象，空间集聚格局保持相对稳定，但2000~2019年排序发生了较大变化。[①]

第三节 影响因素分析

一、产业发展

旅游业作为现代服务业的一个重要部门，与城市各种产业经济活动息息相关。城市经济取得发展，旅游业随之发展。第一产业对协调水平的影响，不能解释协调水平的提高。第二产业与协调水平具有显著的线

---

① 文中数据由笔者根据文中涉及的长三角城市群中城市统计年鉴的相关数据，使用 TOP-SIS 方法计算整理而得。

性关系，解释程度较大，与前面的假设论述一致。因为指标体系构建中包括第三产业占 GDP 的比重，所以，第三产业需要加以说明，这可能直接导致协调水平与其有显著的相关性。但在权重计算中，第三产业的指标权重值和其他指标的权重值相差不大，说明协调水平的高低是指标共同作用的结果，第三产业并非最主要的决定因素。第三产业的影响也在上升，解释程度最高，这与事实相符，即旅游业是第三产业的重要组成部分，第三产业发达的城市，旅游业配置率高、产出率高、规模大，带动住宿业、餐饮业、娱乐业、零售业等关联性服务产业，提升其他产业的整体配套能力，产业一体化加快城市发展。以上海市为例，上海市生产性服务业每增长 1%，工业将增长 0.918%，这从侧面解释了旅游业对其他产业的带动作用。

伴随着国民经济的快速发展和居民可支配收入的提高，长三角地区居民的旅游需求都出现了大幅度增长，这在客观上促进了长三角地区不同城市旅游业的发展。同时，长三角地区一体化程度加深，长三角地区内部的政治、经贸、文化交流日益频繁，相关产业逐渐出现了联动发展的趋势，这种趋势增强了长三角地区不同城市之间人流的往来，这些人流可以有效地转化为游客，强化旅游消费的扩散性，形成旅游消费网络，促使不同城市从旅游消费网络中受益，引导不同城市旅游业竞争力水平的均衡化发展，缩小长三角城市群区域竞争力差距。除了客观因素以外，长三角地区旅游业一体化政策对旅游业竞争力差距的缩小也做出了贡献，其在宏观层面考虑了各城市旅游业发展的现实情况和利益诉求，增强了不同城市区域旅游合作的意愿，缩小了不同城市之间旅游业竞争力的差距。

总体来说，上海市的协调水平数值在长三角地区遥遥领先，说明上海市旅游业竞争力水平在长三角城市群中仍然处于领先地位，远超过其他地区，可能会产生区域旅游业发展的虹吸效应，引导更多的旅游生产要素（如资本、人才等）向上海市集聚，出现旅游业竞争力的自我强化机制，对于长三角地区旅游业竞争力差距的缩小起到负面作用。南京市、苏州市、无锡市、黄山市等城市的协调水平数值均呈现了不同程度下降，说明这些城市旅游业竞争力的相对优势逐渐衰退。

值得一提的是，湖州市、绍兴市、金华市、温州市、合肥市、安庆市等地的协调水平数值在观察期都呈现显著上升，说明这些城市的旅游业竞争力的相对优势不断凸显，和长三角地区传统的旅游强市之间的差距逐渐缩小，对传统旅游强市的旅游业发展形成了冲击与挑战。因为近年来部分城市竞争力水平明显下降，而随着一些后进城市出台了一系列旅游业一体化政策，使其可以对旅游资源深度开发，对旅游业要素更加合理地利用旅游业水平得到大幅度增强，所以，长三角地区部分旅游强市仍然保持较高的旅游业竞争力水平。后进城市旅游业的崛起缩小了长三角地区旅游业竞争力的差距，对长三角地区旅游业的均衡发展做出了巨大贡献。

二、旅游业发展模式

旅游资源条件差异，是长三角城市群协调水平差异的基本影响因素之一。旅游业发展的不同阶段、不同类型的旅游资源，对城市旅游发展的影响不同。南京市、杭州市、苏州市、无锡市等城市自然旅游资源、人文旅游资源比较丰富，在长三角城市群 16 个城市中综合旅游资源得分位于前列。相比之下，上海市的协调水平得分显著高于南京市、杭州市、苏州市、无锡市等，协调水平与旅游资源呈现空间分异。究其原因，南京市、杭州市等城市重点依靠传统旅游资源产品，产业链短、横向连接能力弱。与之相比，上海市通过 20 世纪 90 年代的"都市风光、都市文化与都市商业"到近年来的"观光旅游、商贸旅游与休闲旅游"产业发展模式的融合深化，优化了上海旅游产品结构、扩充了旅游市场模式、助推了上海旅游业集群化。宁波市、扬州市、镇江市、湖州市等城市，也通过此类方法实现快速增长。旅游业与城市发展的融合，涉及城市产业经济、城市功能的整合。城市产业结构是实现资源配置、增值的载体，旅游业纳入城市综合系统之中，对城市发展的作用更强。

长江三角洲的区域旅游合作开始于 20 世纪 80 年代，是中国第一个引入区域旅游合作理念的地区。从 1980 年在无锡市召开的第一次区域旅游合作会议，到 2007 年上海市、江苏省、浙江省三地同时通过《旅游景区（点）道路通行指引》，再到三地围绕"2010 年上海世博会"举办的一系列营销推广活动，经过 30 多年的合作，上海市、江苏省、浙江省积累了丰富的旅游合作实践经验，为旅游业和城市协调发展提供了基础。三地的旅游管理部门从信息交流、旅游线路简易组合、旅游产品联合营销等的基本合作，发展到目前的人员交流合作、旅游政策合作、旅游交通合作等公共服务合作，主要包括以下五个方面。

（一）政府主导的旅游合作模式

1. 制度安排型模式

制度安排型模式主要是指，政府通过组织最高级别的联席会议和论坛，规范合作内容，约束合作参与者行为的一种发展模式。实施这一模式的主要途径是，在政府间建立具有一定权威的制度保障体系，在此基础上确定一定的议程，制定各种形式的会议计划及交流合作计划，制定共同促进区域间旅游合作、交流和发展的目标、政策和法规，确保区域全面指导和协调。长三角地区有许多重要的区域旅游组织。一类是由旅游部门发起和组织的联合会议，如长三角旅游城市峰会、沪苏浙旅游市场联席会议和沪苏浙旅游市场论坛；另一类是由其他政府部门组织的联合会议，如长江三角洲经济协调会议和苏浙两省区域经济合作发展研讨会。

2. 专题纽带型模式

专题纽带型模式主要是指，以特定主题的区域旅游合作为纽带进行专业化的深度合作。这些主题通常属于联席会议上签署的宣言和协议中最重要的合作领域或最容易合作的领域，常常由各个城市的旅游相关部门负责组织工作会议，并落实各自的合作主题。

3. 规划引导型模式

规划引导型模式是指，基于某些发展规划要求的旅游合作，主要出现在长三角地区内某些城市的发展规划中，例如，苏州市城区规划、南京市城区规划和杭州市城区规划。这种类型的规划旨在解决共同的区域问题，基本目标是协调区域关系和区域内各城市对旅游功能的相应分担。

4. 联合营销型模式

联合营销型模式主要体现在两省一市和各市旅游局共同推广旅游形

象上。实现这一模式的基本途径，一般是共同设计并公布区域旅游口号，统一参加旅游展会，统一印制旅游宣传品，统一制作交通图。

（二）政府推动型旅游合作模式

1. 联合体模式

联合体模式是指，启动同一概念品牌的合作，政府联动旅游景区、市场开发，主要是基于区域的地理位置、相似的历史文化、旅游开发与经济发展的同城化、资源的互补性等基础，形成广泛参与的旅游合作机制。如浙东南旅游联合体、江苏旅游新干线旅游经济共同体、江苏旅游新三角、浙西旅游合作组织等。

2. 互动型模式

互动型模式基本上以"互为客户、互为市场"作为基础，在不同资源前提下，以"互为客源、互为目标"为核心进行合作，通过互为平台、互为产品推广、企业互动、互为激励创造，实现互利共赢的局面。为实现这一模式，双方旅游局应主动组织相关项目，全面动员旅行社、旅游景点、居民和社会媒体，双方应成为旅游规划和交通规划的合作伙伴。

（三）企业主导型旅游合作模式

企业主导型旅游合作模式是指，企业根据市场需求变化和自身发展需要而自愿进行的合作，可分为旅行社主导的合作、景区主导的合作和酒店主导的合作。在这种合作形式中，政府和旅游协会的作用较小，企业主要根据利益形成合作联盟。

（四）行业引导型旅游合作模式

行业引导型旅游合作模式是指，本地区一些非营利组织主导的合作类型。目前，长三角地区的旅游合作模式主要有两类：旅游协会引导型模式和公共项目引导型模式。

1. 旅游协会引导型模式

旅游协会引导型模式在很大程度上依赖于旅游协会的广泛参与，作为政府和企业之间的桥梁，促进成员之间的团结、联合和协调。这种模式可以通过三种主要方式实现。一是通过组织研讨会，如上海市旅游协会与上海市黄浦区旅游局合作举办的"2004 年长三角旅游互动与发展研讨会"；二是开展联谊交流活动，组织会员参加交流活动，加强与国内外同行的交流；三是做好接待服务，协助外地旅游企业在上海市举办推介会，为其他城市的旅游考察团提供服务。

2. 公共项目引导型模式

公共项目引导型模式的主要目的是，为偶尔到该地区的游客创造良好的旅游环境。例如，1998 年成立的上海市旅游集散中心与杭州市、南京市和苏州市的 17 个旅游集散中心组成合作联盟，实行客源联网和客源交流，实现长江三角洲城市群旅游的"一票制"新模式。

（五）项目驱动型旅游合作模式

1. 项目共有竞合模式

项目共有竞合模式主要是指，通过共享项目的合作活动，这些项目在共享某些旅游资源的几个城市之间非常突出。目前，长三角地区的主要资源，包括太湖、京杭大运河和古镇等。该类合作模式内的合作成员之间，一方面，表现为争夺有限的旅游资源而展开一些不合理的竞争活动；另一方面，合作成员也通过联合营销，对外共同树立良好的区域形象。

2. 大型项目带动模式

2010 年，上海"世博会"的成功举办，使大型项目模式作为区域旅游合作的新模式进入人们的视野。这种模式的主要特点是，在一个重大事件的推动下，长三角地区的所有或部分旅游利益相关者，如旅游局、旅行社、酒店和景点，通过合作实现共同的旅游目标。该模式实现的基本途径主要有两种：一个是围绕项目共同设计、开发旅游线路；另一个是发展营销活动。

三、城市旅游重大项目投资

城市管理者正在突破资源开发利用技术合理性的观念，从经营策划等角度寻找城市发展契机。上海市的城市规划建设最具说服力。上海世博会园区建设在城区南部边缘的滨水区（原为重工业产业区），成为沿黄浦江城市发展轴的一个重要节点和核心地区，重构黄浦江滨水发展轴，从空间布局、道路交通、生态景观和基础设施等方面完善滨水跨河城市形态，重构上海都市旅游核心轮廓，使外滩陆家嘴、世纪公园、徐家汇之间的联系更为紧密，奠定上海城市功能转型和产业调整的新支点。世博会园区五大功能区的后续定位，是建成上海市的国际文化商务交流中心，发展会议展览、文化交流、旅游休闲和商务贸易，对黄浦江两岸综合开发构筑新的城市公共空间起到重要的推动作用。

安徽省长三角办发布的《安徽省实施长三角一体化发展规划"十四五"重大项目推进工作方案》，明确"十四五"期间将坚持项目化带动一体化，组织实施重大项目 626 个，总投资 26 722.68 亿元，为长三角地区更高质量一体化发展作出巨大贡献。为了高质量地推进项目建设，《安徽省实施长三角一体化发展规划"十四五"重大项目推进工作方案》提出了五大重点任务，包括构建协同创新产业体系、加强基础设施互联互通、强化生态环境共保联治、促进公共服务便利共享、推进区域协调发展等。

江苏省紧扣重大战略规划，当好"压舱石"，多类别协同推进，重点项目涵盖文旅融合发展、旅游区域提升、乡村旅游重点村建设、红色旅游开发、特色小镇（旅游风情类）与古镇开发、科技赋能、文旅新业态培育等诸多类别，项目筛选紧扣"一带一路"建设、长江经济带发展、长三角区域一体化发展、大运河文化带建设等重大国家战略和全省及区域文化和旅游发展规划的要求，发挥重点文旅产业项目"压舱石"的作用，促进长三角地区旅游经济的绿色发展。

2021 年，浙江省推进长三角一体化发展第一批"最佳实践"的 10 个签约项目，涉及产业合作、科研合作、互联互通等经济社会发展的方方面面。其中，深入推动长三角产业合作区（浙皖组团、浙苏组团）建设框架协议的关注度最高。该项目将深入推动长三角产业合作区建设，在产业发展、基础设施、科技创新、文化旅游、生态环境、民生保障等重点领域深化浙皖组团、浙苏组团合作。浙江省推动长三角一体化发展第一批"最佳实践"包括"浙江率先实现全省域创新券长三角地区通用通兑""以数字化转型推动长三角政府采购一体化发展"等15项成果。

四、区位条件

区位条件对协调水平空间格局及演化的影响较大。交通是旅游的基础要素和城市内外联系的重要因素,对城市发展起到重要支撑作用。交通基础设施是城市连接和区域开发的主轴线,如苏州市、常州市、嘉兴市依托优越的交通区位条件获得较快的发展速度。舟山市、台州市虽拥有较好的临海区位、港口条件,但偏离区域发展中心和重要交通干线,城市经济、旅游发展较慢,协调水平较低。长三角城市群的协调水平空间演化格局符合典型的"点轴扩散",即显示出以核心增长极沿主要交通干线向外作用呈现的空间扩散,伴随显著的空间衰减。

交通基础设施是旅游业发展的"咽喉",特别是高速交通的"时空压缩"效应和"空间—组织协同"效应,对旅游地旅游客流空间传导流动、旅游要素高效配置以及旅游地空间结构演变模式优化发挥着重要的驱动作用。长三角地区城市间高速交通优势度仍存在强者更强、弱者更弱的马太效应。随着时间推移,长三角地区高速交通优势度与旅游强度耦合协调度发展等级逐渐上升。一方面,这得益于《"十三五"现代综合交通运输体系发展规划》《长三角城市群综合交通网规划》的颁布实施,以及长三角地区各省(市)《总体旅游专项规划》《关于促进交通运输与旅游融合发展的若干意见》等政策的良性引导效应;另一方面,得益于《长三角区域旅游发展规划战略研究》的积极推进。此外,长三角地区沪苏浙皖四省(市)旅游合作联席会议召开,《2016长三角区域旅游一体化发展杭州方案》的达成,以及《共同推进长三角休闲度假旅游发展合作协议》的签署,促使高速交通系统对区域旅游发展的驱动效应与重构效应不断增强,在循环累积因果效应下,两大系统内部各要素耦合互动渐趋增强。这与各省(市)高速交通优势度与旅游强度耦合协调度的初始值相关,上海市、江苏省等省(市)高速交通系统发展较早,故以上地区的增幅略小于安徽省和浙江省。2009 年之后，长三角地区各省（市）高速交通优势度与旅游强度耦合协调度指数呈现较快的发展态势。研究末期，高速交通优势度指数与旅游强度耦合协调度指数的区域差异，呈现"上海市 > 浙江省 > 江苏省 > 安徽省"的空间异质性发展态势。这与长三角地区各省（市）高速交通系统建设成熟度、各高速交通子系统的组合衔接性、高速交通线路规模、场站设施等级，以及各省（市）旅游吸引力、游客接待规模、旅游效益、经济发展基础、旅游接待设施完善程度、旅游智慧化程度、旅游对外开放度等因素的综合影响密切相关。

五、城市韧性

旅游业发展以城市为依托，城市韧性对旅游业发展具有十分重要的作用。城市群内各系统间的联系密切且复杂，系统的破坏也会对其他系统产生影响，当前面临的各种不确定性扰动和破坏多种多样，为城市带来了许多消极影响，而旅游业的可持续发展离不开城市的良好建设，因此，提高城市抵御、消解、适应不确定风险的能力，建设有韧性的城市尤为重要。经济韧性和生态韧性对周边地区的旅游经济发展有明显的正向溢出效应，提高周边地区的经济韧性水平和生态韧性水平会促进本地旅游经济的发展，因此，要加强与周边地区的交流与合作，在促进城市韧性提高的同时，也为本地旅游发展提供了良好的外部环境；另外，社会韧性及工程韧性对周边地区旅游经济的发展有负向溢出效应，促进长三角城市群整体旅游经济的发展，不能只顾本地社会韧性和工程韧性的提高，还需加强区域交流与区域合作，促进共同发展。虹吸效应，社会韧性及工程韧性对周边地区旅游经济的发展有负向溢出效应，阻碍了周边地区旅游经济的发展。社会韧性水平和工程韧性水平较低的城市，应善于利用周边地区带来的正向溢出效应，同时，不断提高社会韧性水平和工程韧性水平，缩小与其他城市之间的差异。合理规避长三角城市群城市间的虹吸效应，提升旅游业与城市的协调发展。

第四节　小结

长三角城市群旅游业与城市发展协调水平的差异有扩大趋势。依据协调水平得分对长三角城市群 16 个城市进行分类，第三等级城市、第四等级城市数量较多，占 25 个城市的 70% 以上。2000 年以来，协调水平较高的城市主要包括上海市、南京市、杭州市、苏州市、无锡市等，协调水平较低的城市包括嘉兴市、绍兴市、舟山市、泰州市等。上海市的协调水平显著高于其他 15 个城市，中间得分城市较少，低得分城市较多，旅游发展水平差距明显。长三角地区正处于快速区域一体化阶段，与发达国家城市相比，旅游业发展水平尚需深化。

长三角城市群的协调水平高值到低值的空间分布，呈现出以上海市、南京市、杭州市三个城市为核心向外围边缘城市的空间衰减。北部城市协调水平高于南部城市，20 年来，总体空间格局相对稳定，但排序变化较大。在区域合作背景下，可通过上海市、杭州市到宁波市的重要交通轴线，加强对南辐射，将宁波市培育成长三角南部新的增长点，提高核心城市辐射能力并带动区域整体发展能力，调控增长格局，以推动发展方式促进区域内部城市的平衡发展。

长三角城市群协调水平的空间格局演变主要受 5 个因素影响：产业发展、城市旅游发展模式、城市旅游重大项目投资、区位条件和城市韧性。近年来，随着长三角地区区域性的产业转型，以服务业为代表的第三产业正处于深化阶段。旅游业是城市发展的重要推手，旅游业资源决定了旅游业发展潜力，但旅游者寻求旅游体验的多样化趋势、科技进步和信息交互加强，城市可以通过选择合适的旅游业发展模式优化产业结构。重大城市旅游项目的投资，推动城市基础设施优化，带动相关产业发展，体现出较强的乘数效应。区位条件是城市旅游流内外交互的重要手段，对旅游业发展的空间格局起到决定性作用。旅游业的发展以城市为依托，城市韧性对旅游业发展具有十分重要的推动作用。

第六章
快速城市化地区旅游业与城市协调发展研究
——以中原城市群为例

不同类型、不同模式下的协调发展特征具有差异性，本章结合中原城市群分析区域一体化快速发展地区的旅游业和城市协调发展情况，对协调水平进行时间序列、空间演化规律分析，判断不同类型发展区域的协调水平。

第一节　中原城市群概况

中原城市群位于中国的中东部，是以郑州市为中心，以洛阳市为副中心的经济带，主要范围包括中原一带，故得此名。中原城市群以河南省郑州市、开封市、洛阳市、平顶山市、新乡市、焦作市、许昌市、漯河市、济源市、鹤壁市、商丘市、周口市和山西省晋城市、安徽省亳州市为核心发展区，因此，以这14个城市为主要研究对象。

中原城市群发展定位为中国经济发展的新增长极、全国重要的先进制造业基地和现代服务业基地、中西部地区创新创业先行区、内陆地区双向开放新高地和绿色生态发展示范区。中原城市群拥有较强的综合实力，产业结构多元、产业体系完备，物流、旅游等产业具有一定国际影响力。中原城市群文化底蕴深厚、旅游资源丰富，作为华夏文明的起源地和全国政治中心、经济中心、文化中心，是快速城市化地区旅游经济发展和综合竞争力提升的典型区域；① 中原城市群地理位置优越，城市空

---

① 程金龙. 中原城市群旅游发展战略研究［J］. 生态经济，2012（1）：171－175.

间距离较近，高铁、高速公路等交通网络发达，具有较强的区位优势。[①]研究中原城市群各城市的旅游业与城市协调发展水平，探讨其影响因素，对制定中原城市群区域旅游协调发展战略及推动旅游业合作全面发展，提供目标比较与对策借鉴。

一、区位优势明显

1. 交通区位

中原城市群地处沿海开放地区与中西部地区的接合部，是中国经济由东向西梯次推进发展的中间地带，交通区位优越。第一，中原城市群地处全国"两横三纵"城市化战略格局陆桥通道与京广通道交汇区域，拥有郑西高铁、郑徐高铁、京广高铁等6条高铁线路构成的"米"字形高铁干线网络；第二，中原城市群内高速公路网络完善，基本形成了以郑州市为中心的1.5小时高速经济圈，此外，还建有亚洲最大的列车编组站和中国最大的零担货物转运站；第三，中原城市群拥有8座通航机场，分别是郑州市新郑机场、洛阳市北郊机场、南阳市姜营机场、信阳市明港机场、阜阳市西关机场、运城市张孝机场、长治市王村机场、邯郸市机场。目前，在建民用机场有10座，分别是商丘市观堂机场、平顶山市鲁山机场、安阳市豫东北机场、周口市西华机场、菏泽市牡丹机场、亳州市机场、宿州市机场、蚌埠市滕湖机场、邢台市褡裢机场、晋城市机场。

2. 经济区位

在全国经济发展格局中，中原城市群具有承东启西、贯穿南北的重要作用。[②]社会经济发展水平主要从投资能力和消费能力两方面影响区域旅游业的发展，是旅游业发展的重要外部条件。近年来，随着中部崛起战略的实施和中原经济区的建设，中原城市群经济发展取得了显著成效，城市建设加快，基础设施和公共服务设施不断完善，为旅游业发展奠定

---

① 周诗涛. 中原城市群旅游业发展竞争力研究 [J]. 湖北函授大学学报，2016，29（23）：75 - 76.

② 冯云廷，张永芳. 中原城市群经济重心与产业重心演变特征分析 [J]. 管理学刊，2018，31（6）：10 - 20.

了良好基础。

21 世纪以来，中原城市群的经济发展水平取得了很大进步。随着经济全球化的不断深入，中原城市群经济的开放程度大大提升。作为中原城市群的核心省份，河南省经济发展水平持续增长，在旅游业带动下，第三产业增长较为突出。2005～2019 年，河南省第三产业占地区生产总值的比重呈显著上升趋势，国内旅游收入逐年快速增长。2019 年，地区生产总值达到53 717. 75 亿元，比 2018 年增长 7. 57%，人均地区生产总值达到 54 356 元，比 2018 年增长 7. 18%。河南省城市经济发展情况（2005～2019 年），见表 6 - 1。

表 6 - 1　　　河南省城市经济发展情况（2005～2019 年）

年份	人口		国民经济				
	城镇总人口（万人）	城镇人口比重（%）	地区生产总值（亿元）	人均地区生产总值（元）	第一产业占地区生产总值比重（%）	第二产业占地区生产总值比重（%）	第三产业占地区生产总值比重（%）
2005	2 994	30. 7	10 243. 47	10 978	18. 0	50. 8	31. 2
2006	3 189	32. 5	11 977. 87	12 761	15. 6	52. 7	31. 7
2007	3 389	34. 3	14 824. 49	15 811	14. 5	53. 3	32. 1
2008	3 573	36. 0	17 735. 93	18 879	14. 5	54. 8	30. 7
2009	3 577	37. 7	19 181. 00	20 280	13. 9	53. 8	32. 3
2010	4 052	38. 5	22 655. 02	23 984	13. 8	53. 7	32. 5
2011	3 809	40. 6	26 318. 68	27 901	12. 7	53. 3	35. 7
2012	3 991	42. 4	28 961. 92	30 497	12. 4	51. 9	35. 7
2013	4 123	43. 8	31 632. 50	33 114	12. 1	50. 6	37. 3
2014	4 265	45. 2	34 574. 76	35 982	11. 5	49. 6	38. 9
2015	4 441	46. 8	37 084. 10	38 338	10. 8	48. 4	40. 8
2016	4 623	48. 5	40 249. 34	41 326	10. 1	47. 2	42. 7
2017	4 795	50. 2	44 824. 92	45 723	9. 2	46. 7	44. 0
2018	4 967	51. 7	49 935. 90	50 714	8. 6	44. 1	47. 2
2019	5 129	53. 2	53 717. 75	54 356	8. 6	42. 9	48. 5

资料来源：笔者根据 2006～2020《河南统计年鉴》的相关数据计算整理而得。

二、自然资源环境

1. 自然资源环境优良

中原城市群地处第二阶梯向第三阶梯的过渡地带，地势西高东低，起伏较小，以平原为主，地处南北气候过渡地带，产业发展、城镇建设受自然条件限制较小。区域气候属于温带湿润半湿润季风性气候、暖温带大陆性气候，兼具南北之长，人居环境优良。此外，中原城市群物产丰富，是中国能源、原材料和农产品的重要生产基地。

2. 山水资源丰富

中原城市群一半以上的4A级景区为山地型旅游景区，区域内分布着龙门、嵩山、王屋山—云台山、尧山、青天河、神农山6处国家级风景名胜区，伏牛山、太行山2处国家级自然保护区，嵩山、云台山、白云山、花果山、龙峪湾、天池山等11处国家森林公园，云台山、嵩山、王屋山—黛眉山3处世界级地质公园和关山、黄河、神灵寨3处国家级地质公园。中原城市群河湖广布，河流分属三大流域，即黄河流域、淮河流域、海河流域；区域内还有小浪底水库、白龟山水库、燕山水库等大中型水库；另外，还分布着丰富的温泉资源。①

3. 生态环境现状

在中原城市群发展过程中，城市化建设的推动使得不同区域开发与保护的矛盾日益突出，城市扩张造成了生态环境破坏。在生态文明理念的指导下，中原城市群各城市保护生态环境的力度日益增大，"三屏四廊"主体生态空间的自然资源得到较好的保护，生态质量显著提升。② 绿化覆盖率逐年提升，公园绿地面积显著增加。

---

① 闫树人. 中原城市群体育旅游资源分析及市场开发策略研究［J］. 沈阳体育学院学报，2012，31（1）：34-37.
② 柳敏，赵少华，王亚婷，李元征，胡婵娟，王玉. 中原城市群生态系统服务价值时空变化研究［J］. 人民黄河，2021，43（11）：17-22，28.

三、产业发展现状

1. 产业结构多元

中原城市群产业基础雄厚，农业部门、工业部门齐全，在全国占据重要地位。[①] 区域内气候雨热同期、耕地质量较好，为农业发展奠定了良好基础；工业发展具有雄厚的基础，装备制造、智能终端、有色金属、食品等产业集群优势明显。中原城市群仍然保持着其在传统产业中的优势，如机械、纺织、食品、化工、能源、煤炭等产业，并经过多年发展及产业结构优化，已在生物制药、电子信息等新兴领域形成了一定特色。

2. 产业协同发展

中原城市群以河南的郑州市、开封市、洛阳市等以及山西省的晋城市、安徽省的亳州市等 14 个城市为核心发展区，联动辐射周围的安阳市、濮阳市、三门峡市等 16 个城市，总体上发展良好，但产业集聚程度和城市集聚程度还存在时间和空间上的分布差异，城市间的互动对区域经济增长的影响不显著，城市间真正的功能、融合关系尚未形成，城市间的合作深度有待加强、治理机制有待改善。[②]

3. 产业发展现状

中原城市群在国家战略推动下快速发展，整体经济实力明显增强。21 世纪以来，在中原城市群产业发展中，第一产业、第二产业的比重逐年下降，第三产业的比重逐年上升，近些年，第三产业甚至成为新常态下拉动中原城市群经济增长的主要动力。中原城市群不断强化郑州市航空港和其他交通枢纽的对外开放门户功能，融入"一带一路"建设，形成新的、全方位的开放格局。[③]

---

① 黄洁. 中原城市群资源环境承载力分析［D］. 武汉：华中师范大学硕士学位论文，2014.

② 项文彪，陈雁云. 产业集群、城市群与经济增长——以中部地区城市群为例［J］. 当代财经，2017（4）：109－115.

③ 栾姗. 全国经济发展新增长极［N］. 河南日报，2017－01－05（6）.

四、城市发展情况

(一) 城市总体情况

从地区生产总值来看，中原城市群各城市的发展不尽均衡，2019 年中原城市群城市经济发展概况，如表 6 - 2 所示。2019 年郑州地区生产总值为 9 493 亿元，位居第一，且第三产业比重超过 50%。从高到低来看，地区生产总值在 1 000 亿元以上的城市有周口市 (3 198 亿元)、商丘市 (2 911 亿元)、洛阳市 (2 410 亿元)、漯河市 (1 578 亿元)、开封市 (1 551 亿元)、新乡市 (1 282 亿元)。鹤壁市、焦作市、济源市、亳州市、平顶山市、晋城市、许昌市低于 1 000 亿元。

从人口规模和人口城镇化率来看，郑州人口规模较大，2019 年，郑州市的人口数量约为 1 235 万人，且人口城镇化率达到 77.3%。周口市 (909 万人)、商丘市 (780 万人)、洛阳市 (702 万人)、亳州市 (663 万人)、新乡市 (429 万人) 的人口数量均超过 600 万，但人口城镇化率超过 50% 的只有洛阳市和新乡。人口在 200 万以上的有平顶山市 (496 万人)、开封市 (481 万人)、许昌市 (436 万人)、焦作市 (351 万人)、漯河市 (238 万人)、晋城市 (220 万人)，这些城市人口城镇化率均在 50% 以上。鹤壁市和济源市的人口数量最少，分别为 156 万人和 73 万人，但城镇化率均超过 50%。

从城市建设来看，郑州市土地城市化率最高，达到 40.32%；晋城市、洛阳市、新乡市、开封市、焦作市均高于 20%；漯河市、鹤壁市、商丘市、亳州市差距较大，土地城市化率不到 10%。

表 6 - 2　　　　　　2019 年中原城市群城市经济发展概况

城市	人口规模		经济发展		城市建设		
	总人口 (万人)	城镇人口 (万人)	地区生产总值 (亿元)	第三产业 (%)	土地城市化率 (%)	城市市政公用设施建设固定资产 (万元)	固定资产投资 (亿元)
郑州市	1 235	955	9 493	58.95	40.32	4 254 861	8 705
开封市	481	243	1 551	46.39	28.35	268 037	1 956

续表

城市	人口规模		经济发展		城市建设		
	总人口（万人）	城镇人口（万人）	地区生产总值（亿元）	第三产业（%）	土地城市化率（%）	城市市政公用设施建设固定资产（万元）	固定资产投资（亿元）
洛阳市	702	442	2 410	48.84	30.23	145 964	5 535
平顶山市	496	260	460	46.63	18.56	94 140	2 382
新乡市	625	350	1 282	45.44	28.65	94 816	2 746
焦作市	351	216	739	40.98	22.56	124 541	2 390
许昌市	436	228	330	41.20	15.32	64 185	2 966
漯河市	238	128	1 578	45.03	9.32	44 475	1 473
济源市	73	48	687	35.04	14.32	51 424	724
鹤壁市	156	93	989	33.55	9.43	133 005	1 346
商丘市	780	351	2 911	44.27	7.90	509 504	3 487
周口市	909	371	3 198	41.21	16.45	265 313	3 175
晋城市	220	136	343	41.89	32.14	198 545	1 415
亳州市	663	133	678	50.83	3.18	163 736	1 713

资料来源：笔者根据《2020 中国统计年鉴》的相关数据计算整理而得。

（二）城市配套设施

中原城市群在发展经济的同时，也注重教育、卫生、文化建设等城市配套设施的提升。第一，在教育方面，2020 年，中原城市群教育支出达 2 685 亿元，比 2015 年增长 48.2%，年均增长 8.2%；普通高等学校数达 202 所，比 2015 年增加 23 所，增长 12.8%，年均增长 2.4%。第二，在医疗卫生方面，2020 年，中原城市群医疗卫生和计划生育支出达 1 707 亿元，比 2015 年增长 49.8%，年均增长 8.4%；医疗卫生机构床位数达 107.5 万张，比 2015 年增长 39.2%，年均增长 6.8%；执业（助理）医师数达 45.2 万人，比 2015 年增长 51.1%，年均增长 8.6%。第三，在社会保障方面，中原城市群社会保障和就业支出达 1 977 亿元，比 2015 年增加 807 亿元，增长 69.0%，年均增长 11.1%。①

---

① 笔者根据《2016 中国统计年鉴》和《2021 中国统计年鉴》的相关数据整理而得。

（三）旅游公共服务

2015～2020 年以来，中原城市群轨道交通从无到有，从 1 个中心城市增加到 2 个中心城市。截至 2020 年，轨道交通运营线路总长度达 241 千米；境内等级公路里程达 46.87 万千米；年末实有公共汽（电）车营运车辆达到 3.80 万辆，比 2015 年增加 0.24 万辆，增长 6.8%，年均增长 1.3%。除传统交通外，共享单车、网约车、私家车等新型交通发展速度越来越快，中原城市群逐步形成布局合理、优势互补的现代综合交通体系。2020 年中原城市群互联网宽带接入户达 4 767 万户，比 2015 年增加 2 438 万户，增长 1.0 倍，年均增长 15.4%，占全国的比重由 9.0% 增长至 9.9%；邮政业务收入达 697 亿元，比 2015 年增加 513 亿元，增长 2.8 倍，年均增长 30.4%；电信业务收入达 3 330 亿元，比 2015 年增加 2 198 亿元，增长 1.9 倍，年均增长 24.1%；快递业务收入达 347 亿元，比 2015 年增加 273 亿元，增长 3.7 倍，年均增长 36.3%，占全国的比重由 2.7% 增长至 3.9%。[①]

五、旅游发展情况

中原城市群区域旅游资源条件较好，拥有较多高质量的旅游资源，且旅游资源结构和布局具有多层次、多种类、分布广的特点，还具有独特性。在中原城市群区域内，不仅有嵩山、云台山、王屋山、太行山大峡谷等自然景观，还有少林寺、开封府、清明上河园、龙门石窟等人文景观。这些知名的旅游资源，为中原城市群旅游业的发展奠定了良好基础。同时，中原城市群区域还拥有良好的旅游服务基础设施，星级饭店具有一定规模，有较强的接待能力。

河南省既处于地势第二阶梯向第三阶梯的过渡带，又处于气候亚热带向温带的过渡带，过渡性的地形地貌和气候条件造就了河南省多样的自然风光和旅游资源。河南省北、西、南三面有太行山、伏牛山、桐柏

---

① 笔者根据《2016 中国统计年鉴》和《2021 中国统计年鉴》的相关数据整理而得。

山和大别山环绕，山岳景观众多，山水旅游资源丰富；中东部为黄淮海平原，又称华北平原，土壤肥沃，水源充足，有优越的农业生产条件；西南还有南阳盆地，气候温和，雨量充沛，是粮、油、棉、烟基地之一，有"中原粮仓"之称。

河南省旅游资源类型十分丰富，主类资源拥有率为100%，亚类资源和基本类型资源拥有率都在95%以上。单体旅游资源单体整体上分布广泛，各个区域各具特色。河南省各城市景区分布，见表6-3。

表6-3 河南省各城市景区分布

城市	国家湿地公园	国家水利风景区	风景名胜区	世界/国家地质公园	国家森林公园	A级景区 5A	A级景区 4A
安阳市	3	4	2	1	1	2	5
新乡市		2		1		1	9
焦作市		5	2	1	1	1	4
濮阳市	3	4					3
鹤壁市	1				1		5
济源市			1				5
商丘市	4	7			1	1	4
开封市		1			1	1	9
周口市	3	1					3
洛阳市	2	4	1	3	4	4	23
三门峡市		2		1	4		14
平顶山市	2	3	1	1	2	1	8
郑州市	1	5	2	2	2	1	20
许昌市	2	2			1		9
漯河市	1						5
南阳市	4	3	1	2	2	1	20
信阳市	4	6		1	3		14
驻马店市	1	4		1	4	1	5

资料来源：笔者根据《2020河南统计年鉴》及河南省旅游局的相关数据计算整理而得。

（1）旅游资源单体数量以洛阳市、平顶山市、焦作市最多；之后是新乡市、南阳市、郑州市、驻马店市等城市。这些城市均分布于京广铁路沿线，说明河南省中西部旅游资源数量领先，分布比较密集。

（2）人文旅游资源以洛阳市、郑州市、焦作市和新乡市分布最为密集，是一级密集区；安阳市、商丘市为二级密集区；三门峡市、南阳市、驻马店市、漯河市为三级密集区。

（3）河南省自然旅游资源主要集中在新乡市、焦作市、洛阳市、南阳市和平顶山市五市，超过了全省单体资源总数的一半。[①]

第二节　旅游业与城市发展协调性水平测度

一、指标体系权重分析

基于科学性、综合性、精确性和可操作性原则，选出 7 个决策层和 25 个指标层，构建了中原城市群旅游业与城市协调发展水平评价指标体系，并计算该体系的各个指标权重值。旅游业与城市协调发展水平测度体系（2000 年、2005 年、2010 年、2015 年、2019 年）指标权重，见表 6-4，以判断这些指标在评价指标体系及河南省旅游业与城市协调发展过程中的贡献作用。从计算结果可知，在不同时期，影响作用最大的指标在不断变化，有些是固定的重要影响指标，有些是动态的影响指标。2000 年，权重较大的指标是，城市维护建设资金支出、万人拥有大学生数、入境旅游收入和旅游总人次占全国游客比重，权重值依次为 0.0950、0.0908、0.0776、0.0767；2005 年，权重较大的指标是，城市维护建设资金支出、万人拥有大学生数、入境旅游收入和旅游总人次占全国游客比重，权重值依次为 0.1075、0.0953、0.0707、0.0704；2010 年，权重较大的指标是，城市维护建设资金支出、万人拥有大学生数、住宿餐饮就业数和出租汽车数，权重值依次为 0.1107、0.0946、0.0719、0.0674。2015 年，权重较大的指标是，城市维护建设资金支出、万人拥有大学生数、住宿餐饮业就业数和公共汽

---

① 笔者根据《2020 河南统计年鉴》及河南省旅游局的相关数据计算整理而得。

（电）车营运车辆数，权重值依次为 0.1474、0.0821、0.0667、0.0656。
2019 年，权重较大的指标是，城市维护建设资金支出、万人拥有大学生数、
住宿餐饮业就业数和市辖区地区生产总值，权重值依次为 0.1268、0.0861、
0.0696、0.0664。

表 6 - 4 　　旅游业与城市协调发展水平测度体系（2000 年、2005 年、
　　　　　　2010 年、2015 年、2019 年）指标权重

目标层	决策层	指标层	权重				
			2000 年	2005 年	2010 年	2015 年	2019 年
旅游业与城市协调发展水平测度体系	城市经济基础	市辖区地区生产总值	0.0612	0.0558	0.0549	0.0548	0.0664
		第三产业占地区生产总值比重	0.0268	0.0222	0.0309	0.0215	0.0186
	城市经济基础	社会消费品零售总额	0.0455	0.0432	0.0393	0.0384	0.0418
		国内旅游收入	0.0111	0.0623	0.0653	0.0646	0.061
		入境旅游收入	0.0776	0.0707	0.0446	0.0482	0.0627
	城市规模水平	城市人口增长率	0.0158	0.0097	0.0245	0.0256	0.03
		土地城市化率	0.0347	0.0288	0.0298	0.0267	0.0222
		城市固定资产投资	0.0383	0.0114	0.0361	0.0379	0.0346
		人均实铺道路面积	0.0518	0.036	0.026	0.0168	0.0257
	城市公共交通	出租汽车数	0.0571	0.0604	0.0674	0.06	0.0629
		公共汽（电）车营运车辆数	0.0348	0.053	0.0546	0.0656	0.0615
	城市环境保护	城镇生活污水处理率	0.0154	0.0184	0.0259	0.0208	0.0216
		生活垃圾无害化处理率	0.0166	0.0172	0.0105	0.0195	0.0081
		建成区绿化覆盖率	0.0177	0.0164	0.0098	0.0096	0.014
		工业固体废物综合利用率	0.0111	0.0118	0.0086	0.0151	0.0075
	城市旅游形象	旅游总人次占全国游客比重	0.0767	0.0704	0.0523	0.0388	0.0326
		城市维护建设资金支出	0.0950	0.1075	0.1107	0.1474	0.1268
		空气质量达标天数	0.0176	0.0114	0.014	0.0127	0.0269

续表

目标层	决策层	指标层	权重				
			2000 年	2005 年	2010 年	2015 年	2019 年
旅游业与城市协调发展水平测度体系	旅游就业	万人拥有大学生数	0.0908	0.0953	0.0946	0.0821	0.0861
		第三产业就业比重	0.0471	0.0458	0.0508	0.0542	0.0565
		住宿餐饮业就业数	0.0600	0.0650	0.0719	0.0667	0.0696
		文体娱乐就业数	0.0400	0.0356	0.0672	0.0586	0.0405
	旅游产业规模	星级饭店数	0.1397	0.3546	0.3350	0.2986	0.3061
		旅行社数	0.1828	0.2297	0.4332	0.4164	0.4216
		全国 A 级景区数	0.6774	0.4157	0.2318	0.2850	0.2723

资料来源：笔者使用 2001 年、2006 年、2011 年、2016 年、2020 年《中国城市统计年鉴》和 2001 年、2006 年、2011 年、2016 年《中国旅游统计年鉴》以及 2020 年《中国文化文物和旅游统计年鉴》的相关数据，利用 Excel 软件计算整理而得。

由此可知，城市维护建设资金支出、万人拥有大学生数是保持旅游业与城市协调发展的固定影响因素，其权重变动较小，是重要的贡献因素。住宿餐饮业就业数、出租汽车数、公共汽（电）车营运车辆数、市辖区地区生产总值等指标是动态变化影响因素，随着城市发展阶段的变动，这几个影响因素的贡献不断增加，主要与城市环境改善有关。而入境旅游收入、旅游总人次占全国游客比重等指标的贡献度总体上在变小，原因在于，随着城市环境、城市设施的改善达到一定水平之后，这些因素的影响会被大的环境取代或抵消。

二、中原城市群旅游业系统与城市系统发展水平分析

2000～2019 年，中原城市群旅游业和城市经济、社会以及基础服务设施建设大力推进，使得旅游业与城市发展都有一定幅度增长。从总体态势上看，两个指标都经历了先小幅下降、后提高的发展态势。从旅游系统综合评价函数值来看，中原城市群旅游发展水平总体上保持了持续增长的趋势。2005～2010 年，出现一定波动后又较大幅度增长。从城市发展系统综合评价函数值来看，2000～2019 年，城市发展水平由 0.2572

增长到 0.2585，① 年增幅呈现一定增长态势。这表明，中原城市群旅游业发展和城市发展之间呈现出一定的相似趋势，两者的提高呈现一致性，旅游发展是城市发展的重要动力来源。

中原城市群旅游系统发展水平与城市系统发展水平不具有绝对的正相关性，城市经济社会发展水平较高的地区尤其是地级城市，在自然型旅游资源相对缺乏的情况下，可以通过良好的投资基础、投资政策等吸引人文型旅游资源和人造型旅游资源、旅游产品的开发和建设，以此形成较优质、多元的旅游产品，形成一定发展规模和发展体系。而城市经济社会发展水平较低的地区拥有比较好的自然型旅游资源，可以通过旅游区开发推动旅游业建设，吸引旅游经济要素集聚，带动产业规模扩大发展和上下游产业的衔接延伸。城市经济社会发展水平较低、自然型旅游资源条件较差的城市，发展旅游业的困难相对较大，而这些城市多是在第二产业基础上形成的，第三产业发展相对缓慢，旅游产品相对较少。

从研究期间中原城市群各个城市的旅游系统与城市系统协调发展水平的测算结果来看，呈现了较大差异性。城市系统发展水平与旅游业系统发展水平一览，见表 6 - 5。为了方便统计，分别以 0.1000、0.0500 为临界点进行分类。总体来看，中原城市群旅游系统得分介于 0.1000 ~ 0.7600 区间，其中，郑州市发展水平最高，平均值达到 0.7556；洛阳市发展水平较高，平均值为 0.5623；其他平均值高于 0.1000 的城市，包括开封市（0.2278）、平顶山市（0.2580）、新乡市（0.1467）、焦作市（0.2378）、许昌市（0.3256）、商丘市（0.1801）、周口市（0.1918）、晋城市（0.5626）、亳州市（0.2170）。平均值低于 0.1000 的城市，有鹤壁市（0.0711）、漯河市（0.0850）和济源市（0.0137）。

从城市系统发展水平来看，这些差异性呈现一定相似性。2019 年，除了郑州市高达 0.8504 居于首位，洛阳市排第二为 0.4474，其他城市发展水平得分介于 0.2000 ~ 0.3000 区间或 0.1000 ~ 0.2000 区间。其中，高于 0.2000 的城市包括开封市（0.2382）、平顶山市（0.2084）、新乡市

① 笔者使用 2001 年、2006 年、2011 年、2016 年、2020 年《中国城市统计年鉴》和 2001 年、2006 年、2011 年、2016 年《中国旅游统计年鉴》以及 2020 年《中国文化文物和旅游统计年鉴》的相关数据计算而得。

（0.2062）、焦作市（0.2233）、商丘市（0.2609）、周口市（0.2052）、亳州市（0.2071），高于0.1000的城市包括许昌市（0.1975）、漯河市（0.1519）、济源市（0.1102）、鹤壁市（0.1411）、晋城市（0.1716）。

三、中原城市群旅游业与城市协调发展水平分析

2000～2019年，中原城市群旅游业与城市协调发展水平数值的变化，出现了较小波动，总体呈现递增的发展态势。2000～2019年中原城市群旅游业与城市协调发展水平耦合协调度变化，见图6-1。2000年，中原城市群的协调水平平均值为0.3674，到2005年有了较小幅度提高，增长至0.4452，增长幅度约为2.12%；2010年小幅度波动后，2015年又提高至0.4080，增长幅度约为6.11%。2019年，协调水平继续提高至0.4671，相对于2015年增长幅度达到13.2%。这表明，研究期间，中原城市群旅游业与城市协调发展水平变化态势明显，两者的协调状态呈现逐年优化，年度协调状态的改善情况不同。

表6-5　　城市系统发展水平与旅游业系统发展水平一览

城市	城市系统发展水平					旅游业系统发展水平				
	2000年	2005年	2010年	2015年	2019年	2000年	2005年	2010年	2015年	2019年
郑州市	0.7827	0.8114	0.8709	0.8812	0.8504	0.2640	0.6909	0.9173	1.0000	0.7556
开封市	0.2400	0.2292	0.2584	0.2788	0.2382	0.0608	0.3864	0.1604	0.1870	0.2278
洛阳市	0.3852	0.4415	0.4441	0.3805	0.4474	0.1593	0.7182	0.4961	0.6383	0.5623
平顶山市	0.1805	0.2139	0.2145	0.1841	0.2084	0.0806	0.0750	0.1246	0.1885	0.2580
新乡市	0.2197	0.2375	0.2208	0.1963	0.2062	0.0348	0.2584	0.3701	0.2661	0.1467
焦作市	0.2658	0.2937	0.2230	0.1896	0.2233	0.0712	0.2044	0.1711	0.2005	0.2378
许昌市	0.1521	0.1884	0.1636	0.1576	0.1975	0.0379	0.3328	0.2502	0.3673	0.3256
漯河市	0.1920	0.1610	0.1413	0.1283	0.1519	0.0224	0.1303	0.0278	0.0644	0.0850
济源市	0.1943	0.1836	0.1356	0.1398	0.1102	0.0329	0.1486	0.0255	0.0100	0.0137
鹤壁市	0.1278	0.1178	0.1294	0.1281	0.1411	0.0234	0.5161	0.1240	0.5911	0.0711
商丘市	0.1800	0.2054	0.1715	0.2139	0.2609	0.1720	0.1066	0.0643	0.1025	0.1801
周口市	0.2446	0.2835	0.2628	0.2221	0.2052	0.6967	0.1061	0.1195	0.3035	0.1918
晋城市	0.2053	0.1704	0.1831	0.1926	0.1716	0.2135	0.3808	0.3922	0.5417	0.5626
亳州市	0.2308	0.1417	0.1545	0.1967	0.2071	0.2022	0.1626	0.1559	0.2993	0.2170

　　资料来源：笔者根据2001年、2006年、2011年、2016年和2020年《中国统计年鉴》的相关数据利用TOPSIS、Excel等软件计算整理而得。

从城市来看，耦合协调度呈上升趋势的有郑州，有波动但整体呈上升趋势的城市有开封市、洛阳市、平顶山市、许昌市、漯河市、亳州市。

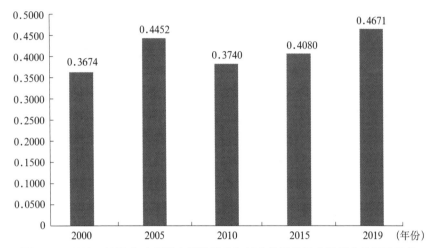

图 6 - 1　2000 ~ 2019 年中原城市群旅游业与城市协调发展水平耦合协调度变化

资料来源：笔者根据 2001 年、2006 年、2011 年、2016 年和 2020 年《中国统计年鉴》的相关数据利用 Excel 软件计算整理而得。

第三节　影响机理分析

一、影响因素分析

（一）旅游资源禀赋

旅游资源是旅游业发展的基础，可分为自然型旅游资源（山地、河流等自然景观、自然风景）和人文型旅游资源（历史文化遗迹和人文创造物）。拥有高等级自然资源或人文资源的城市，其旅游业发展水平较高。会展、体育赛事、节庆活动等人文创造物都具有很大吸引力，是发展旅游业的重要资源。[①] 城市旅游业发展水平高的地方，往往拥有较好的

---

① 魏来，梁永宁. 昆明市旅游资源对城市旅游发展规划的影响 [J]. 国土资源科技管理，2008（2）：87 - 89.

自然资源或人文资源。优越的资源规模、资源结构和资源品质，能够较强地推动并促进旅游业发展。① 旅游资源等级较高，能够推动旅游业发展，提升城市综合竞争力。旅游者在进行旅游决策时，会受到出游时间、信息收集量的影响，旅游者出游时间有限，并且，高等级旅游资源的宣传范围广、知名度高，最易被大众接触，为了提高效率，旅游者更倾向于选择具有高知名度、高等级旅游资源的城市作为旅游目的地。②

旅游资源禀赋是基础和根本，但并不等同于旅游业产业优势，并不能直接决定旅游业发展程度，还受城市区位条件、经济发展水平、政策环境等多重因素的影响。总体来说，旅游业发展前期，主要围绕着旅游资源禀赋即城市较出名的传统景区或公共休闲场所发展而来，如洛阳市、开封市等历史文化古城已经具有旅游业发展的初始积累。另外，游憩作为城市建设的基本功能，拥有一定规模的城市公园、绿地等休闲空间场所，也为旅游业发展起到了促进作用。

(二) 旅游业发展模式

中国旅游业正在从自然资源依赖型旅游业发展模式向多元资源综合发展型旅游业发展模式过渡，自然资源依赖型旅游业发展模式主要依赖自然风景区、风景名胜区等圈地收取门票，在这种模式之下，旅游景区的数量和质量直接影响旅游业发展水平。景区开发和景区维护需要支付一定费用，景区通过门票收入来支付。但是，门票经济往往被泛化，资源保护和资源维护成为地方政府提高收费的理由，门票越来越贵，为客源规模提高了门槛，同时，也限制了游客在其他方面的消费能力。旅游目的地是一个集旅游资源、旅游活动、旅游设施、旅游交通和旅游市场需求于一体的复合体。景区只是目的地的一部分，门票只是拉动旅游业发展的一种手段，仅仅关注门票收入不利于旅游目的地的长远发展。③

① 成英文，张辉. 基于城市职能理论的中国旅游城市判定及分类研究 [J]. 现代城市研究，2014 (2)：104 - 109.

② 许贤棠，胡静，陈婷婷. 湖北省旅游资源禀赋空间分异的综合评析 [J]. 统计与决策，2015 (5)：107 - 110.

③ 郭立珍. "门票经济" 向 "产业经济" 转换——首届河南文化遗产日 "免费游" 引发的思考 [J]. 价格理论与实践，2006 (5)：21 - 22.

门票经济模式只关注门票，辐射带动能力较弱；休闲旅游经济的发展模式带动能力强。旅游业作为一个关联性非常强的产业，其收入来源是多渠道的。[①] 应通过旅游业的发展，将景区、街区、市区等多重空间集中于一个发展框架之下，提高综合带动效益。综观世界上旅游成熟国家（地区）的发展，大都是通过低价或免费的策略吸引游客，之后，依托优质的旅游服务和旅游商品留住游客，增加目的地消费总量，发挥旅游业的拉动作用、带动作用，推动城市经济发展。

（三）城市经济发展水平

城市经济发展水平决定了城市形象、城市交通、城市公共服务体系等方面的建设程度、完善程度，是城市发展旅游业的基础和必要前提。[②] 旅游业的发展与城市各种产业经济活动息息相关。[③]

随着中国旅游市场的蓬勃发展和层次提高，发达的经济水平、高度的对外开放程度能够增强旅游业吸引力。经济发展水平高、现代化程度高、公共服务体系完善的城市，服务设施齐全，能够为旅游业的发展提供良好的公共服务支撑，提高旅游吸引力；反过来，旅游业也会促进城市的现代化进程。[④] 城市建设过程中绿化覆盖率、公园绿地面积、污水处理量、道路清扫面积、无害化处理率、道路面积、安装路灯道路长度等方面较为突出，这些可直接为旅游业发展起到最有力的推动作用。良好的城市生态质量是旅游业发展的基本环境条件，城市建成区的绿化率提升、公园面积增加，改善区域旅游发展的生态环境，提升城市形象，对区域旅游者的目的地选择起到积极作用。

城市建设投资规模方面，在固定资产投资、绿地与广场用地、城市市政公用设施建设维护支出等指标上具有较高的建设水平，能够提供完善的城市交通、供水供电、卫生处理，促使旅游酒店、旅游购物等方面

① 刘旭东，冯明义，何传杰. 中国旅游景区"门票经济"的理性思考 [J]. 湖北函授大学学报，2013，26（11）：79，83.
② 罗文斌，谭荣. 城市旅游与城市发展协调关系的定量评价——以杭州市为例 [J]. 地理研究，2012，31（6）：1103 - 1110.
③ 封蕊. 新兴城市旅游发展模式初探 [D]. 桂林：广西师范大学硕士学位论文．2007.
④ 罗文斌，汪友结，吴一洲，吴泽斌. 基于 TOPSIS 法的城市旅游与城市发展协调性评价研究——以杭州市为例 [J]. 旅游学刊，2008（12）：13 - 17.

不断优化。同时，这些城市建设提供的公共服务和大量的城市建设投资也能够为旅游业的发展提供良好的公共服务支撑，促进城市金融、邮电等辅助性产业的调整和集聚，影响旅游者在旅游业吸引物之间的旅游交通、旅游住宿、旅游购物等方面的消费行为，影响旅游关联产业类型、企业的形成和布局。

经济发展水平较高的城市，往往拥有较为发达的第三产业——服务业，与区域旅游业发展形成较好的关联互动作用。旅游类型、旅游规模的扩大使旅游产品结构大幅优化，旅游发展要素多元化，旅游业态更加丰富、产品更加多元，对于旅游业的关联产业也有促进作用。

（四）政策措施

政府职能的有效发挥，是促进城市功能完善的重要手段，这在中国较为明显，多数旅游城市是在城市政府激励下发展的。[①] 中国城市旅游的发展，主要由城市政府主导。旅游业涉及餐饮住宿、交通游览、购物娱乐等环节，需要得到城市政府多方面的支持。中国的旅游发展在很大程度上遵循政府主导的发展特点，在旅游业发展过程中，企业和市场的推动作用还很有限。[②] 在国家政策、区域政策鼓励下，综合型中心城市的经济发展水平高、基础条件好。如山东省青岛市、福建省厦门市、海南省三亚市等凭借优越的城市条件，在城市政府政策支持下，大力发展旅游业，成为知名度高、旅游业发达的城市，综合实力甚至超过省会城市。

政府投入经费规模和政策方向不同，造成不同城市间的投资建设经费出现较大差异，从而影响城市旅游建设。政府政策对旅游业的影响，主要从供给和需求两个方面体现。从供给方面来看，旅游业的形成和发展离不开城市政府政策的支持和推动，除了旅游业中"食、住、行、游、购、娱"六大要素外，城市政府还会提供公共基础设施和政策支持，尤其对于基础行业的发展支持，如对交通、通信等行业的财力支持、技术支持。从需求方面来看，城市政府为促进旅游业发展制定的休假制度、

① 杨其元. 旅游城市发展研究［D］. 天津：天津大学博士学位论文. 2008.
② 成英文，张辉. 基于城市职能理论的中国旅游城市判定及分类研究［J］. 现代城市研究，2014（2）：104－109.

货币政策、城市开放政策，都影响旅游业的发展。如近年来节假日高速公路免费政策，较大地拉动了旅游市场的需求。但是，对于不同区域来说，得到政府的资金支持及所享受的政策是不同的，造成不同城市间的投资建设存在较大差异，影响了城市旅游建设。

二、作用机制分析

结合旅游业与城市协调发展水平的测度可知，不同时期影响两者协调水平的因素不同，游憩作为城市功能的重要组成部分，其发展具有一定的阶段性。前期主要围绕城市发展而形成的功能场所，随着旅游业的发展，逐渐形成特定的生产部门从而得到不断强化。[①] 从这个角度上看，可以将旅游业与城市协调发展的作用过程划分为四个阶段，即旅游要素生成阶段、同质要素作用阶段、多要素交互作用阶段、要素关联优化阶段。在四个阶段的发展过程中，上述影响因素分别以不同的方式参与旅游业与城市协调发展之间的互动过程。旅游业与城市协调发展作用过程，见图 6-2。

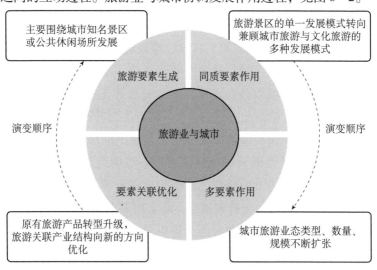

图 6-2　旅游业与城市协调发展作用过程

资料来源：笔者利用 Powerpoint 等软件分析绘制而得。

---

① 黄剑锋，朱芳，操彬. 乡村旅游地"家"的空间表征与建构——基于市场认知的文本分析 [J]. 云南地理环境研究，2021，33（6）：30-37.

（一）旅游要素生成阶段

旅游业发展主要围绕城市较为出名的传统景区或公共休闲场所发展而来，如洛阳市、开封市等历史文化古城在此阶段已经具有旅游业发展的初始积累。另外，游憩作为城市建设的基本功能，拥有一定规模的城市公园、绿地等休闲空间场所也促进了旅游业的发展。此阶段，旅游业发展刚刚起步，发展要素尚不完备，未形成较成体系的产业要素，与城市发展之间的协调作用相对较弱。

（二）同质要素作用阶段

城市经济水平提升，大众旅游消费需求快速增长，旅游业发展步入正轨，城市商场、文化街区等吸引物数量增加，城市水、电、供气等基础设施和公共交通服务水平开始提升，外部交通条件改善，吸引了大量外来游客。旅游景区的单一发展模式转向旅游业、文化旅游等多种模式，旅游吃、住、行、游、购、娱六要素不断完善，要素数量规模不断增加，不仅在旅游门票经济方面推动了城市发展，而且，旅游者对旅游体验的需求也不断地刺激旅游交通业、旅游餐饮业、旅游住宿业等紧密关联产业之间的纵向联系与横向联系。城市作为旅游发展的目的地、中转枢纽，以及主要基础设施和服务设施的提供者，旅游经济增长开始促进城市第三产业的发展。

（三）多要素作用阶段

旅游业发展模式多元化，区域城市的旅游业类型、数量、规模不断扩张，各个城市依据资源特色形成了不同模式的旅游发展形势。政策对旅游业的支持作用提高，在土地利用、招商引资、景区管理方面给予了大量支持，尤其是在促进城市产业结构调整、基础设施建设等方面给予了大量财政支持。城市基础服务设施和公共服务水平有所提升，针对旅游发展的城市管理职能更加专业化，以应对快速发展的旅游业需求，以积极的对外营销提升城市、旅游业知名度，吸引旅游者消费。旅游类型、旅游规模的扩大，使旅游产品结构大幅优化，旅游发展要素多元化，旅游业态更加丰富、产品更加多元，对于旅游业关联产业也有促进作用，如旅游商贸业、旅游制造业、旅游传播业等，旅游业纵向联系加深，横向联系拓展，对城市发展的贡献越来越大，以主要产业的形式凸显旅游业功能的发展和完善。

（四）要素关联优化阶段

区域城市的旅游业发展到一定阶段后，受到外围地区不断增大的旅游竞争力和边际效益提升的影响。在新环境（市场规模扩大、交通优势提升、政策制定变化等）、新技术（旅游资源开发技术、旅游管理技术、旅游产品多元化发展技术等）的促进下，新的旅游资源开发、旅游产品不断创新，原有旅游产品转型升级，旅游服务设施和旅游服务水平不断改善和优化，促进旅游业态升级改造。这种升级改造是以旅游产品、公共服务、管理为核心开展的。除了旅游产品之外，还需要城市配套要素的转型优化予以匹配、支撑。同时，旅游业关联产业结构不断优化，城市基础设施、公共服务、交通条件、城市管理方式也在旅游业新发展的需求下进行功能优化，以形成与之协同并进的发展趋势，从而促进城市优化发展与城市竞争力提升。

第四节　小结

区域旅游业发展对于城市综合竞争力的提升越来越重要，旅游经济通过与关联产业的联系和融合发展产生的效益越来越明显，有必要深化对于区域旅游业和城市发展两者之间的关联认识，综合考虑政策制定、设施建设、环境优化等要素产出的双重效益。本章以中原城市群为例，构建了区域旅游业与城市协调发展评价指标体系并进行了测算。最后，依据测算结果对其影响因素进行了分析总结，以期为城市未来规划发展提供借鉴。

第七章

成长型城市旅游地旅游业与城市协调发展研究
——以安徽省合肥市为例

旅游业与城市发展之间的协调发展趋势日趋明显。城市是重要的休闲旅游目的地。城市环境、基础设施为休闲旅游业的发展提供了良好的市场环境和硬件环境，现代城市休闲旅游街区、大型购物中心、城市公园、主题公园、体育娱乐场所等多种类型的城市游憩中心皆融入了较多的休闲元素、旅游元素，带动了休闲娱乐、都市观光、商务会展、文化创意等产品的发展，促进了城市功能的全面发展。旅游业与城市发展之间的关系，实质上是一系列休闲旅游要素在城市的集聚，并在城市环境的支撑下围绕休闲旅游活动而展开的产业空间组织，城市作为休闲旅游目的地呈现。[1][2][3]随着休闲旅游业和城市发展的深入，两者的相互作用关系持续优化完善。

本章以安徽省合肥市为案例地，探讨成长型旅游地的旅游业与城市发展之间的耦合作用特征和机理，有助于从新视角和新要素来认识其发展规律，为政策制定和实践发展提供有益的理论指导。

第一节　安徽省合肥市旅游业发展特征分析

合肥市作为安徽省的省会城市，是安徽省政治中心、经济中心、文

---

① 黄震方，祝晔，袁林旺，等. 休闲旅游资源的内涵、分类与评价——以江苏省常州市为例[J]. 地理研究，2011，30（9）：1543－1553.

② 陆林，葛敬炳. 旅游城市化研究进展及启示[J]. 地理研究，2006，25（4）：741－750.

③ Andreas Papatheodorou. Exploring the evolution of tourism resorts[J]. Annals of Tourism Research，2004，31（1）：219－237.

化中心、信息中心、金融中心和商贸中心，也是皖江城市带承接产业转移示范区的核心城市。自古以来，合肥市以宜居城市、休闲城市著称，具有良好的城市绿化环境。近年来，合肥市休闲旅游快速发展，旅游业、国际旅游会展、景区旅游、文化创意产业、商贸旅游等多种业态迅速发展，较大地推动了休闲旅游城市建设，在安徽省旅游业发展中居于重要地位。合肥市作为一个成长型的城市旅游地，旅游业与城市发展之间的耦合作用关系和变化反映了该类城市的规律性，有必要加以分析探讨，以指导类似城市旅游地的优化发展。合肥市以发展研学旅游、都市休闲旅游、乡村旅游、生态旅游及康养旅游等为重点，打造创新型旅游强市和全国特色旅游目的地。

一、旅游资源

合肥市自然旅游资源与人文旅游资源较为丰富。截至 2021 年 4 月，合肥市共有 1 个 5A 级景区，26 个 4A 级景区，1 个国家级风景名胜区，2 个省级风景名胜区，1 个国家级旅游度假区，3 个省级旅游度假区，10 个全国重点文物保护单位，5 项国家级非物质文化遗产，4 个国家森林公园，1 个国家级重点旅游村，62 个省级旅游示范村，1 个国家工业旅游示范基地等，[①] 但是，有景区景点规模小、空间布局分散、市场外向度低、品牌知名度不高，竞争力不强等劣势。合肥市依托旅游资源建立了"三大主导、七大主题"的旅游产品体系。

二、旅游业格局

合肥市旅游发展结合"141"新合肥城市发展规划，[①]根据合肥市旅游资源分布特征、旅游市场需求，综合考虑合肥市交通大格局及其变化，总体上形成合肥旅游"双核两带四翼"的空间格局。即双核动力：（1）城市旅游中心核，以庐阳古城为核心，包括庐阳区、包河区、蜀山

---

① 数据来源于《中国文化文物和旅游统计年鉴 2021》。

区、瑶海区四区的大部分，功能定位为城市休闲游憩中心、城市旅游集散中心；（2）滨湖旅游休闲核，主要包括包河区，以滨湖新城建设为核心，功能定位为宜居宜游的生态型旅游区、综合型现代化滨湖旅游区、滨湖商务休闲区。两带环绕：（1）西南自然风光休闲带，主要包括大蜀山、紫蓬山、三岗、大圩等部分地区，功能定位为农业观光休闲旅游、运动休闲旅游、康体养生旅游；（2）滨湖休闲度假带，包括肥东县、包河区、肥西县的巢湖岸边，功能定位为滨湖观光休闲度假旅游。四翼伸展：（1）北翼乡村生态度假翼，主要包括长丰县，定位为乡村休闲；（2）西翼科技观光体验翼，主要包括蜀山区、高新开发区、合肥国家科技创新型试点示范区、科学岛、新桥国际机场等，定位为科技观光；（3）西南翼人文休闲体验翼，主要包括肥西县，以紫蓬山森林公园、三河古镇、肥西圩堡等为重点；（4）东翼山水观光度假翼，主要包括肥东县，定位为文化观光旅游、山水休闲旅游。

三、旅游业

1. 住宿业

截至 2020 年底，合肥市共建有旅游星级饭店（宾馆）40 家，总客房7673 间，床位 12375 张。其中，五星级标准酒店 8 家，四星级标准酒店18 家，三星级标准酒店 13 家，二星级标准酒店 1 家。[①] 近年来，合肥市旅游饭店业发展呈现三个特点：高星级酒店数量增速较快、经济型酒店发展迅速；国内外品牌酒店管理公司争相进驻；但存在整体效益低的劣势。

2. 餐饮业

合肥市本土餐饮企业渐成气候，民营餐饮企业不断成长壮大，初具规模。拥有全国 10 大高端餐饮品牌店、全国餐饮百强的金满楼酒店管理公司、中华餐饮名店的玖玖隆酒店管理公司、翰林酒店管理公司等知名企业。餐饮品种多样，特色餐饮企业较多，规模大，但餐饮业管理不规范，人力资源需求呈现发展瓶颈。

[①] 数据来源于《2021 安徽统计年鉴》。

3. 旅游交通

合肥市立体化交通网络不断完善，客流量日益增多，航空、铁路交通枢纽地位更加突出，但航空客流流失严重，铁路交通相关设施有待完善。在城市内部交通方面，城区道路标示系统不完善，部分县、镇和景区的可进入性不强，重点景区特别是郊区农家乐公路状况有待改善。市区观光巴士、通往周边主要景区的专线游览车缺乏。

4. 旅游购物与商品建设

合肥市主要购物街包括淮河路文化商业步行街、城隍庙小商品批发市场、三孝口女人街等，购物商厦包括瑞景名品中心、瑞景国际购物广场、合肥鼓楼商厦、商之都、乐普生等。合肥市购物市场主要面对市民及周边城市旅游市场，旅游商品开发深度不够、生产企业规模小、缺乏专业型旅游商品市场和整体营销。

四、旅游收入

近年来，合肥市旅游业收入稳步增长，旅游过夜游人次、花费均高于一日游，人均花费逐年提高，餐饮花费、购物花费与住宿花费较均衡，交通费最低。过夜游时间减少，平均花费上升，其中，购物费、餐饮费上升较高，说明游客在购物、餐饮方面投入较多。综合来看，合肥市旅游市场尚未恢复，A 级景区受水灾等影响恢复不及时，大型文旅活动的正常开展仍受到冲击。

第二节　旅游业与城市发展协调水平

一、指标权重

从指标权重看，各指标得分较为均衡，2000 年、2005 年、2010 年、2015 年和 2019 年相比，各指标权重都出现了较小波动。多数指标之间的权重保持在 0.0300~0.0700 区间，权重较大的指标因素，包括国内旅游收入、入境旅游收入、土地城市化率、住宿餐饮业就业发展等方面，权重较小的指标（小于0.0100），包括污染指数二级及其以上天数、万人拥有大学生数、工业固体废物综合利用率等。这表明，合肥市旅游业与城市发展之间的作用关系，集中在经济增长和城市形象改善方面，社会就业、城市生态环境改善等尚未有效地发挥作用。旅游业与城市发展协调度指标权重，见表7-1。

表7-1　　　　　　　　旅游业与城市发展协调度指标权重

指标	单位	2000年	2005年	2010年	2015年	2019年
市辖区地区生产总值	万元	0.0479	0.0504	0.0550	0.0532	0.0451
第三产业占地区生产总值比重	%	0.0010	0.0012	0.0033	0.0024	0.0013
社会消费品零售总额	亿元	0.0455	0.0546	0.0642	0.0553	0.0573
国内旅游收入	万元	0.0908	0.0508	0.0689	0.0639	0.0436
入境旅游收入	万元	0.0655	0.0803	0.0760	0.1261	0.1093
城市人口增长率	%	0.0965	0.0643	0.1175	0.0899	0.1422
土地城市化率（城市建设用地占市区面积比重）	%	0.0660	0.0842	0.0640	0.0604	0.0615
固定资产投资	万元	0.0807	0.0471	0.0370	0.0360	0.0300
人均铺装道路面积	平方米	0.0119	0.0120	0.0094	0.0122	0.0085
每千人拥有床位数	张	0.0075	0.0052	0.0057	0.0033	0.0018
年末实有出租汽车营运车辆数	辆	0.0190	0.0196	0.0240	0.0247	0.0243
年末实有公共汽（电）车营运车辆数	辆	0.0435	0.0600	0.0435	0.0432	0.0298
城镇生活污水处理率	%	0.0122	0.0071	0.0020	0.0011	0.0006
生活垃圾无害化处理率	%	0.0214	0.0105	0.0042	0.0001	0.0000
建成区绿化覆盖率	%	0.0020	0.0015	0.0004	0.0003	0.0002
工业固体废物综合利用率	%	0.0087	0.0018	0.0004	0.0001	0.0007
旅游总人次占全国游客数量比重	%	0.0210	0.0392	0.0514	0.0409	0.0284
城市市政公用设施建设固定资产	万元	0.0876	0.0632	0.0522	0.0502	0.0860
污染指数二级及以上天数（良好天数）	天	0.0002	0.0003	0.0002	0.0016	0.0009
万人拥有大学生数	人/万人	0.0460	0.1038	0.1009	0.0868	0.0869

续表

指标	单位	2000 年	2005 年	2010 年	2015 年	2019 年
第三产业就业比重	%	0.0021	0.0031	0.0031	0.0026	0.0020
住宿餐饮业就业数	万人	0.0542	0.0802	0.0769	0.0813	0.0562
文化、体育和娱乐业就业数	万人	0.0866	0.0336	0.0422	0.0611	0.0451
星级饭店数	个	0.0223	0.0258	0.0317	0.0368	0.0725
旅行社数	个	0.0383	0.0318	0.0341	0.0403	0.0456
全国 A 级景区	个	0.0215	0.0686	0.0317	0.0262	0.0200

资料来源：笔者使用 2001 年、2006 年、2011 年、2016 年、2020 年《中国城市统计年鉴》和 2001 年、2006 年、2011 年、2016 年《中国旅游统计年鉴》以及 2020 年《中国文化文物和旅游统计年鉴》的相关数据，利用 Excel 软件计算整理而得。

二、协调水平得分

在 2000～2019 年中选定的 5 年测算数据的协调水平得分分别为 0.1564、0.1140、0.1904、0.1612、0.1209；合肥市协调水平有先上升、后逐渐下降的趋势，但整体协调水平比较稳定。合肥市的旅游业与城市发展协调水平在长三角地区城市中排名靠前，具有稳定增长的优势。

2015 年，合肥市旅游业与城市发展的协调系数达到最高值，说明随着时间变化，合肥市旅游业与城市发展耦合关系日渐逼近最优值；递增幅度呈增长趋势，说明旅游业与城市发展协调状态日益改进。

三、协调发展的阶段性特征

从图 7-1 可知，研究期间，合肥市休闲旅游业发展水平和城市发展综合水平都在不断提高，两者的发展趋势具有较强的一致性。2005 年之前，休闲旅游系统综合水平低于城市发展系统综合水平，差值较小，但增长幅度明显大于后者。原因主要在于，合肥市拥有较好的城市生态本底和休闲旅游基础，但该时期两系统之间的相关性较弱。2006～2010 年，第三产业持续发展，旅游业在第三产业中所占比重持续增加，休闲旅游业经济发展迅速，休闲旅游景区（点）逐渐增多、服务设施逐渐完善、旅游产品体系逐渐形成。休闲旅游系统发展水平与城市发展系统综合水平的发展速度和相互作用明显增大，该时期，合肥市政府提出城市大发展战略，确立了"现代服务业基地、区域旅游会展、商贸物流、金融信息中心"的城市性质，强化了城市基础设施和工业产业经济发展，两个系统之间的相互协调作用显著提升。2011 年之后，两个系统的快速发展，也较大地推动了合肥市旅游业和城市发展协调水平的快速提高，休闲旅游系统综合水平和城市发展系统综合水平及其与协调水平指数的相关性，见图 7 – 1。

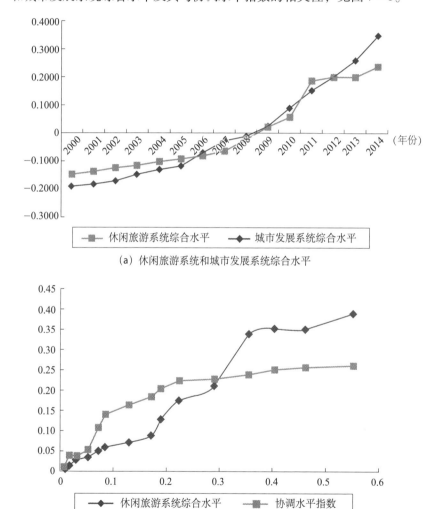

（a）休闲旅游系统和城市发展系统综合水平

（b）休闲旅游系统综合水平及其协调水平指数的相关性

图 7 – 1　休闲旅游系统综合水平和城市发展系统综合水平及其与协调水平指数的相关性

资料来源：笔者根据前文测算结果利用 Excel 软件绘制而得。

以上述三个指数的变化为基础，综合考虑合肥市休闲旅游业发展历程、产业结构变化特征、休闲旅游业发展定位等多种因素，将该耦合作用过程划分为以下三个阶段。

（一）差异发展阶段（2005 年之前）

2000 年之前，合肥市休闲旅游系统建设未纳入城市发展建设中。1950～2000 年，休闲旅游发展仅仅是城市发展中较小的一部分。1956 年，合肥市城市总体规划提出："市郊建设河岸林、公路林、果园、森林公园等大块绿地，供假日远足游览、开辟市区通往郊外风景区的公共汽车、修建旅馆满足旅游住宿需求"。20 世纪 80 年代，提出发展休闲旅游业，之后，相继对长江中路、金寨路北段向安庆路两侧、城隍庙地区延伸进行了旧城改造，编制了大蜀山、董铺水库等地的市郊风景区规划，仍定位为"市民休闲、游憩之处"，服务市场较小。①

缺乏旅游景区（点）和产业发展思路，休闲旅游服务设施、接待设施、康体娱乐设施以及购物设施等方面供给不足，休闲旅游系统发展显著落后于城市系统发展，造成了两者之间协调水平不高的局面。

2000 年以来，通过城市内部游憩设施建设，满足居民休闲游憩需求。合肥市相继开发了大蜀山森林公园、杏花公园、逍遥津公园等多个园林绿地项目，以满足城市居民的休闲游憩需求。虽然对休闲旅游业的重视程度有所提升，但是，仍滞后于城市发展。

（二）低位互动阶段（2006～2010 年）

伴随国家层面旅游业发展宏观环境的优化，合肥市认识到旅游业在城市发展中的地位和作用，以景区建设为主导，将休闲旅游产品融入城市发展中，休闲旅游吸引物子系统初具雏形。城市发展改善了旅游业发展的外部环境，如交通、通信、环境卫生等基础条件，休闲旅游业发展也提高了城市的环境质量和宜居水平。

对旅游景区的建设，是该时期的重点任务。合肥市不断加强休闲旅

---

① 资料来源：合肥市地方志纂委员会办公室. 合肥市志：1986－2005［M］. 合肥：方志出版社，2012.

游建设，打造"全省旅游中心城市"，相继创建了紫蓬山森林公园、岱山湖风景区和三国新城遗址等一系列 4A 级休闲旅游景区。同时，通过大规模投资，打造区域休闲旅游发展的重要增长极。此外，将滨水休闲为主导的休闲旅游业态纳入城市发展之中。

上述建设完善了休闲旅游产品体系，推动了城市经济发展。休闲旅游线路覆盖了城区公园和大蜀山、紫蓬山、三河镇等景区，区际线路扩展到安徽省内其他旅游城市。旅游经济呈现"总量进位、增速领先"的加速态势，耦合互动效应显著增强。

该时期，合肥市明确了发展休闲旅游业的目标，在前期景区建设的基础上，将休闲旅游景区（点）、宾馆接待设施、旅游服务和相关基础设施作为配套建设重点，休闲旅游系统的整体联动效应逐渐体现。

（三）高位耦合阶段（2011～2019 年）

休闲旅游系统得到进一步完善，休闲旅游产品结构层次化、类型多元化，关联产业融合作用增强。合肥市特色商业街区的休闲旅游功能逐步提高，安徽省内其他城市的一日游、两日游休闲购物人次明显增多。形成了庐阳古城文化观光（包公府、李府、城隍庙等）、护城河休闲景观带、城市休闲游憩中心（万达广场、东方广场、胜利广场欢乐城等）；滨湖新城逐渐形成了以绿色、生态、滨水为特色的现代化滨湖旅游新城；近郊地区发展了山地运动、乡村休闲、康体养生等乡村休闲产品和度假产品，举办了徽美食文化节、三河民俗文化节等休闲旅游活动。上述休闲旅游产品建设，推动了合肥市观光度假、体育娱乐、康体保健、森林休闲等多种项目发展，推动了老城区和滨湖新区的文化娱乐、旅游演艺、休闲商业等休闲旅游业态的发展，产业外延作用和关联作用不断增强。城市交通设施、住宿餐饮设施对休闲旅游业发展的支撑作用也在提高，关联互动作用更加突出。

总体来看，合肥市旅游业与城市发展协调作用过程经历了三个阶段，初期城市发展未将旅游业作为重要的产业发展，公园、广场建设目标是满足城市居民日常休闲游憩的需求。加之，初期阶段较低的休闲旅游市场需求、城市社会经济基础薄弱等因素，限制了休闲旅游系统的发展。当休闲旅游需求扩大之后，城市发展对自然风光类型、人文类型的旅游资源开发增多，休闲旅游业体系、景区（点）空间结构、城市旅游品牌和休闲旅游系统功能逐渐完善，拓展了休闲旅游产品、旅游需求市场和旅游业的辐射带动能力，使休闲旅游业与城市产业之间的关联程度加深，旅游业与城市发展之间的耦合协同作用加强。

第三节　旅游业与城市发展协调作用机理

合肥市休闲旅游业发展是在利好政策不断加强、交通区位条件逐渐改善、资源价值不断提升、消费市场逐渐成熟等一系列外部条件、内在条件相互作用下形成的。

一、宏观经济政策促进了旅游业快速发展

宏观经济政策是中国旅游业发展的主要因素，通过财政投资和招商引资不断促进城市硬件设施建设，吸引项目投资建设，改善城市生态环境，并出台相关政策培育产业发展。安徽省委、省政府先后制定了一系列城市和旅游总体规划、专项规划，在资金、政策、用地等方面给予支持，支持合肥市休闲旅游业发展。在区域层面，通过合肥市经济圈等空间措施进行引导。并建立了安徽省旅游发展委员会，以综合协调职能的行政机构管理架构，确保休闲旅游业发展的政策环境，有效地推动了合肥市休闲旅游资源开发、项目建设和招商引资工作。

二、休闲旅游市场快速发展产生了较强的拉动作用

20 世纪 80 年代以来，随着市场经济的蓬勃发展，中国经济社会发展水平较快提高，休闲旅游市场和旅游消费需求旺盛。2000～2019 年，合

肥市城镇人口可支配收入从 6 389 元提高到 45 404 元，年均增长 30.53%[①]，旅游消费能力提高、游客消费规模扩大；作为安徽省的省会城市，不断地吸引着省内休闲旅游者的流入。同时，合肥市又紧邻长三角、武汉市等发达地区和城市，2010 年之后城际高铁的通车，与周边城市的交通通达性和便捷性进一步提高，使合肥市成为周边区域的重要旅游目的地和中转地，在壮大休闲旅游业规模、引导产业业态结构调整、推动城市经济增长和城市形象塑造等方面起到积极的作用。

三、旅游产品多元化发展促进了产业融合

多种休闲旅游项目的形成，优化了合肥市老城区游憩场所的空间结构，拓展了新的城市游憩空间，形成新的休闲旅游业增长极。在合肥市旅游业的发展中，以庐阳老城为中心向外呈同心圆状扩展方式为主，逐渐过渡到以重大项目为多中心的组团发展模式。前期的旅游景区（点），仅限于老城区的包公文化园、逍遥津公园、环城公园、城隍庙老区、墨荷园等，后期随着合肥市城市空间向外圈层化拓展和外围城市组团的建设，以大学城、政务新区、滨湖新城三大重大城市项目为中心的滨湖旅游区、会展中心、科学岛等一系列公园绿地、城市景观建设，逐渐对周边旅游资源进行开发，满足市民和游客的双重需要，也形成了新的经济增长点。在外围逐渐形成了大蜀山生态旅游区、紫蓬山生态旅游区、三河古镇旅游区、岱山湖休闲度假区等生态型旅游项目建设。随着旅游市场的继续深入，项目的周边逐渐兴起了农家乐、旅游住宿等公共设施和服务设施。

四、休闲旅游业业态之间的外延与融合

大型节点性休闲旅游项目的推动体现在两点：原有城市街区和商场等场所的休闲旅游功能外延、休闲旅游资源项目的持续开发建设，多业

---

① 数据来源于《2001 中国城市统计年鉴》和《2020 中国城市统计年鉴》。

态产品、多层次产品不断丰富，形成了休闲购物旅游、城市观光旅游、乡村旅游、体育旅游、会展旅游、文化节事旅游并存的格局。随着合肥市城区改造和外围滨湖新城的建设，新的休闲旅游景区（点）系统快速发展，形成独立的小景区集群，相互之间合作机遇增加、合作力度增大，逐渐聚集形成较大的景区集群，优化了城市旅游业发展的空间结构，提升了产业关联效应。

五、交通条件优化改善了旅游业发展环境

交通设施改善不断提升合肥市休闲旅游资源产品的价值和市场规模，推动休闲旅游交通的跨越式发展，提高休闲旅游资源及产品的开发价值，扩展了休闲旅游的内外线路。特别是沪汉高铁、合福高铁、新桥国际机场等一系列重大交通基础设施的建成，外围吸引辐射范围明显扩大，集散范围形成了"1小时到南京市、2小时到武汉市、3小时到上海市、4小时到北京市"的空间格局，使合肥市成为华东地区区域性的休闲旅游中心和旅游目的地，带动了劳动力、资金、信息等要素流的聚散，使休闲旅游业和服务业之间的规模、融合作用和互动作用进一步紧密。与周边六安市、安庆市等旅游线路的开通，扩大了休闲旅游消费市场规模。

成长型城市旅游地的休闲旅游系统和城市发展系统之间的协调作用，是城市产业对外部多种环境因素变化的空间响应所引起的适应性演化，政府主导力、市场需求拉力、产品吸引力、旅游竞争力、外部环境产生的力量是主要动力。这些影响因素与制约因素并非孤立地发挥作用，而是在相互作用的基础上形成有机的、关联的动力机制，实现各自的功能。在内外部因素作用下，实现对城市土地利用和产业结构、旅游资源的空间优化配置，从而实现系统之间的整体、动态、协同发展。

第四节 小结

本章基于休闲旅游业内涵的分析，使用改进的 TOPSIS 方法定量测算

2000～2019 年选定的 5 年的合肥市旅游业与城市发展的协调水平，判定成长型城市的旅游业与城市发展之间协调发展的阶段性特征，揭示其作用过程及作用机理，结果表明以下三点。

第一，从合肥市来看，成长型城市的旅游业与城市发展的耦合水平逐年递增。合肥市的旅游业与城市发展协调过程划分为差异发展阶段、低位互动阶段、高位耦合阶段，此过程反映了两者之间相互作用、互动发展的耦合作用关系的持续深化。

第二，休闲旅游业和城市发展的耦合作用过程，实际上是推动城市旅游地不断优化发展的过程。政策环境、自然资源和人文资源、城市经济环境、设施配套水平、区位交通条件等一系列外部因素和内部因素发挥着重要作用，但各个因素具有阶段主导性。不同阶段各个因素的作用角色和作用大小不同，政府主导力、市场需求拉力、产品吸引力、旅游竞争力、外部环境产生的力量，是推动旅游业与城市发展协调演化的主要动力，休闲旅游系统和城市发展系统之间的耦合作用，是城市产业对外部多种环境因素变化的空间响应所引起的适应性演化。应把握这一发展规律，以保证休闲旅游业和城市发展的持续优化。

第三，随着城市经济实力、社会管理者发展策略和市场需求等多因素的变化，休闲旅游业发展规模、发展模式会发生相应变化，与城市发展之间的协调状态也会随之变化。应从这些主要影响因素出发，找到发展过程中的主要因素和作用关系，以促进两者之间的耦合协同发展。

第八章

典型旅游城市的协调发展分析

经济活动、消费模式等因素影响着城市功能及其空间结构的变化，旅游业的融入能够优化城市功能。对于旅游城市来说，旅游发展所带来的服务性商业活动增加、外来就业人口和产业大规模集聚，迅速打破了原有城市的组织结构和组织形态，使城市空间规模、产业增长要素、生产生活方式等出现了过度旅游城市化。在带动地区经济发展的同时，也给城市发展带来了基础设施供需矛盾、空间发展受限、交通拥挤等负面效应。这种变迁亟须空间、产业等方面的调整，推动城市功能转型提升，实现旅游城市的健康发展。

旅游城市发展的过程是由其他职能城市向旅游城市转变的过程，以旅游业为主导，与城市商业、服务业、金融业、交通业和通信业之间的重新结合，使城市功能、地域分工发生新的变化。旅游成为主导功能之后，带来的城市功能、地域结构及聚散效应的改变，影响城市功能演化路径和空间组织结构。以上研究主要是从旅游城市的产业构成、功能结构等方面提出旅游城市化的发展特征，"主客共享"作为旅游城市的一个重要发展趋势已然凸显，该主题的既有研究成果较少，且仍以景区概念来分析主客共享的内容和手段。因此，既有研究在指导实践方面尚显不足。

当前，中国许多城市都提出了"旅游立市、旅游促市"的发展战略，政策方面的倾斜进一步推动旅游城市的大规模建设。同时，也应看到，旅游城市多位于山地、湖滨等生态环境敏感地区，土地资源受到较大限制，旅游发展极易加剧城市土地资源的紧张，淡旺季的不平衡也会导致城市公共设施布局出现新的困境。鉴于此，本章基于对城市化过程中旅游功能过度集聚引发的空间问题和发展诉求的基础上，提出"主客共享"原则下旅游城市的优化发展路径，对于指导其他旅游城市可持续发展研究具有重要的理论意义和实践价值。

第一节　千岛湖旅游城市的职能演化

一、千岛湖旅游城市发展概况

本章的千岛湖旅游城市①是指，浙江省淳安县县城所在地——千岛湖镇，三面环水，城市建设用地呈东西向滨湖临山狭长地带，土地资源有限。城市建设是 20 世纪五六十年代为了新安江水库建设需要，由原淳安县、遂安县居民迁徙而来。② 2000 年之后，随着旅游业的发展，城市快速向东扩张，联动鼓山、坪山扩展到青溪新城。

千岛湖旅游业与城市发展的一体化程度较高，旅游业与 GDP 的相关系数达到 0.93，旅游业推动了城市的快速发展。1982 年以来，千岛湖城市建设不断完善旅游设施，年接待游客量从初始的 3 500 人次，到 2015年，淳安县共接待国内外游客 1 121.89 万人，旅游经济总收入 104.88 亿元，③ 下湖游的发展模式已经不足以支撑千岛湖旅游城市的建设发展，主要表现在近年来千岛湖的下湖游游客量一直稳步不前，旅游业已经开始转变为"下湖游 + 城市旅游 + 环湖绿道骑行 + 乡村旅游"的综合性模式。随着千岛湖旅游人数的增长，千岛湖城市承受了巨大压力，每逢周末和节假日等黄金时段，大量旅游者涌入，极大地影响了旅游休闲质量和地方居民的日常生活。湖城发展分离，是亟待解决的主要问题。

二、千岛湖城市功能演化特征与机制

千岛湖城市发展可以划分为城市形成阶段、城市成长阶段、旅游

---

① 将千岛湖镇作为典型旅游城市研究，故本章表述为千岛湖旅游城市，城市是从旅游研究角度而讲，与学界表述一致。当涉及自然地理属性时，仍称千岛湖镇。

② 浙江省淳安县县志编纂委员会. 淳安县志 [M]. 北京：汉语大词典出版社，1990.

③ 数据来源于历年《淳安县统计年鉴》和《淳安县国民经济和社会发展统计公报》。

扩张阶段、过度集聚与疏散阶段。不同阶段的产业结构差异及其功能设施配置的固化，导致城市空间的分异与功能分散化布局。在旅游快速扩张阶段，应考虑旅游与城市的双重需求，在城市主导功能框架下构建合理的产业体系，进行科学的空间结构布局，促进旅游城市的可持续发展。

（一）模型方法

本章研究对象为淳安县县城所在地千岛湖镇，镇域数据获取难度较大，分两步进行测度：一是根据淳安县数据计算城镇职能变动情况；二是计算千岛湖的城市旅游职能指数。数据均来源于《淳安县统计年鉴》。

1. 城市功能判定方法

本章采用许峰的计算方法，城市职能强度根据分行业生产总值归并后的比重确定，对 15 个行业大类进行归并：以第一产业代表农业生产职能，以制造业和电力煤气及水的生产和供应业代表工业生产职能，以交通运输、仓储和邮政业代表交通职能，以批发和零售业、住宿和餐饮业、金融保险业、房地产业和其他服务业等行业职能代表商业服务。根据上述各类指标的比重大小，判断各部门的专业化水平。[①]

2. 城市旅游功能测度方法

根据研究经验，城市旅游职能的绝对量与城市旅游资源的平方成正比。本章定义旅游职能指数作为反映城市旅游职能的变量，其计算方法，见式（8－1）：

$$T_i = R_i^2 / P_i \qquad \text{式 (8－1)}$$

在式（8－1）中，T_i 为 i 城市的旅游职能指数，R_i 为 i 城市的旅游资源得分，P_i 为 i 城市的人口规模。

旅游资源边界模糊性、景区数量发展的不确定性，决定了旅游资源指标适合长时间序列的城市旅游功能测定，不适宜于分析千岛湖连续多年的变动。从本质上讲，旅游总人次和旅游总收入是年际可量化的变动

---

① 许峰. 旅游城市休闲服务业协调发展研究 [J]. 旅游学刊，2001，16（5）：70－74.

数值，与居民人数和地方生产总值形成鲜明对比，反映了城市旅游功能变化情况。因此，采用旅游总收入指标替代旅游资源得分指标衡量千岛湖的城市旅游功能变化情况，采用淳安县旅游总收入减去门票收入进行测算。

（二）城市职能变化分析

行业归并后淳安县城市职能指数得分情况，从表 8－1 可知，1990 年农业生产职能指数为 0.55，之后是工业生产职能指数为 0.23，交通运输职能指数和商业服务职能指数都较低。2000 年，农业生产职能指数和商业服务职能指数基本持平，分别为 0.29 和 0.26，工业生产职能指数为 0.41；2015 年，农业生产职能指数仅为 0.15，工业生产职能指数和交通运输职能指数在平稳水平上变化不大，商业服务职能指数的潜力正在逐渐增强，将成为主要职能，商业服务职能指数达到 0.36。总体来看，淳安县的城市职能经历了农业、工业、商业服务业过渡阶段，商业服务对象主要为旅游商业。

表 8－1　　　　　行业归并后淳安县城市职能指数得分情况

年份	农业生产 职能指数	工业生产 职能指数	交通运输 职能指数	商业服务 职能指数
1990	0.55	0.23	0.03	0.19
1995	0.43	0.36	0.03	0.18
2000	0.29	0.41	0.04	0.26
2005	0.23	0.37	0.05	0.35
2010	0.19	0.47	0.03	0.31
2015	0.15	0.44	0.05	0.36

资料来源：笔者根据1990年、1995年、2000年、2005年、2010年、2015年的《淳安县统计年鉴》的相关数据利用 TOPSIS 等软件计算整理而得。

采用城镇旅游职能指数测度方法，计算历年来千岛湖城市旅游职能指数变动情况，见表 8－2，2000 年，城市旅游职能指数接近于 0，之后开始逐步增强，到 2016 年已经达到 0.16573。这表明，自 2000 年之后，旅游功能在千岛湖城市发展中日益凸显，2000 年淳安县旅游人次为 54 万人，除去下湖游客 43 万人之外，实际接待人数约为 11 万人，非门票收入为 0.47 亿元，[①] 此时，千岛湖的城市旅游职能指数较低。结合千岛湖的建设发展来看，千岛湖是 1965 年应新安江水库建设需要，由原狮城（原遂安县城）和贺城（原淳安古城）两个县城移民搬迁至现千岛湖合并而成，建成之初完全依靠传统的农业经济、林业经济，发展水平较低；后来，依靠千岛湖湖泊生态景观于 1982 年建设千岛湖景区，为千岛湖的城市发展提供了持续动力，推动其从传统农渔业小城镇转变为现代旅游服务业小城镇。发展之初的重点在千岛湖景区，随着景区经济辐射带动效应与规模溢出效应的产生，不断促进千岛湖的发展，千岛湖从单纯的生产居住空间演变为旅游文化消费空间，促进淳安县域旅游业从湖泊观光旅游向湖泊休闲度假旅游和特色文化旅游方向转变。

表 8 - 2　　　　　　　千岛湖镇城市旅游职能指数变动情况

年份	2000	2001	2002	2003	2004	2005	2006	2007	2008
指数	0.00001	0.00045	0.00068	0.00097	0.00138	0.00275	0.00447	0.00760	0.01127
年份	2009	2010	2011	2012	2013	2014	2015	2016	
指数	0.01729	0.02409	0.03260	0.05684	0.07730	0.09463	0.12754	0.16573	

资料来源：笔者根据城市旅游功能测度方法计算整理而得。

综合千岛湖城市旅游职能指数和三次产业的发展情况来看，1980 年之前，千岛湖经济社会发展水平极低，旅游业可忽略不计；2000 年，是千岛湖城市旅游职能开始显现的时间节点；2008 年，以旅游业为增长极的城市现代服务业超过第二产业成为主导产业，因此，可将千岛湖的城市功能演化过程划分为四个阶段，即城市形成阶段（1980 年以前）、城市成长阶段（1981～2000 年）、旅游扩张阶段（2001～2009 年）和过度集聚与疏解阶段（2010 年以后）。千岛湖镇城市发展阶段不同，在发展环境和政策配套方面都表现出较大的差异性，总体上是消费需求刺激和经济政策引导下多要素持续涌现与复合作用推动的结果，千岛湖产业发展情况（1978～2016 年），见图 8 - 1。

---

① 资料来源：《淳安县 2000 年国民经济和社会发展统计公报》。

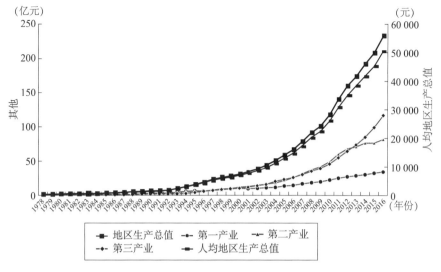

图 8-1 千岛湖产业发展情况（1978~2016 年）

资料来源：笔者根据 1978~2016 年的《淳安县统计年鉴》的相关数据利用 Excel 等软件计算绘制而得。

1. 城市形成阶段（1980 年以前）

1959 年新安江水库建设，原狮城县、贺城县被水库淹没，两县合并为淳安县，县城选址于排岭半岛，此时的主要生产活动为传统农作物种植和渔业。在 20 世纪 70 年代之后，仅有极少量简易的旅游接待设施，没有专门针对大众旅游者的服务。[①]

2. 城市成长阶段（1981~2000 年）

工业发展受到重视，旅游业开始兴起并不断发展，从传统农渔业生产转向以加工业和旅游服务业并举。20 世纪 90 年代，依托传统蚕丝业相继建设了茧丝绸总公司、永顺纺织有限公司、商铬丝绸公司、梓桐丝厂等加工业；建设了水力发电厂、水电开发公司等城市基础设施，以及千岛湖啤酒公司、医药药材公司、罐头食品公司等日常消费性企业，城市设施和工业经济得到进一步加强，城市和工矿用地是主要的土地利用

---

① 陆林，鲍捷. 基于耗散结构理论的千岛湖旅游地演化过程及机制 [J]. 地理学报，2010，65（6）：755-768.

方式。① 1982 年开始建设千岛湖景区，促进了当地居民和外来人口从事旅游服务业，较大地增强了千岛湖城市的旅游功能。这些产业的发展刺激了城市土地开发，千岛湖通过"推山填湖"来增加排岭老城的可利用土地总量，逐渐形成了以排岭半岛为中心的半农半旅的小城市。

3. 旅游扩张阶段（2001~2010 年）

交通区位、加工技术的改变促使丝绸加工业转型，较大地影响了千岛湖镇丝绸纺织企业的生存空间。随着长三角地区市场经济的蓬勃发展，旅游消费能力大大增强，成为千岛湖的经济主力，千岛湖旅游业加速发展，成为推动城市发展的主要动力。2000 年之后，国家旅游发展战略、周边大城市客源需求、当地政府区域发展政策等一系列因素共同推动千岛湖的旅游项目投资，外围的青溪、进贤湾、羡山等湾区和半岛拥有一定的可开发空间，纷纷成为大型旅游商业项目的选址区域。② 为了配合旅游服务业发展，千岛湖逐步完善城镇功能，对城镇路网改建、供排水和污水处理、公共事业、电力设施等基础设施方面的建设进行了全面支持。增加了杭千高速接入道路，使杭州市至千岛湖缩短了 5~6 个小时的车程。旅游产品更新和服务设施建设也推动了城镇建成区的扩张，2007 年对千岛湖景区进行了景点和设施的改造，增加了湖面游艇线路，扩大景区容量；③ 建立和完善了景区监控中心、旅游咨询服务中心、网络电子商务系统、公共图文标识系统等旅游服务基础设施，引导千岛龙庭酒店、海外海大酒店等大型旅游接待设施的投资建设，鼓励发展乡村旅游，知名度得到较大提升，吸引游客数量也在不断增加，游客人均消费水平得到较大提高，表明旅游发展模式从简单的湖泊观光向休闲度假转变，对关联产业的影响带动效应逐渐体现，使千岛湖的城市旅游功能更加突出。2000 年以来淳安县旅游人次和经济收入变化，见图 8-2。

4. 过度集聚与疏解阶段（2011 年以后）

大型旅游度假地产介入，从事旅游业的当地居民和外来人员不断增长，千岛湖的城市旅游功能越来越强，要素集聚大大增加了排岭老城的

---

① 索俊锋. 杭州千岛湖镇土地利用变化及其生态效应研究 [D]. 兰州：西北师范大学硕士学位论文，2007.
② 淳安县地方志纂委员会. 淳安年鉴（2000）[M]. 北京：方志出版社，2000.
③ 淳安县地方志纂委员会. 淳安年鉴（2007）[M]. 北京：方志出版社，2007.

容量负担，旅游要素过度集聚，引发了当地居民和游客在空间利用上的矛盾。长三角地区高铁路网的形成及不断改善，刺激了千岛湖游客规模的进一步扩张。

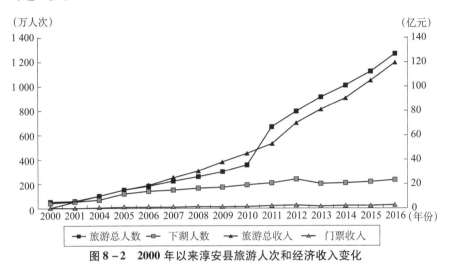

图 8 - 2　2000 年以来淳安县旅游人次和经济收入变化

注：由于数据收集系统技术问题，导致 2002 年、2003 年数据缺失。

资料来源：笔者根据 2000～2001 年、2004～2016 年《淳安县统计年鉴》的相关数据利用 Excel 等软件绘制而得。

在这一趋势下，旅游建设项目不断增加，新增了千岛湖国际度假村、陆家埠酒店、品湖度假村等大型项目。城市旅游功能外溢，发展要素向外疏解，逐渐形成了排岭老城、青溪新城、排岭半岛、进贤湾、羡山五大外围景区组团，五个景区组团承担了不同的城市功能。2011 年，千岛湖针对旅游发展需求，建设了滨湖路休闲一条街、中心湖区滨水景观带、渔人码头等；新增了城中湖明珠绿地公园、机油泵厂地块等公共停车场，秀水广场、明珠绿地公园以及城区路面改造等停车泊位，增设了千岛湖广场公共换乘中心、旅游码头中心站、里杉柏首末站等公交场站设施，规划设计文昌高铁新区，满足游客涌入的公共交通服务要求。① 针对游客涌入对社区带来的压力，开展了部分社区办公用房的新建和改建，并将旧城区设计改建为骑龙巷休闲慢生活街区来丰富城镇旅游产品。旅游业

① 淳安县地方志纂委员会. 淳安年鉴（2013）［M］. 北京：方志出版社，2013.

发展快速推动了千岛湖的扩张式发展，由单一的排岭老城组团转变为"排岭老城 + 青溪新城 + 排岭半岛度假板块 + 进贤湾 + 羡山"的中心 – 外围式发展形态，分别承担千岛湖旅游城市的不同功能。

综合千岛湖的发展过程来看，旅游城市发展是在原有城市职能基础上的延伸、转型，该过程中城市布局从居民点社区的点状发展转向多功能组团的板块组合的面状发展，城市职能从传统的农业、加工业转向旅游服务业。在城市形成阶段，主要由人口自然增长和乡村人口进城推动，城市基础设施以满足居民基本需求为主，发展过程较慢；在城市成长阶段，外围道路接入、与外界联系增多促进了外来要素的集聚，加速了城市人口增长，加强了基础设施建设力度，城市发展也开始形成以当地农产品为生产资料的简易加工业；在旅游扩张阶段，涌入的旅游发展要素快速集聚，旅游消费对城市基础设施、旅游服务设施、商品消费等方面产生较大的拉动作用，城市发展空间也开始向外扩张；在过度集聚阶段和功能疏散阶段，城市发展职能开始向外围扩张，形成了居住、旅游、交通等特有职能的城市功能板块。

三、驱动机制分析

千岛湖城市的形成是在自然地理环境、交通区位条件下的选择，主要考虑地形和土地利用空间。随着工业园区、旅游景区等建设带来新的生活要素和生产要素的不断集聚，城市功能从传统的农渔业转向工业、旅游服务业，同时，大量要素涌入也超出了旧城区的空间承载能力，城市功能外溢，城市空间向外围扩散，形成新的城市功能板块。在千岛湖城市功能演化的不同时期，主要的影响因素和作用机制有所差异，初始的城市功能形成机制作用决定了城市发展主要依托自然资源获取生产资料、生活资料的基本路径，而在发展过程中，累加了环境经济政策、旅游消费等，这些因子在后续的城市功能演化过程中逐渐上升为新阶段的主导力量。

在上述四个发展阶段内，城市形成阶段和城市成长阶段以农业生产功能为主导，千岛湖是一个移民城市，建设之初主要开展城市社区和基础设施建设，居民生计依靠山地、湖泊自然资源从事林业和渔业等传统经济产业。20世纪80年代之后，入境旅游发展和富春江—新安江风景名胜区刺激了千岛湖旅游资源的开发。

旅游扩张阶段以农业、工业和旅游服务业混合性功能为主导，随着对外交通条件的改善和市场经济的开放，农业产品自给自足的城市经济发展模式转向农桑机织为主的加工业模式。大众旅游接待替代入境旅游成为千岛湖的主要消费群体，迅速扩张的旅游消费增长对千岛湖城市功能及其演化方向提出了要求，通过旅游景点开发、旅游道路设施和旅游食宿设施建设等措施，推动城市商业服务业的协同发展。

过度集聚和疏解阶段以旅游生产功能为主导，该阶段环境经济政策限制了千岛湖产业的发展类型，鼓励发展旅游服务业，日益扩张的大众旅游消费需求成为千岛湖城市功能持续完善的主要推动力。千岛湖城市作为区域旅游系统的集散中心和服务中心，旅游需求质量发生改变，由最初的湖泊观光旅游向休闲度假旅游和体育文化旅游等多元化方向发展，排岭城区的社区居住空间、行政办公服务空间被大量旅游房地产、酒店住宿等设施压缩，交通拥挤问题突出。部分城市功能让位于旅游服务业的向外迁移，共同形成了向外疏解的功能空间演化方向。

千岛湖城市发展先后经历了城市形成阶段、城市成长阶段、旅游扩张阶段、过度集聚与疏散阶段，不同阶段的产业形态大相径庭，城市功能演化中各要素是在中心区域主导下向边缘地区逐渐扩散、不断塑造新的城市功能板块的过程。其中，产业结构演化与功能设施配置的固化，导致城市功能板块的分散化布局。

第二节　千岛湖旅游城市发展问题与优化路径

千岛湖旅游业与城市协调发展过程中存在一系列突出问题，主要包括旅游交通受阻、淡旺季分化严重、度假村房产化严重、旅游设施供给不足、管理偏弱，特色与文化彰显不足以及缺乏自助型旅游选择等，旅游产品单一化、空间布局自发性，城市空间与旅游发展空间不匹配，湖区观光"一日游"明显，旅游活动项目单一，大量旅游投资项目受到城市发展空间限制而难以落地，老城区规模外扩与土地资源有限之间矛盾突出。

一、千岛湖旅游城市发展问题

（一）旅游产品单一化，旅游业要素匹配不合理

千岛湖游客主要以湖上游览为主，进城游客较少，旅游发展六要素上存在"食、住"层次搭配不够合理，"行、游"服务质量参差不齐，"购、娱"环节薄弱等问题。具体表现在：（1）旅游餐饮：数量多、规模偏小、同质性强；（2）旅游住宿：以星级饭店、高档酒店式公寓、度假村为主，空置率较高，住宿设施使用率较低，淡季尤为明显；特色酒店、主题酒店、乡村酒店比较少，优质沿湖旅游资源和景观私有化，公共开放度不够；（3）旅游交通：公共汽车、出租车、酒店等公共交通和公共设施供给不足，管理不规范，无法满足旺季需求；（4）游览：以千岛湖自然观光为主，未形成明确集中的文化功能区，城市景观单调、街区旅游氛围不浓，与城市较大的休闲活动需求量矛盾；（5）旅游购物：商业设施规模偏小，综合服务能力不强，配套设施缺乏；（6）旅游娱乐：仅有千岛湖"水之灵"演出，场所规模较小，缺乏文化活动、演艺项目。千岛湖城市游客的旅游产品偏好，见图8-3。

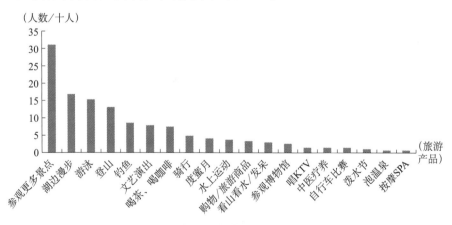

图8-3 千岛湖城市游客的旅游产品偏好

资料来源：笔者根据2014年实地问卷调查数据利用Excel软件绘制而得。

（二）交通拥堵问题突出，严重影响了城市日常通勤

进入千岛湖的交通主要是城市东部的杭千高速，而旅游接待设施和景点主要集中在老城区和中心湖区东岸，旅游交通需要自东向西穿越城市才能到达。城市游客主要偏重采用公共交通出行方式和自驾车出行方式。自驾车的大量涌入带来了严重的交通堵塞问题，而且，城内的秀水街和千岛湖旅游码头的建设，使得以下湖观光为目的的游客必须集中于此，进一步加剧了交通堵塞。在千岛湖的主要东西向交通干道——南山大街、新安大街和新安北路形成节假日或高峰时段的拥堵，自驾车和旅游大巴排队等待通往中心湖区。

（三）淡旺季旅游分化明显，对公共服务提出新挑战

湖泊资源是千岛湖旅游发展的核心吸引物，而冬季温差较大，不适合下湖游览，加之缺乏城市旅游产品，形成了"夏天多冬天少、周末假期多平时少"的现象。千岛湖城市旅游平均日游客 2.5 万人，黄金周高峰游客量可达到约 15 万人，高峰游客量超过城市常住人口数，短暂性的游客涌入远超过环境承载力，巨大的波动对设施季节性供给、布局规模总量控制等提出了新挑战，也给城市居民生活带来了较大影响。

（四）高端房地产化倾向严重，挤压了城市公共空间

住宿方式形成了以星级酒店、别墅和酒店式公寓组合的发展模式，与之相伴的是大规模的豪华游艇和私家游艇，这些高等级的宾馆和度假村建设在前期占据了大规模的湖岸资源，导致大面积的滨湖景观资源私有化，公共开放度不足。

（五）特色聚落和城市主题游览活动缺失，城市旅游吸引力较弱

旅游城市街区生活和特色活动聚落，是区别于其他城市的重要特征，从丽江等城市的旅游经验来看，街区生活和特色活动聚落的打造，能够迅速吸引游客。目前，千岛湖拥有多处山地公园和一些城郊村落、废弃工厂以及富有景观特征的岛屿、山头，却未能进行有效策划而成为特色

活动聚落的空间和场所。富有吸引力的旅游街区较少，造成了"只识千岛湖，不识淳安城"的尴尬现象。

（六）自助旅游的支持能力较弱，城市旅游环境有待完善

自助型游客是游览千岛湖的重要客源类型。千岛湖城市建设对旅游发展考虑不足，针对自助游的城市交通标识体系、自驾车旅游配套设施、智慧旅游咨询平台等支持体系尚未形成，限制了该类型客源市场的发展。

二、千岛湖旅游城市"主客共享"发展诉求

千岛湖旅游城市处于大众观光旅游向休闲度假旅游延伸和升级的转型期，面临着全域旅游化、城市景区化的发展机遇，旅游城市发展急需从"湖城分离"向"湖城共进"转变，从"依托景区、面向游客"向"居游一体、主客共享"转变，以优化城市产业业态，推动城市空间组织调整。发展诉求主要表现在以下四个方面。

（一）单一的观光旅游模式已无法支撑区域旅游目的地建设

湖区观光一直是千岛湖旅游经济增长的主要动力，这一模式也造成了"一日游""过境游"的发展困境。城市中大量私有化的旅游房地产长期空置，集聚的大量高端度假设施的入住率较低。这就需要千岛湖旅游从湖区走向岸上，而城市旅游建设无疑是重中之重，可以实现由湖泊观光旅游向城市休闲度假旅游、文化体验旅游、康体健身旅游、商务会议旅游等多层次旅游产品转变，由门票经济向旅游业经济转变，由旅游业向其他产业拓展渗透，从"湖城分离"走向"湖城共进"。

（二）城市功能板块发展的不平衡较大地限制了旅游业建设进度

老排岭发展时间早，集中了城市绝大部分基础设施和公共服务。其他城市功能版块多是在旅游业大发展后，由旅游房地产项目或大型旅游项目带动发展起来，公共配套缺乏，这种空间不匹配导致了旅游项目建设投向的不确定性。因此，需要统筹城市功能区发展，疏解老排岭的部

分城市功能，增强其他新功能板块的配套服务，吸引人口、产业和就业，优化旅游业和城市产业的交叉性混合发展，优化旅游产品格局，完善城市宜居宜游功能，从旅游业的孤立发展转向旅游产城一体化融合发展，增强城市旅游服务功能，推动旅游城市的转型发展。

（三）城市交通组织的无序化造成了居民和游客双方负担

交通拥堵是千岛湖城市旅游发展的重要问题。游客进入主城区的入口方向，是城市东部的杭千高速千岛湖入口，客运中心、人民医院等均处在该方向上，而最主要的下湖观光旅游码头、中心湖区码头选址于城市最西端，即排岭老城与排岭度假区的交界地带，所有下湖游客需要横穿城市以到达该处。而城市环路和旅游专用道的缺失、停车场建设管理不到位，城市通勤流和旅游交通流重叠，造成东西向主干道交通拥堵严重。商业旺季和停车旺季人满为患、淡季时无人气，极不合理。应根据城市旅游交通需要，调整原有城市公共交通方式和公共交通线路，适当区分居民交通线路和旅游交通线路，分类理顺城市步行线路、驾车线路和公共交通线路的关系，减少对城市居民生活的影响。

（四）滨湖山水生态资源将成为城市休闲空间建设的重要内容

城市滨水空间是公众共享的开放性空间。城市滨水地区具有良好的景观生态，往往成为短期经济利益追逐的核心资源，致使公共资源私有化，大量房地产开发也破坏了滨水景观。千岛湖城市中心湖区聚集了大量景观建筑，这些高等级宾馆、度假村的建设导致大部分优质滨水空间私有化，且入住率较低，公共开放度较低。在千岛湖城市空间资源紧张和既成事实的矛盾下，应鼓励私人空间开放化，禁止再建私有建筑，同时，在空白区加入休闲活动、娱乐活动、文化活动等功能，使其具有多元化的公共空间和滨水游憩活动，提高公益性和吸引力。

第三节　建立 "主客共享" 的旅游城市发展模式

旅游功能过度集聚导致城市空间的职能不匹配，应从功能区划、旅游业引导、交通组织、技术管理等方面优化公共资源运营方式，促进公共空间和服务设施合理利用，代替城市规模扩张。

一、有序开展城市旅游功能疏解

城市旅游规划是协调城市建设和旅游发展的制度性安排，可以保障城市旅游开发的可持续性。千岛湖旅游城市发展应有序疏解老排岭的居住功能和办公功能，将其向青溪新城转移，塑造周边特色旅游板块，优化不同城市板块之间的旅游产品空间组织，推进休闲业态和特色化改造项目，利用旅游线路和通勤线路调整进行空间联系，营造"双核联动、多面开花"的协同模式。通过城市旅游规划设计，从发展理念、内容、景观、设施标准方面对城市规划进行补充和丰富，系统整合休闲游憩节点，以"居游一体、主客共享"为导向进行基础设施和服务配套、提升，以优化旅游线路来疏解城市交通压力，以旅游项目的策划和布局来改造提升原有建筑、场所、地段的价值，全面整合城市空间布局，提升城市发展水平。

二、优化旅游产品体系、结构和空间布局

充分发挥不同城市旅游功能区的资源优势和区位优势，均衡布局旅游产品，千岛湖城市板块的功能设定与优化措施，见表 8 - 3。通过旅游创造多元产品和共享空间，为城市居民和旅游者提供公共游憩空间。突出滨湖特色，充分体现"城在山中、山在湖中、湖在城中、城在景中"的城市景观格局。以旅游业为龙头，带动城市商贸、旅游商业、文化创意、旅游交通等服务型经济的发展，建设一批特色商业街区、精品景区景点、风情小镇、乡村休闲社区、特色旅游线路；大力发展城市休闲度假、文化创意、康体养生、运动休闲等旅游产品。以旅游传承文化、以文化塑造城市，引领城市景区化，建设多元复合旅游产品体系，全面提升观光景点、休闲度假、公共服务等各类旅游产品的品质，促进城市产业发展，推动城市转型。

表 8-3　　　　　　　千岛湖城市板块的功能设定与优化措施

城市板块	起建年代	主要场所/设施/吸引物	主要功能设定	优化措施
排岭老城	20 世纪 60 年代	城市公园、排岭老街、高端度假酒店、水之灵演出	休闲商业、城市游憩区和旅游接待及交通枢纽	推动老城改造以腾笼换鸟，打造城市商业游憩区
排岭半岛度假板块	20 世纪 80 年代	下湖码头、秀水街、梦姑塘公园等	度假酒店、街景公园、休闲公园等	建设环城滨水绿道，串联不同休闲景观节点，形成联动
青溪新城	2010 年前后	行政办公场所、高端度假酒店、公共汽车站、医院	工业、公共服务、行政办公、商务等	吸引人口集聚和商业集聚，开放湖岸滨水空间，优化旅游交通连接
进贤湾度假板块	2010 年前后	旅游综合体和养生休闲社区	休闲娱乐项目、度假酒店、养生休闲社区等	促进休闲体验参与性项目进入，完善旅游产品
羡山度假板块	2010 年前后	万向乡村俱乐部等少量高端度假酒店，婚纱摄影主题公园和水上运动等	休闲度假酒店、乡村俱乐部、婚纱摄影主题公园、滨水项目等	提高交通通达度，完善公共服务设施配置

资料来源：笔者根据《淳安县统计年鉴》的相关内容及实地调查资料分析总结而得。

三、加强旅游基础设施和服务设施配套建设

围绕千岛湖五大城市功能板块的职能设定，在充分考虑城市居民日常需求的前提下，科学、合理地布局旅游业发展所需的基础设施和服务设施，优化不同空间板块的公共服务设施布局，强化千岛湖城市休闲度假旅游服务功能建设和设施建设，重点加快休闲场所、文化场所、会展场所、购物场所和娱乐场所等的配套设施建设，缓解居游矛盾；加大基础设施投入和旅游服务设施投入，合理布局旅游项目、交通、卫生、住宿设施，完善重要节点地区的旅游标识系统，规范道路、景区等设施的标识系统、解说系统，重视旅游设施的人性化设计，为散客自助游提供便利，提高城市公共管理水平，盘活闲置基础设施和度假场所。

四、建立以智慧旅游为主体的智慧旅游云服务平台

通过打造千岛湖智慧旅游云服务平台，实现区域重要旅游节点地区的网络全覆盖和实时在线通信，以游客的有序引导和疏解为中心，实现旅行社的客源输送、景区管理、政府指导三位一体，有效地调控上下湖区的游客量。建设千岛湖旅游业务集成应用系统，实现旅游信息获取、旅游咨询、旅游预定、景点服务、旅游购物等旅游资源信息共享；依托智慧旅游平台，建设科技旅游项目，高科技智慧旅游产品；联合其他城市的职能部门，通过智慧平台实现统筹、联动与合作，为游客安全保障、紧急安全救援、自然保护区和景区环境保护、旅游行业监督执法等提供便利；加强旅游公共信息服务、积极发展旅游电子商务，推进信息基础设施和能力建设并加快旅游信息化管理体制机制转型；以智慧交通、智慧物流、智慧环境为支撑，构建旅游智能化平台，推动旅游信息化在旅游城市化中的作用，以智慧旅游为主体推动智慧城市建设。

五、建立"居游一体、主客共享"的公共服务供给机制

依托千岛湖智慧旅游云服务平台建设，构建旅游移动信息智能服务系统、景区监控与调控信息系统、游客信息收集系统，以可视化、智能化的展示方式，实现旅游信息咨询、360实景导览、景区语音导览、游记互动建设，为居民和游客提供便捷服务和舒适体验；推行面向居民和游客的公共服务一卡通，实现当地居民与游客在公共交通、旅游交通、旅游景区、公共设施使用上的无差别化服务；建立机关部门、餐馆宾馆卫生间免费开放机制，实现游客与当地居民对已有设施利用的最大化；规范和引导当地居民参与旅游餐饮和住宿接待，实行家庭接待评级挂星制度，有效地增加旅游高峰期对于宾馆酒店的供给；建设面向社会大众的公共自行车慢行系统，实现与旅游服务中心、公交车站的有机联系；建立市民休闲游憩绿地、街头公园、庭院绿地、综合性游憩公园于一体的城市公共绿地系统；以水体和滨水林带为主题，结合公园绿地、道路绿

地，打造贯通城区的城市绿道，兼具生态休闲功能的风景林带；将千岛湖旅游资讯网站直接链接到公共服务平台，让居民和游客享受免费平台服务和技术支持，实现旅游、休闲、度假、医疗、购物、天气、养生等各类信息的在线实时查询；推动金融 IC 卡在旅游餐饮住宿、娱乐休闲等公共服务领域的应用，形成居游一体、主客共享的旅游城市公共服务提供机制。

第四节 小结

旅游经济扩张较大地促进了旅游城市发展，旅游发展带动的发展要素集聚与重组，对城市功能和空间结构产生较大影响，旅游业过度集聚会影响城市居住、商业、交通等要素的组织建设。旅游业快速发展，较快地促进了千岛湖旅游城市建设，同时，带来了旅游业要素匹配不合理、交通严重拥堵、旅游房地产价格较高、城市公共服务欠缺等一系列问题，亟须从城市功能区配置和产业合理布局等方面予以引导，以促进旅游城市的可持续发展。在千岛湖旅游城市功能演化过程中，先后经历了城市形成阶段、城市成长阶段、旅游扩张阶段、过度集聚阶段与过度疏散阶段，不同阶段的产业形态大相径庭。城市功能演化是各要素在中心区域的主导下向边远地区逐渐扩散、不断塑造新的城市功能板块的过程，其中，产业结构演化与功能设施配置的固化导致城市功能板块的分散化布局。在未来发展中，应建立特色化的城市游憩中心，将旅游功能改造融入旧城人口要素、产业要素疏解和交通重组过程之中，推动老城区腾笼换鸟，以城市设施共享化、公共空间开放化、组织管理智慧化等手段，实现城市旅游的主客共享。

第九章
旅游业与城市协调发展政策建议

旅游业与城市发展，具有互利性、动态性。城市群旅游研究主要集中在四个方面：旅游发展带动了城市群旅游业集聚、交通条件提升、空间结构优化、旅游合作。全球化与地方化趋势、城镇体系优化、旅游产品和市场需求多样化与差异性、交通通信等科技发展、城市行政力量五个要素，推动城市旅游向城市群旅游转变。城市群旅游研究是城市旅游研究的深入，强调政府和市场调控下多系统、多要素动态下的相互作用，逐渐成为参与区域旅游竞争的重要力量。城市发展综合水平推动城市旅游由传统旅游产品向现代都市型旅游产品转变及城市整体旅游实力的提高，城市旅游的网络特征在很大程度上取决于城市体系中城市的职能角色。城市旅游地之间的网络性，是城市群旅游业集聚、整体形象塑造、交通基础设施完善的空间表征。旅游业与城市协调发展可分为三个阶段。第一阶段，比较优势发展阶段，以旅游资源禀赋和区位条件为主导，旅游业与城市协调性较低，呈空间均衡发展；第二阶段，政府行为与市场机制并举，通过产业调整、产业互动，逐步达到单体城市与旅游业的协调发展，空间均衡被打破；第三阶段，整体协调发展阶段，不同规模、不同等级的城市旅游增长极呈多核心、网络化发展态势。根据前文研究结果，提出旅游业与城市协调发展的相关对策，以更好地促进旅游业与城市的协调、可持续发展。

第一节 旅游业与城市协调发展存在的问题

一、旅游业关联效应和外部效应未充分体现

旅游业发展与城市产业之间的关联效应未能充分体现，限制了旅游

业与城市协调发展水平的提升。旅游资源类型及其规模的差异造成旅游业发展模式不同，高等级的旅游资源涵盖了自然型景区、城市历史文化景区、城市文化街区等多种形式，在旅游业发展中能够产生多点开发的集聚化格局，产生的规模效应较强；而一般城市旅游资源单一，主要以自然资源型景区为主，形成旅游风景区等单一类型的旅游业发展格局。旅游六要素的产业配套，要么是城市景区内部经营，要么是围绕着景区形成的社区化旅游要素集聚点。这种格局导致了统一旅游资金投入下产生的旅游业形态、规模的巨大差异，综合性的旅游业发展模式比景区型的旅游业发展模式更能在发展角色上体现多种要素的关联效应、叠加效应，形成产业间的纵向联系与横向联系，扩大产业影响及示范带动范围。这就造成旅游业子系统与城市发展子系统之间关联联系产生巨大的不同，而产业联系较为紧密的城市往往能够取得更高的旅游业与城市协调发展水平。

二、旅游业发展要素投入产出配比不合理

旅游业子系统和城市子系统两者发展要素匹配关系的平衡，是决定旅游业与城市协调发展水平的直接影响因素。一方面，在旅游发展六要素上，不同要素投入差异形成的产业支撑能力不匹配，不能形成很好的相互支撑发展格局；另一方面，受制于城市中心性、区位优势、发展环境等外部因素的差异，会形成区域之间旅游业资金投入冷热不均现象，缺乏合理的投资空间、投资方向引导，致使某些城市出现了投资过热现象，单位投入的规模报酬递减，限制了资金使用效率的提高。而其他一些迫切需要资金投入以进行旅游业发展的地区，上述外部环境要素相对较弱，难以吸引适当的开发资金和配套产业进驻，从而缺少优化提升的机会。上述产业要素配比不当，形成了旅游业投入和城市发展要素投入之间的不匹配，从而制约了旅游业与城市协调发展水平的提高。

三、旅游业与城市协调发展的空间分化较为严重

区域内旅游业发展格局的空间差异较大，区域优化发展格局尚未形

成。旅游业与城市协调发展水平较高的地区具有中心城市性和干线交通邻近的突出特征，高度协调水平城市主要分布在交通发展水平较高的城市及其连接带或者周边重点交通节点和资源禀赋较好的地区，而缺乏这些优势特征的城市化水平则较低，出现了较为严重的空间分化现象。旅游业与城市协调发展水平的变动不仅是自身原因，而且，应该通过旅游业发展要素效率提升、空间组织结构和空间模式优化实现旅游业发展要素的区域优化配置，促进区域旅游产业链的优化组合，统筹区域旅游业服务设施布局，推动区域旅游业一体化发展。

第二节　促进旅游业有序开发建设

一、结合城市发展基础选择适宜的旅游发展模式

旅游资源禀赋是城市经济发展的基础驱动因素，拥有丰富的人文风景旅游资源及自然旅游资源是发展旅游业的先天条件。旅游业作为区域发展的优势产业，对于区域发展和城市发展的作用越来越重要。从旅游业与城市协调发展角度来看，虽然旅游业经济收入对于城市建设起到了较大作用，但是，不同区域发展的旅游资源禀赋、政策环境和体制机制等方面的差异，需要根据实际情况综合分析选择适合的发展模式。（1）自然资源驱动型。该类型的旅游城市拥有大量自然旅游资源和人文旅游资源，依赖良好的资源禀赋和庞大的消费市场，通过景区规划、景区开发，不断扩大景区接待能力和规模建设，形成具有一定吸引力和竞争力的星级景区，以景区门票收入为主要收入，与其他相关产业的关联作用较小，带动作用较小。旅游服务设施主要集中在旅游风景区内部，旅游风景区外部的设施主要以城市服务设施为主，两者之间产业融合发展不够，关联性、带动性受到限制。如，黄山、中原城市群的南阳、嵩县、登封等地。（2）城市旅游驱动型。一些城市拥有良好的基础设施、区位条件、历史文化、商业氛围或环境优势，通过城市商业、休闲娱乐、体育会展、主题公园、商务购物等类型的旅游产品建设以及便利的配套

服务设施的完善，形成了具有较大吸引力和竞争力的城市休闲娱乐中心、大型休闲零售商业中心或城市旅游商业区（recreational business district, RBD）等空间场所，从而吸引大量旅游者前往，对周边的餐饮业、宾馆业、交通业的发展起到重要的促进作用。例如，大连市、青岛市、广州市、深圳市、宁波市、郑州市等城市，自然资源型景区虽然起到了一定作用，但相对来讲，城市体量规模较大，所占的比重相对较小，反而是关联融合作用较强的旅游活动及旅游产业起到了重要的贡献。（3）文化产业驱动型。该类城市历史文化悠久，文化资源丰富，大量的开发规划通过展览、体验参与、鉴赏、互动等方式将文化充分地展现给游客或让游客参与，实现体验式旅游。如西安市、杭州市、南京市、开封市、洛阳市等。（4）政策驱动型。由国家和区域重点支持，通过政策倾斜、招商用地优惠、基础设施大批投资等方式快速推动旅游业发展。如中原城市群最典型的是以红色旅游政策驱动的城市和由资源枯竭驱动转型的城市。当然，政府投入、创新机制、塑造品牌等因素，可以促使自然驱动型模式和政策驱动型模式向其他模式转换。

二、促进旅游相关业态优化及融合发展

除了中心城市拥有多元文化旅游、商务旅游、旅游景区经济以外，其他城市仍然较多地依靠门票经济的发展模式，导致旅游业的辐射带动作用不强，对相关产业的产业融合作用未能充分体现，并且，城市环境对旅游业发展的基础支撑仅依靠景区开展，与旅游发展之间的互动作用还不强。因此，需要根据不同城市在全省旅游发展格局中的功能定位充分发挥优势，打造具有独特竞争力的综合性旅游产品，使旅游业向集约发展方向转变。在大休闲时代下，应充分注重旅游经济效益的综合功能，通过旅游业态创新来实现旅游业转型升级与优化。

在旅游业与相关产业相互融合、优化发展的过程中，应当在依托丰富的自然风景旅游资源、文化旅游资源的基础上，以功能集聚区为出发点，充分整合不同城市的旅游业集聚形态，积极推进与相关产业之间的融合发展，强化中心城市对于旅游流的集聚作用与辐射作用，加强对周

边城市的带动作用，优化城市商业游憩区功能的发展，将旅游业作为城市第三产业发展的重要增长极来打造，优化城市商业文化街的发展形态，促进现代都市旅游业态优化提升，打造旅游品牌，加强城市创意旅游产品开发。以文化创意、旅游休闲、商务会展为重点，在重点城市建设一批创意街区、创意旅游区、艺术品交易中心、设计创意园、动漫研发园等创意文化旅游产品。优化历史文化街区、名人故居、博物馆、纪念馆等场所的开发管理模式，转变该类旅游游憩场点单一化的参观游览方式，适应游客对差异化体验和综合性服务的需求动机。①

在优化城市文化旅游的同时，还应积极发展工业旅游、智慧旅游等新业态。

第一，促进城市文化旅游业的融合发展。旅游业和文化产业是相互融合、共生共荣的。在城市文化旅游产业发展时，可以充分依托区域文化品牌，树立鲜明的文化旅游形象。在保护传统文化的基础上，创新文化表现形式，活化传统文化，提升旅游资源吸引力。建设文化旅游业园区、文化创意产业园区和文化旅游业集聚区相结合的旅游发展组织。通过积极发展高品质的旅游演艺产品，创新传统文化表现形式。鼓励传统手工艺者在重点旅游城市、旅游景区进行传统文化展示，促进非物质文化遗产的传承及复兴。

第二，通过工业旅游融合发展促进旅游业的业态多样化，创造良好的发展环境，推动工业旅游迅速发展。开发多种形式的工业旅游，带动工业旅游产品的销售。针对资源转型城市，充分利用废弃矿坑、工业遗址等资源，发展工业遗产游，促进城市产业转型升级。推动特色旅游业集群化、品牌化发展，通过制作旅游宣传片、宣传册及旅游地图等方式，加深游客对工业旅游的认识，增强旅游意愿。

第三，以现代互联网技术助推旅游业发展的公共服务设施配套能力，提升便捷度和满意度，是旅游业与相关产业业态优化与业态融合的新路径。随着智慧旅游技术的逐渐成熟，"旅游＋互联网"的发展模式逐渐成为旅游业产品和品牌宣传营销的重要措施和重要途径。加快推动信息化

---

① 陈太政，陈准，王吉祥，等. 中原经济区建设背景下河南文化旅游业融合发展研究[J]. 河南大学学报，2013（3）：286 – 290.

与旅游业融合，形成旅游信息化服务体系，加强旅游业管理，推动旅游业综合竞争力提升。通过提升基础通信设施建设，推动信息技术在旅游业发展中的运用，使景区通过官方微博、微信公众号进行网络宣传，为游客提供便利服务和良好体验。

第三节　推动区域旅游业一体化合作发展

一、加强区域合作，优化旅游产业链

旅游业具有综合性、多关联性的特点，仅靠自身资源很难实现较好的发展，因此，未来旅游业的竞争力，主要取决于产业集聚、区域化合作程度。中国各个城市的旅游业发展正处于旅游业优化时期，旅游产业链发展不完善，除了"游"的环节有了较好发展之外，其他要素并未得到重视，如旅游信息、交通、餐饮住宿、休闲娱乐等方面的不足。应平衡旅游六要素发展，优化旅游业要素结构和产业链形态。

首先，要大力推动城市地方特色旅游餐饮业发展，如美食城、美食街、文化主题饭店等；其次，要大力发展旅游住宿业，构建集星级酒店、快捷酒店、主题酒店、度假酒店、农家客栈等于一体的多层次、多元化产业体系；再次，要优化旅游交通联系，依托旅游客源地，建立立体交通，加快修建、完善主要城市至景区的旅游道路，形成城市、景区的有效连接；最后，提升旅游商品的科技含量和文化品位，在制作工艺、外观设计上有所创新，开发地域特色商品，树立鲜明的品牌形象。重视旅游业与其他产业的联合发展，完善产业链，加强旅游企业和相关企业之间的联系与合作交流，保持信息畅通、资源共享，促进旅游业的整体发展。

在优化区域旅游产业链过程中，重点在于深度挖掘文化内涵，推动旅游产品创新。需对一些景区进行升级，同质性强、缺乏新意是国内大多数景区的问题。今后，在进行旅游开发时，应当根据旅游资源的具体情况，从地方文脉和文化特色两方面进行开发，挖掘文化内涵、增加旅

游产品的文化品位及游客体验的深度。① 将文化要素渗透到旅游产业链的各个环节，实现旅游产业链的纵向延伸。

通过发展区域旅游扩大旅游规模、打造区域品牌、增强竞争力，利用中心城市、景区带动、支援周边弱势旅游资源及相关产业的开发，优化产业链条和配套设施，推动旅游业业态升级和区域联动发展，最终实现旅游业与城市协调发展。

二、加强区域统筹，合理布局旅游设施

旅游服务设施在建设过程中，要考虑到游客流量、交通便利程度、地形地势以及当地发展需求等要素，是区域基础设施的补充。旅游服务设施的建设在优化游客体验、提高旅游服务水平乃至提高土地资源利用率等方面都具有重要的作用。未来旅游服务设施的优化，主要从以下三个方面入手。

建立完善的区域旅游服务中心。建设区域性旅游综合服务中心，旨在形成旅游综合指挥调度职能、旅游信息咨询职能等。按照政府引导、企业参与、市场化运作的原则，逐步在机场、火车站、汽车站、高速公路服务区、商业集中区等公共场所建设旅游咨询服务中心。优化旅游住宿体系，统筹区域旅游业服务设施。因此，在地级市、县级市以及重点旅游区内合理布局不同档次的住宿接待设施，形成以三星级饭店为主体，四星以上级别饭店、快捷酒店、经济酒店、青年旅舍、农家客栈等为辅的住宿接待体系，以满足不同消费水平游客的多样性住宿需求。

优化城市间交通体系建设，完善交通设施的旅游服务功能，应建设国际化水准的旅游景观道，强化快速通道沿线景观的打造，形成地域文化特色浓郁的旅游通道。实施"最后一公里"公路工程，打通通往重要景区的连线公路，提升公路通行能力。强化交通指引标识系统建设，在高速、国道、省道、景区"最后一公里"及城市内部的休闲街区、商业集中区、旅游集散场所等人流集中区，优化系统标识设置体系。此

---

① 陈淑兰，刘立平，付景保. 河南省旅游业结构优化升级研究——基于文化创意视角［J］. 经济地理，2011，31（8）：1392－1396.

外，还应加强和完善城市的道路基础设施，鼓励联系密切的城市之间开通观光巴士。

完善城市基础设施和公共服务设施建设。在完善城市公共服务体系中，应加强停车场、休息区、公共厕所、垃圾箱、通信、消防、急救中心等服务设施建设，重视城市休闲公园、广场、购物街区、美食娱乐街区等基础设施建设。

三、加强区域协调，推动旅游一体化发展

区域旅游是指，在旅游资源分布相对一致的空间内，以中心城市为依托，依据自然地域、历史因素和社会条件、经济条件，经过人工开发而形成的以吸引旅游者为目的的旅游空间。中国众多景区的"条块分割"问题突出，导致区域旅游发展各自为政、多头管理和分散经营，整合性不强，整体竞争优势较弱，今后可以进行联合经营，将资源优势转化为经济优势，增强旅游吸引力。

在推动区域旅游城市一体化进程中，应根据不同城市的自然环境、旅游景区分布、交通情况以及行政区划的特点，将旅游资源聚集区划分为旅游功能区，区域内部以及区域之间通过合作实现资源整合、信息共享，促进产业要素的流通及产业融合。各个城市之间，应以大型跨界旅游资源为平台进行合作，不断完善政府、企业和有关组织多元合作主体互动机制，推动联合开发旅游资源并开展宣传促销，加快培育一批跨行政区旅游精品线路，着力打造不同资源特色的精品旅游区。积极推动建立无障碍旅游区，形成区域合作机制，根据不同功能区域的特点建设旅游产品，通过营造宽松的市场环境、构建信息合作平台、建立立体交通网络、完善各级旅游集散中心来优化区域旅游合作平台，推动区域旅游一体化的发展进程。

第四节　小结

本章结合上文对于不同类型地区旅游业与城市协调发展水平、影响

因素和调控路径的分析结果，总结实现旅游业与城市协调发展存在的主要问题，尝试从旅游资源开发、旅游业业态优化、区域旅游产业链构建、区域公共服务设施供给一体化等方面提出了政策发展建议，即在城市层面，结合城市发展基础，选择适宜的旅游发展模式；优化城市产业结构，促进城市相关业态融合发展；在区域层面，加强区域合作，优化旅游产业链；加强区域协调，推动旅游一体化发展；加强区域统筹，合理布局旅游设施，实现旅游业与城市协调发展。

参考文献

中文文献：

［1］安传燕．旅游城市化内涵及动力机制研究［J］．理论界，2008（8）：223-224．

［2］保继刚等．旅游地理学［M］．北京：高等教育出版社，1999．

［3］保继刚，朱竑．珠海城市旅游发展［J］．人文地理，1999，14（3）：7-14．

［4］卞显红．城市旅游空间结构研究［J］．地理与地理信息科学，2003，19（1）：105-108．

［5］邴振华，高峻．长三角区域旅游业集聚水平研究［J］．旅游科学，2010，24（1）：86-93．

［6］车铭哲．浅析社区静态交通问题——重庆市沙坪坝区金沙港湾社区停车问题调研分析［J］．重庆建筑，2013，12（2）：49-52．

［7］陈安择，卢云亭，等．旅游地学概论［M］．北京：北京大学出版社，1991．

［8］陈浩，陆林，郑嬗婷．基于旅游流的城市群旅游地旅游空间网络结构分析——以珠江三角洲城市群为例［J］．地理学报，2011，66（2）：257-266．

［9］陈眉舞，张京祥．基于城市竞争力提高的旅游业发展研究——以苏州为例［J］．地域研究与开发，2004，23（5）：81-84．

［10］陈睿．都市圈空间结构的绩效研究［D］．北京：北京大学博士学位论文，2007．

[11] 陈淑兰，刘立平，付景保．河南省旅游业结构优化升级研究——基于文化创意视角 [J]．经济地理，2011，31（8）：1392 - 1396.

[12] 陈新哲，熊黑钢．新疆交通与旅游协调发展的定量评价及时序分析 [J]．地域研究与开发，2009，28（6）：118 - 121.

[13] 成英文，张辉．基于城市职能理论的中国旅游城市判定及分类研究 [J]．现代城市研究，2014（2）：104 - 109.

[14] 程金龙．中原城市群旅游发展战略研究 [J]．生态经济，2012（1）：171 - 175.

[15] 崔峰．上海市旅游经济与生态环境协调发展度研究 [J]．中国人口·资源与环境，2008（5）：64 - 69.

[16] 单卓然，黄亚平．"新型城镇化"概念内涵、目标内容、规划策略及认知误区解析 [J]．城市规划学刊，2013（2）：16 - 22.

[17] 邓洪波．都市圈城市旅游效率研究 [D]．芜湖：安徽师范大学硕士学位论文，2014.

[18] 丁新军．"地方性"与城市工业遗产旅游再利用——以美国马萨诸塞州洛厄尔国家历史公园为 [J]．现代城市研究，2018（7）：68 - 76.

[19] 东方早报．上海迪士尼产业拼图：将拉动上百个关联延伸产业 [EB/OL]．中财网，Http：//www. cfi. net. cn/p20110410000005. html，2011 - 04 - 09.

[20] 董观志．粤港澳大旅游区发展模式创新研究 [J]．旅游学刊，2004，19（4）：49 - 56.

[21] 范业正．城市旅游规划与城市规划的关系与协调 [J]．规划师，2000，16（6）：95 - 97.

[22] 方世敏，赵金金．旅游业集群形成影响因素关联度分析——以长株潭城市群旅游圈为例 [J]．旅游论坛，2010（4）：432 - 437.

[23] 封蕊．新兴城市旅游发展模式初探 [D]．桂林：广西师范大学硕士学位论文，2007.

[24] 冯革群．德语国家休闲与旅游地理研究的回顾与进展 [J]．旅游学刊，2006，21（11）：24 - 30.

［25］冯云廷，张永芳．中原城市群经济重心与产业重心演变特征分析［J］．管理学刊，2018，31（6）：10 – 20．

［26］高楠，马耀峰，李天顺，白凯．基于耦合模型的旅游业与城市化协调发展研究——以西安市为例［J］．旅游学刊，2013，28（1）：62 – 68．

［27］高汝熹，罗明义．城市圈域经济论［M］．昆明：云南大学出版社，1998．

［28］谷昊鑫，秦伟山，赵明明，孙海燕，王富喜．黄河流域旅游经济与生态环境协调发展时空演变及影响因素探究［J］．干旱区地理，2022，45（2）：628 – 638．

［29］郭立珍．"门票经济"向"产业经济"转换——首届河南文化遗产日"免费游"引发的思考［J］．价格理论与实践，2006（5）：21 – 22．

［30］郭熙保，黄国庆．试论都市圈概念及其界定标准［J］．当代财经，2006（6）：79 – 83．

［31］郭向阳，穆学青，明庆忠，陆保一．长江经济带快速交通系统对城市旅游生产率的影响效应分析［J］．经济地理，2021，41（12）：213 – 222．

［32］韩刚，袁家冬．论长春都市圈的地域范围与空间结构［J］．地理科学，2014，34（10）：1202 – 1209．

［33］和红，叶民强．中国旅游业与经济增长相关关系的动态分析［J］．社会科学辑刊，2006（2）：134 – 138．

［34］洪学婷，黄震方，于逢荷，沈伟丽．长三角城市文化资源与旅游业耦合协调及补偿机制［J］．经济地理，2020，40（9）：222 – 232．

［35］黄洁．中原城市群资源环境承载力分析［D］．武汉：华中师范大学硕士学位论文，2014．

［36］侯兵，陈肖静，许俊．城市旅游与休闲服务业协调发展研究——以扬州为例［J］．华东经济管理，2009，23（3）：28 – 32．

［37］侯兵，黄震方，范楚晗．区域一体化进程中城市旅游经济联系的演变与思考——以南京都市圈为例［J］．人文地理，2013，28（5）：94 – 100．

［38］侯国林，黄震方，赵志霞．城市商业游憩区的形成及其空间结

构分析 [J]. 人文地理，2002，17（5）：12 - 16.

[39] 胡灿，吴殿廷，李东和. 市场区位与区域旅游空间组织模式研究 [J]. 经济研究导刊，2016（23）：42 - 47.

[40] 胡燕雯. 事件旅游：都市旅游竞争的制高点——以京沪穗为例 [J]. 地域研究与开发，2004，23（4）：78 - 81.

[41] 黄剑锋，朱芳，操彬. 乡村旅游地"家"的空间表征与建构——基于市场认知的文本分析 [J]. 云南地理环境研究，2021，33（6）：30 - 37.

[42] 黄金火，吴必虎. 区域旅游系统空间结构的模式与优化——以西安地区为例 [J]. 地理科学进展，2005，24（1）：116 - 126.

[43] 黄睿，曹芳东，黄震方. 新型城镇化背景下文化古镇旅游商业化用地空间格局演化——以同里为例 [J]. 人文地理，2014，29（6）：67 - 73，66.

[44] 黄睿，王坤，黄震方，等. 绩效视角下区域旅游发展格局的时空动态及耦合关系——以泛长江三角洲为例 [J]. 地理研究，2018，37（5）：995 - 1008.

[45] 黄耀丽，李凡，郑坚强，等. 珠江三角洲城市旅游竞争力空间结构体系初探 [J]. 地理研究，2006，25（4）：730 - 740.

[46] 黄震方，祝晔，袁林旺，等. 休闲旅游资源的内涵、分类与评价——以江苏省常州市为例 [J]. 地理研究，2011，30（9）：1543 - 1553.

[47] 黄震方，黄睿. 城镇化与旅游发展背景下的乡村文化研究：学术争鸣与研究方向 [J]. 地理研究，2018，37（2）：233 - 249.

[48] 黄震方，陆林，苏勤，章锦河，孙九霞，万绪才，靳诚. 新型城镇化背景下的乡村旅游发展——理论反思与困境突破 [J]. 地理研究，2015，34（8）：1409 - 1421.

[49] 江海旭. 全域旅游背景下瓦房店市旅游发展研究 [J]. 中国名城，2019，33（10）：49 - 54.

[50] 金世胜，汪宇明. 大都市旅游功能及其规模影响的测度 [J]. 旅游学刊，2008（4）：72 - 76.

[51] 金卫东. 美国东部都市群旅游业密集带的发展及启示 [J]. 旅

游学刊，2004，19（6）：38 - 42.

［52］靳诚，徐菁，陆玉麒．长三角区域旅游合作演化动力机制探讨［J］．旅游学刊，2006，21（12）：43 - 47.

［53］李锋．基于协调发展度的城市旅游环境质量测评研究——以开封市和洛阳市为例［J］．地域研究与开发，2011，30（1）：90 - 94.

［54］李璐芳，谢春山．旅游城市化现象探析［J］．科技情报开发与经济，2007，17（12）：166 - 167.

［55］李鹏．旅游城市化的模式及其规制研究［J］．社会科学家，2004（4）：97 - 100.

［56］李维航，张高军，陈森，等．粤港澳大湾区旅游竞争力与城市化的耦合协调度及其对地方经济的影响［J］．自然资源学报，2022，37（3）：701 - 717.

［57］李亚娟，陈田，王婧，等．大城市边缘区乡村旅游地旅游城市化进程研究——以北京市为例［J］．中国人口·资源与环境，2013，23（4）：162 - 168.

［58］李彦丽，路紫．区域旅游信息化合作模式及其适宜度检测与应用［J］．地球信息科学，2006，8（1）：91 - 96.

［59］李雁灵．旅游经济与城市协调发展分析［J］．山西财经大学学报，2019，41（2）：8 - 9，26.

［60］李政道．粤港澳大湾区海陆经济一体化发展研究［D］．沈阳：辽宁大学，2018：81.

［61］梁保尔．都市旅游国际会议在上海成功举行［J］．旅游科学，2006（6）：78.

［62］林刚．试论旅游地的中心结构——以桂东北地区为例［J］．经济地理，1996，16（2）：105 - 109.

［63］林涛．上海旅游咨询中心及其免费信息调查研究：游客视角［J］．旅游学刊，2007，22（4）：88 - 91.

［64］刘定惠，杨永春．区域经济—旅游—生态环境耦合协调度研究——以安徽省为例［J］．长江流域资源与环境，2011，20（7）：892 - 896.

［65］刘丽，齐炜，焦玲玲．城市旅游的一个研究剖面：国内外城市旅游产品研究述评［J］．资源开发与市场，2012，28（12）：1139－1142.

［66］刘晓欣，胡晓，周弘．中国旅游业关联度测算及宏观经济效应分析——基于 2002 年与 2007 年投入产出表视角［J］．旅游学刊，2011，26（3）：31－37.

［67］刘旭东，冯明义，何传杰．中国旅游景区"门票经济"的理性思考［J］．湖北函授大学学报，2013，26（11）：79，83.

［68］刘昱．文化遗产型旅游景点与城市文化建设的关系［J］．社会科学家，2012（6）：73－76.

［69］刘志彪，［日］多和田真．中国长三角与日本东海地区的产业经济发展［M］．北京：中国财政经济出版社，2007.

［70］柳敏，赵少华，王亚婷，李元征，胡婵娟，王玉．中原城市群生态系统服务价值时空变化研究［J］．人民黄河，2021，43（11）：17－22，28.

［71］龙志勇．城市旅游度假区规划设计探索——以广州大夫山旅游度假区为例［J］．规划师，2006（1）：36－38.

［72］陆林．都市圈旅游发展研究进展［J］．地理学报，2013，68（4）：532－546.

［73］陆林．旅游城市化：旅游研究的重要课题［J］．旅游学刊，2005，20（4）：1.

［74］陆林，鲍捷．基于耗散结构理论的千岛湖旅游地演化过程及机制［J］．地理学报，2010，65（6）：755－768.

［75］陆林，葛敬炳．旅游城市化研究进展及启示［J］．地理研究，2006，25（4）：741－750.

［76］陆林，汤云云．珠江三角洲都市圈国内旅游者空间行为模式研究［J］．地理科学，2014，34（1）：10－18.

［77］栾姗．全国经济发展新增长极［N］．河南日报，2017－01－05（6）.

［78］伦佐·勒卡达内，卓健．大事件作为都市发展的新战略工具——从世博会对城市与社会的影响谈起［J］．时代建筑，2003（4）：

28 – 33.

[79] 罗文斌，谭荣. 城市旅游与城市发展协调关系的定量评价——以杭州市为例 [J]. 地理研究，2012，31 (6)：1103 – 1110.

[80] 冒宇晨，王腊春. 长三角城市群旅游经济结构的分散化和均质化趋势 [J]. 地理科学，2009，29 (5)：641 – 645.

[81] 明庆忠，邱膑扬. 旅游地规划空间组织的理论研究 [J]. 云南师范大学学报（哲学社会科学版），2006 (3)：137 – 143.

[82] 倪鹏飞，等. 中国城市竞争力报告 No.2——定位：让中国城市共赢 [M]. 北京：社会科学文献出版社，2004.

[83] 宁越敏. 中国都市区和大城市群的界定——兼论大城市群在区域经济发展中的作用 [J]. 地理科学，2011，31 (3)：257 – 263.

[84] 宁越敏. 新城市化进程——90 年代中国城市化动力机制的特点探讨 [J]. 地理学报，1998，53 (5)：470 – 471.

[85] 彭华，钟韵. 创建优秀旅游城市的思考：旅游开发与城市建设一体化 [J]. 旅游学刊，1999 (2)：21 – 25，78.

[86] 秦克涛. 重庆的旅游经济与城市协调发展 [J]. 中国商贸，2011 (24)：165 – 166.

[87] 曲玉镜，张慧. 以"主客共享"理念构建辽宁智慧旅游体系 [J]. 产业与科技论坛，2014，13 (16)：28 – 30.

[88] 任力锋，王一任，张彦琼，等. TOPSIS 法的改进与比较研究 [J]. 中国卫生统计，2008，25 (1)：64 – 66.

[89] 尚文生，欧阳燕红. 论城市旅游规划与城市规划的相互协调 [J]. 人文地理，1998，13 (2)：46 – 49.

[90] 沈苏彦，艾丽君. 城市历史文化街区旅游绅士化现象的探讨——以南京老城南地区为例 [J]. 中国名城，2018，32 (7)：50 – 56.

[91] 沈旭亮. 我国近代破产习惯研究（1840 – 1937 年）[D]. 武汉：中国政法大学，2012.

[92] 生延超，钟志平. 旅游业与区域经济的耦合协调度研究——以湖南省为例 [J]. 旅游学刊，2009，24 (8)：23 – 29.

[93] 时朋飞，徐浜森，陈婷婷，周贻. 旅游业促进人居环境改善的

效应测度与分析 [J]. 统计与决策, 2022, 38 (9)：94 – 98.

[94] 史育龙, 周一星. 关于大都市带（都市连绵区）研究的论证及近今进展评述 [J]. 国外城市规划, 1992 (2)：2 – 11.

[95] 苏平, 党宁, 吴必虎. 北京环城游憩带旅游地类型与空间结构特征 [J]. 地理研究, 2004, 23 (3)：403 – 410.

[96] 索俊锋. 杭州千岛湖镇土地利用变化及其生态效应研究 [D]. 西安：西北师范大学, 2007.

[97] 唐鸣镝, 秦静, 黄震宇, 王向荣. 北京城市旅游功能热区的演变与规划响应 [J]. 规划师, 2018, 34 (4)：88 – 94.

[98] 田逢军, 吴珊珊, 胡海胜, 田国林, 李向明. 江西省城市旅游形象的网络化呈现 [J]. 经济地理, 2019, 39 (6)：214 – 222.

[99] 童娅琼, 王树根, 李赟鹏, 等. 粤港澳大湾区旅游景点可达性时空格局演变 [J]. 测绘地理信息, 2022, 47 (2)：127 – 131.

[100] 万科, 黄新建, 陈璐, 徐骥. 江西省昌九区域旅游一体化发展 [J]. 经济地理, 2016, 36 (3)：201 – 205.

[101] 汪婷, 陆林, 朱付彪. 旅游业发展与城市发展的协调性比较研究——安徽省旅游城市实证分析 [J]. 资源开发与市场, 2011, 27 (9)：855 – 858.

[102] 汪婷, 麻学锋, 孙根年, 马丽君. 旅游地成长与产业结构演变关系——以张家界为例 [J]. 地理研究, 2012, 31 (2)：245 – 256.

[103] 王迪云, 夏艳玲, 李若梅. 城市旅游与城市文化协调发展——以长沙为例 [J]. 经济地理, 2007, 27 (6)：1059 – 1062.

[104] 王冬萍, 阎顺. 旅游城市化现象初探——以新疆吐鲁番市为例 [J]. 干旱区资源与环境, 2003, 17 (5)：5.

[105] 王芳, 林妙花, 沙润. 基于生态位态势的江苏省区域旅游经济协调发展研究 [J]. 南京师大学报（自然科学版）, 2009, 32 (4)：139 – 144.

[106] 王家骏. 适合于旅游地理学的一种概念模型 [J]. 地理学报, 1994, 49 (6)：561 – 566.

[107] 王娟, 刘赛. 长江中游城市群综合交通与旅游经济协调发展

研究［J］.经济问题，2018（8）：111－118.

［108］王浪，张河清.关中—天水城市群旅游空间结构分析与优化研究［J］.西北大学学报（自然科学版），2010，40（5）：891－895.

［109］王璐璐，虞虎，周彬.旅游业与城市发展的协调度评价——以中国25个主要旅游城市为例［J］.经济地理，2015，35（2）：195－201.

［110］王维国.协调发展的理论与方法研究［M］.北京：中国财政经济出版社，2000.

［111］王小建.基于改进TOPSIS法的电子商务网站综合评价研究［J］.图书情报工作，2009，3（3）：129－132.

［112］王衍用.区域旅游发展战略的理论与实践［J］.经济地理，1999，19（1）：116－119.

［113］王兆峰，赵松松.长江中游城市群旅游资源环境承载力与国土空间功能空间一致性研究［J］.长江流域资源与环境，2021，30（5）：1027－1039.

［114］王忠诚，李金莲.长江三角洲地区旅游业空间布局［J］.经济地理，2006（2）：85－88.

［115］魏来，梁永宁.昆明市旅游资源对城市旅游发展规划的影响［J］.国土资源科技管理，2008（2）：85，87－89，84.

［116］魏敏，徐杰.珠三角城市群旅游业转型升级的测度研究——基于PROMETHEE－GAIA法［J］.经济问题探索，2020（6）：143－154.

［117］魏小安.旅游城市与城市旅游——另一种眼光看城市［J］.旅游学刊，2001，16（6）：8－12.

［118］翁钢民，李凌雁.中国旅游与文化产业融合发展的耦合协调度及空间相关分析［J］.经济地理，2016，36（1）：178－185.

［119］翁钢民，鲁超.旅游经济与城市环境协调发展评价研究——以秦皇岛市为例［J］.生态经济，2010（3）：28－31.

［120］邬江.数字化视域下文旅融合推动智慧旅游创新研究［J］.经济问题，2022（5）：75－81.

［121］吴必虎.旅游系统：对旅游活动与旅游科学的一种解释［J］.旅游学刊，1998（1）：21－25.

［122］吴必虎，唐俊雅，黄安民，赵荣，邱扶东，方芳．中国城市居民旅游目的地选择行为研究［J］．地理学报，1997（2）：3-9.

［123］吴必虎，徐斌．中国国内旅游客源市场系统研究［M］．上海：华东师范大学出版社，1999.

［124］张国清．都市旅游目的地的空间结构嬗变与优化［M］．北京：中国旅游出版社，2010.

［125］吴人韦．论旅游规划的性质［J］．地理学与国土研究，1999（4）：50-54.

［126］项文彪，陈雁云．产业集群、城市群与经济增长——以中部地区城市群为例［J］．当代财经，2017（4）：109-115.

［127］肖光明．珠三角城市旅游经济空间差异与协调发展战略研究［J］．地理与地理信息科学，2009，25（6）：72-77.

［128］邢钰钰，李业锦，赵明．我国城市旅游竞争优势特征及其影响因素分析［J］．经济地理，2005，25（5）：712-719.

［129］徐洪涛，孙永萍．城市空间产业型更新模式初探——百色市龙景区红色旅游休闲示范区规划策划［J］．华中建筑，2012，30（3）：119-123.

［130］许峰．旅游城市休闲服务业协调发展研究［J］．旅游学刊，2001，16（5）：70-74.

［131］许瑞娟，翟宝辉．论城市发展中的历史文化资源整合策略［J］．城市规划汇刊，2004（3）：49-53，96.

［132］许贤棠，胡静，陈婷婷．湖北省旅游资源禀赋空间分异的综合评析［J］．统计与决策，2015（5）：107-110.

［133］许秀文．文化旅游与城市经济协调发展的内在机制研究［J］．社会科学家，2018（8）：95-101.

［134］闫树人．中原城市群体育旅游资源分析及市场开发策略研究［J］．沈阳体育学院学报，2012，31（1）：34-37.

［135］杨其元．旅游城市发展研究［D］．天津：天津大学，2008.

［136］姚士谋，陈爽，朱振国，等．从信息网络到城市群区内数码城市的建立［J］．人文地理，2001，16（5）：20-23.

［137］姚士谋．中国城市群［M］．合肥：中国科学技术大学出版社，1992．

［138］姚长宏，胡丽泽．印尼棉兰旅游城市目的地规划［J］．国外城市规划，2003，18（1）：19－24．

［139］叶晓，胡丽，何雨聪．三峡库区小城镇建设于旅游业协同发展分析［J］．基建优化，2005，26（2）：74－77．

［140］殷柏慧，吴必虎．长三角与环渤海区域旅游合作条件对比研究：兼论环渤海次区域旅游合作道路选择［J］．旅游学刊，2004，19（6）：33－37．

［141］于洪雁．中国旅游供需耦合协调发展研究［M］．北京：冶金工业出版社，2018．

［142］于英士．北京建成现代化国际旅游城市［J］．旅游学刊，1994，9（1）：13－15．

［143］余剑歌，邵龙，冯珊．RBD规划开发与城市旅游——以纽约曼哈顿区为例［J］．风景园林规划与设计，2012国际风景园林师联合会（IFLA）亚太区会议暨中国风景园林学会2012年会论文集（下册），2012：618－622．

［144］俞晟．城市旅游与城市游憩学［M］．上海：华东师范大学出版社，2003．

［145］虞虎，陆林，朱冬芳．长江三角洲城市旅游与城市发展协调性及影响因素［J］．自然资源学报，2012，27（10）：1746－1757．

［146］虞虎，陆林，朱冬芳，曾琪洁．城市旅游到城市群旅游的系统研究［J］．地科学进展，2012，31（8）：1087－1096．

［147］袁晓玲，仲云云，郭轶群．中国区域经济发展差异的测度与演变分析——基于TOPSIS方法的实证研究［J］．经济问题探索，2010（2）：33－39．

［148］翟佳羽，刘鲁．"2010中国城市榜·旅游城市发展峰会"会议述要［J］．旅游学刊，2010，25（11）：95－96．

［149］张广海，刘佳．山东半岛城市群旅游环境承载力地域差异与功能分区［J］．地域研究与开发，2008，27（4）：77－80．

［150］张洪，张燕．基于加权 TOPSIS 法的旅游资源区际竞争力比较研究——以长江三角洲为例［J］．长江流域资源与环境，2010，19（5）：500 - 505.

［151］张洪，顾朝林，张燕．基于 IEW & TOPSIS 法的城市旅游业竞争力评价——以长江三角洲为例［J］．经济地理，2009，29（12）：2044 - 2049.

［152］章锦河．城市旅游转型与旅游制度创新的思维转向［J］．旅游学刊，2019，34（3）：7 - 8.

［153］张京祥，李建波，芮富宏．竞争型区域管制：机制、特征与模式——以长江三角洲地区为例［J］．长江流域资源与环境，2005，14（5）：670 - 674.

［154］章平，曾华翔．基于主体选择的城市功能空间结构演化研究——以深圳 30 年城市发展为例［J］．现代管理科学，2011（4）：67 - 69.

［155］张伟．都市圈的概念/特征及其规划探讨［J］．城市规划，2003，27（6）：44 - 50.

［156］曾博伟．旅游小城镇：城镇化新选择［M］．北京：中国旅游出版社，2010.

［157］郑嬗婷，陆林，章锦河，等．近十年国外城市旅游研究进展［J］．经济地理，2006，26（4）：686 - 692.

［158］钟韵，彭华．旅游系统中的系统思维方法：概念与应用［J］．旅游学刊，2001，16（3）：48 - 53.

［159］周诗涛．中原城市群旅游业发展竞争力研究［J］．湖北函授大学学报，2016，29（23）：75 - 76.

［160］周一星．城镇郊区化和逆城镇化［J］．城市，1995（4）：7 - 10.

［161］周玉翠．湖南品牌旅游资源与旅游业协调性研究［J］．经济地理，2009，29（12）：2118 - 2122.

［162］朱冬芳，陆林，虞虎．基于旅游经济网络视角的长江三角洲都市圈旅游地角色［J］．经济地理，2012，32（4）：149 - 154.

［163］朱付彪，陆林．珠江三角洲都市圈旅游空间均衡发展［J］．自然资源学报，2010，25（9）：1565 - 1576.

［164］朱竑，戴光全. 经济驱动型城市的旅游发展模式研究［J］. 旅游学刊，2005，20（2）：41－46.

［165］朱竑，贾莲莲. 基于旅游"城市化"背景下的城市"旅游化"——桂林案例［J］. 经济地理，2006，26（1）：5.

［166］左冰，杨艺. 旅游业关联结构及其经济贡献研究——以广东省为例［J］. 旅游学刊，2021，36（4）：14－30.

英文文献：

［1］Adi Weidenfeld，Allan M. Williams，Richard W. Butler. Knowledge transfer and innovation among attractions［J］. Annals of Tourism Research，2010，37（3）：604－626.

［2］Aguilera Anne，Wenglenski Sandrine. Employment suburbanization，reverse commuting and travel behavior by residents of the central city in the Paris metropolitan area［J］. Tourism Management，2009，43（7）：685－691.

［3］Akama J.，Kieti D. Tourism and socio－economic development in developing countries：A case study of Mombasa Resort in Kenya［J］. Journal of Sustainable Tourism，2007，15（6）：735－748.

［4］Albalate D.，Germà Bel. Tourism and urban public transport：Holding demand pressure under supply constraints［J］. Tourism Management，2010，31（3）：425－433.

［5］Albert M. Abane. Travel behaviour in Ghana：Empirical observations from four metropolitan areas［J］. Journal of Transport Geography，2011，19（2）：313－322.

［6］Alfonso Vargas Sánchez. Industrial tourism：Opportunities for city ant enterprise［J］. Annals of Tourism Research，2011，38（3）：1203－1024.

［7］Andreas Papatheodorou. Exploring the evolution of tourism resorts［J］. Annals of Tourism Research，2004，31（1）：219－237.

［8］Andrew B. P. Tourism and the economic development of Cornwall［J］. Annals of Tourism Research，1997，24（3）：721－735.

［9］Araujo Lindemberg Medeiros de，Bramwell Bill. Partnership and regional tourism in Brazil [J]. Annals of Tourism Research, 2002, 29 (4): 1138 – 1164.

[10] Ashworth G, Page S. J. Urban tourism research: Recent progress and current paradoxes [J]. Tourism Management, 2010, 32 (1): 1 – 15.

[11] Aspa Gospodini. Urban waterfront redevelopment in greek cities, a framework for redesigning space [J]. Cities, 2001, 18 (5): 285 – 295.

[12] Aspa Gospodini. Urban design, urban space morphology, urban tourism: An emerging new paradigm concerning their relationship [J]. European Planning Studies, 2001, 9 (7): 925 – 934.

[13] A. V. Seaton. War and Thana tourism: Waterloo 1815 – 1914 [J]. Annals of Tourism Research, 1999, 26 (1): 130 – 158.

[14] Barros C. P. Measuring efficiency in the hotel sector [J]. Annals of Tourism Research, 2005, 32 (2): 456 – 477.

[15] Barry P. Andrew. Tourism and the economic development of Cornwall [J]. Annals of Tourism Research, 1997, 24 (3): 721 – 735.

[16] Benedict Dellaert. Urban tourism: Attracting visitors to large cities [J]. Journal of Retailing and Consumer Services, 1994, 1 (2): 114 – 115.

[17] Bilen M., Yilanci V., Eryüzlü H. Tourism development and economic growth: A panel granger causality analysis in the frequency domain [J]. Current Issues in Tourism, 2017, 20 (1): 27 – 32.

[18] Blumberg B. F. Cooperation contracts between embedded firms [J]. Organization Studies, 2001, 22 (5): 825 – 852.

[19] Bob Mckercher. Relationship between tourism and cultural heritage management: Evidence from Hong Kong [J]. Tourism Management, 2005, 26 (4): 539 – 548.

[20] Bolitzer B, Netusil N. R. The impact of open spaces on property values in Portland, Oregon [J]. Journal of Environmental Management, 2000, 59 (3): 185 – 193.

[21] Bontje Marco, Burdack Joachin. Edge cities, European – style: Examples from Paris and the Randstad [J]. Cities, 2005, 22 (4): 317 – 330.

［22］ Boo S. , Busser J. , Baloglu S. A model of customer – based brand equity and its application to multiple destinations ［J］. Tourism management, 2009, 30 (2): 219 – 231.

［23］ Boris V. , Dragan T. Tourism and Urban Revitalization: A case study of Porec, Yugoslavia ［J］. Annals of Tourism Research, 1984, 11 (4): 591 – 605.

［24］ Bramwell Bill, Rawding Liz. Tourism marketing images of industrial cities ［J］. Annals of Tourism Research, 1996, 23 (1): 201 – 221.

［25］ Braun, Bradley M. The economic contribution of conventions: The case of Orlando, Florida ［J］. Journal of Travel Research, 1992, 30 (3): 32 – 37.

［26］ Brawell Lane B. Developing a typology of sustainable tourism partnership ［J］. Journal of Sustainable Tourism, 1999, 7 (3): 260 – 273.

［27］ Butler R. The tourism area life cycle ［M］. Channel View Publications, 2006.

［28］ C. A. Hope, M. S. Klemm. Tourism in difficult areas revisited: The case of Bradford ［J］. Tourism Management, 2001, 22 (6): 629 – 635.

［29］ Cariton S. , Van Doren, Sam A. , et al. The consequences of forty years of tourism growth ［J］. Annals of Tourism Research, 1985, 12 (3): 467 – 489.

［30］ Chang T. C. , Milne S. , Fallon D. , et al. Urban heritage tourism ［J］. Annals of Tourism Research, 1996, 23 (2): 284 – 305.

［31］ Chow H. W. , Ling G. J. , Yen I. Y. , Hwang K. P. Building brand equity through industrial tourism ［J］. Asia Pacific Management Review, 2017, 22 (2): 70 – 79.

［32］ Christian M. Rogerson. Urban tourism in the developing world—the case of Johannesburg ［J］. Development Southern Africa, 2002, 19 (1): 169 – 190.

［33］ Claver – Cortés E. , Molina – Azorı J. F. , Pereira – Moliner J. Competitiveness in mass tourism ［J］. Annals of Tourism Research,

2007，34（3）：727 – 745.

［34］ Connell Joanne, Page Stephen J. , Bentley Tim. Towards sustainable tourism planning in New Zealand: Monitoring local government planning under the resource management act ［J］. Tourism Management, 2009, 30 （6）: 867 – 877.

［35］ Costa C. An emerging tourism planning paradigm? A comparative analysis between town and tourism planning ［J］. International Journal of Tourism Research, 2001, 3 （6）: 425 – 441.

［36］ Daniel Albalate, Germà Bel. Tourism and urban public transport: Holding demand pressure under supply constraints ［J］. Tourism Management, 2010, 31 （3）: 425 – 433.

［37］ Dennis R. Judd. Promoting tourism in US cities ［J］. Tourism Management, 1995, 16 （3）: 175 – 187.

［38］ Derek M. Spatial structure of tourism in a city after transition: The case of Warsaw, Poland ［M］ Tourism in Transitions. Springer, Cham, 2018: 157 – 171.

［39］ Di Gaetano A. , Klemanski J. S. Power and city governance: Comparative perspectives on urban development. Minneapolis: University of Minnesota Press, 1999.

［40］ Donald Getz. Planning for tourism business districts: Original research article ［J］. Annals of Tourism Research, 1993, 20 （3）: 583 – 600.

［41］ Douglas G. Pearce. Tourism development in Paris, public intervention ［J］. Annals of Tourism Research, 1998, 23 （2）: 457 – 476.

［42］ Dredge D. Destination place planning and design ［J］. Annals of Tourism Research, 1999, 26 （4）: 772 – 791.

［43］ Dredge Dianne. Place change and tourism development conflict: Evaluating public interest ［J］. Tourism Management, 2010, 31 （1）: 104 – 112.

［44］ Flores Alejandro, Pickett Steward T. A. Adopting a modern ecological view of the metropolitan landscape: The case of a green space system for the New York City region ［J］. Landscape and Urban Planning, 1998, 39 （4）:

295 – 308.

［45］ Garin – Munoz. Tourism in Balearic Islands：A dynamic model for international demand using panel data ［J］. Tourism Management, 2007, 28 (5)：1224 – 1235.

［46］ Gemma Canovesect. Rural tourism in Spain：An analysis of recent e-volution ［J］. Geoforum, 2004, 35 (6)：755 – 769.

［47］ Gibson, Timothy A. Selling city living ［J］. International Journal of Cultural Studies, 2005, 8 (3)：259 – 280.

［48］ Gladstone D. L. Tourism urbanization in the United States ［J］. Urban Affairs Review, 1998, 33 (1)：3 – 27

［49］ Glaeser, Edward L. , Jed Kolko, etc. Consumer City ［J］. Journal of Economic Geography, 2001, 1 (1)：27 – 50.

［50］ Glaeser, Edward L. , Joshua D. Gottlieb. Urban resurgence and the consumer city ［J］. Urban Studies, 2006, 43 (8)：1275 – 1299.

［51］ Glazer Amihai, Gradstein Mark, Ranjan Priya. Consumption variety and urban agglomeration ［J］. Region Science and Urban Economics, 2003, 33 (6)：653 – 661.

［52］ Gottmann J. Megalopolis：Or the urbanization of the northeastern seaboard of the United States ［J］. Economic Geography, 1957, 33 (3)：189 – 200.

［53］ Greer Jonathan. Developing trans – jurisdictional tourism partnerships – insights from the Island of Ireland ［J］. Tourism Management, 2002, 23 (4)：355 – 366.

［54］ Gunn C. A. Tourism planning：Basics concepts cased (4th) ［M］. New York：Routledge, 1972.

［55］ Gunn C. A. Vacationscape：Designing tourist regions ［M］. New York：Van Nostrand Reinhold, 1998.

［56］ Hjalager A. M . Tourism destination and the concept of industrial districts ［J］. Tourism and Hospitality Research, 2000, (3)：199 – 213.

［57］ Hjalager Anne – Mette. Stages in the economic globalization of tourism [J]. Annals of Tourism Research, 2007, 34 (2): 437 – 457.

[58] Hope C. A, Klemm M S. Tourism in difficult areas revisited: The case of Bradford [J]. Tourism Management, 2001, 22 (6): 629 – 635.

[59] Hosany S. , Ekinci Y. , Uysal M. Destination image and destination personality: An application of branding theories to tourism places [J]. Journal of Business Research, 2006, 59 (5): 638 – 642.

[60] Hsu – Shih Shih, Huan – Jyh Shyur, E. Stanley Lee. An extension of TOPSIS for group decision making [J], Mathematical and Computer Modelling, 2007 (45): 801 – 813.

[61] Hughes C. G. The Employment and Economic Effects of Tourism Reappraised [J]. Tourism Management, 1982, 3 (3): 167 – 176.

[62] Hwang Yeong – Hyeon, Gretzel Ulrike, Fesenmaier Daniel R. Multicity Trip Patterns: Tourists to the United States [J]. Annals of Tourism Research, 2006, 33 (4): 1057 – 1078.

[63] Ishikawa Noriko, Fukushigeb Mototsugu. Who expects the municipalities to take the initiative in tourism development? Residents'attitudes of Ammo Oshima Island in Japan [J]. Tourism Management, 2007, 28 (2): 461 – 475.

[64] Jan Van der borg, Paolo Costa, Giuseppe Gotti. Tourism in European heritage cities [J]. Annals of Tourism Research, 1996, 23 (2): 306 – 321.

[65] Jansen – Verbeke M. , Van Rekom J. Scanning museum visitors: Urban tourism marketing [J]. Annals of Tourism Research, 1996, 23 (2): 364 – 375.

[66] Jessop B. The rise of governance and the risks of failure: The case of economic development. International Social Science Journal, 1998, 50 (1): 29 – 45.

[67] John A. Quelch, Gail McGovem. Does the customer come first in your boardroom? [J]. Leader to Leader, 2005, (35): 28 – 32.

[68] Josep A, Ivars Baidal. Tourism planning in Spain: Evolution and perspectives [J]. Annals of Tourism Research, 2004, 31 (2): 313 – 333.

［69］ Kevin M. Consuming in the civilized city ［J］. Annals of Tourism Research, 1996, 23 (2): 322 – 340.

［70］ Khan H. , Seng C. F, Cheong W K. Tourism multiplier effects on Singapore ［J］. Annals of Tourism Research, 1990, 17 (3): 408 – 418.

［71］ Kühn Manfred. Greenbelt and green heart: Separating and integrating landscapes in European city regions ［J］. Landscape and Urban Planning, 2003, 64 (1 – 2): 19 – 27.

［72］ Kevin M. Consuming in the civilized city ［J］. Annals of Tourism Research, 1996, 23 (2): 322 – 340.

［73］ Leiper N. The framework of tourism ［J］. Annals of Tourism Research, 1979, 6 (4): 390 – 407.

［74］ Leiper N. Tourism attraction system ［J］. Annals of Tourism Research, 1990, 17 (3): 367 – 383.

［75］ Leiper N. Tourism management, collingwood ［J］. Victoria: TAFE Publications, 1995.

［76］ Lew A. A, McKercher B. Trip destination, gateways and itineraries: The example of Hong Kong ［J］. Tourism Management, 2002, 23 (6): 609 – 621.

［77］ Linda K. Richter. Fragmented politics of US tourism ［J］. Tourism Management, 1985, 6 (3): 162 – 173.

［78］ Litvin S. W. Streetscape improvements in an historic tourist city a second visit to King Street, Charleston, South Carolina ［J］. Tourism Management, 2005, 26 (3): 421 – 429.

［79］ Liu Z. H. Tourism development: A systems analysis, tourism – the state relationship? London and New York, 1995.

［80］ Loukissas P. J. Tourism's regional development impacts: A comparative analysis of the Greek islands ［J］. Annals of Tourism Research, 1982, 9 (4): 523 – 541.

［81］ Lundberg D. E. , Krishnamoorthy M. , Stavenga M. H. Tourism economics ［M］. John Wiley & Sons, Inc. , New York 1995.

［82］Madrigal R. Residents perceptions and the role of government ［J］. Annals of Tourism Research, 1995, 22 (1): 86 – 102.

［83］Mathieson A. , Wall G. Tourism, economic, physical and social impacts ［M］. Longman, 1982.

［84］Maurice R. Mega. Events and urban policy ［J］. Annals of Tourism Research, 1994, 21 (1): 1 – 19.

［85］Mbaiwa J. E. The Socio – economic and environmental impacts of tourism development on the Okavango Delta, Northwestern Botswana ［J］. Journal of Arid Environments, 2003, 54 (2): 447 – 467.

［86］McKercher B. , Ho P. S. Y. , Du Cros H. Relationship between tourism and cultural heritage management: Evidence from Hong Kong ［J］. Tourism Management, 2005, 26 (4): 539 – 548.

［87］McKercher B. A. Chaos approach to tourism ［J］. Tourism Management, 1999 (20): 425 – 434.

［88］Mihalis Kavaratzis, G. J. Ashworth, City Branding: An effective assertion of identity or a transitory marketing trick? ［J］. Tijdschrift Voor Economische EN Sociale Geografie, 2005, (96): 506 – 514.

［89］Ming – Chyuan Lin, Chen – Cheng Wang, Ming – Shi Chen, C. Alec Chang. Using AHP and TOPSIS approaches in customer – driven product design process ［J］, Computer in Industry, 2008 (59): 17 – 31.

［90］Morgan N. , Pritchard A. , Pride R. Destination branding ［M］. Routledge, 2007.

［91］Mullins P. Tourism urbanization ［J］. International Journal of Urban and Regional Research, 1991, 15 (3): 326 – 342.

［92］Murillo J. , Vayà E. , Romaní J. , et al. How important to a city are tourists and day – trippers? The economic impact of tourism on the city of Barcelona ［J］. Tourism Economics, 2013, 19 (4): 897 – 917.

［93］Myriam Jansen – Verbeke, 孙业红. 城市旅游再造———一种文化可持续发展的新思维 ［J］. 旅游学刊, 2012, 27 (6): 10 – 19.

［94］Nigel Morgan, Annette Pritchard, Roger Pride. 旅游目的地品牌管

理［M］. 天津：南开大学出版社，2005.

［95］ Ning Wang. Vernacular house as an attraction：Illustration from Hutong tourism in Beijing ［J］，Tourism Management，1997，18（8）：573 – 580.

［96］ Novelli Marina，Schmitz Birte. Networks，clusters and innovation in tourism：A UK experience ［J］. Tourism Management，2006，27（6）：1141 – 1152.

［97］ Olson D. L. Comparison of weights in TOPSIS models ［J］. Mathematicaland Computer Modelling，2004，40（7 – 8）：721 – 727.

［98］ Otgaar A. H. J. ，Van Den Berg L. ，Feng R. X. Industrial tourism：Opportunities for city and enterprise ［M］. Routledge，2016.

［99］ P. Kotler，D. Haider and I. Rein. Marketing Places：Attracting investment，industry and tourism to cities，states，and nations ［M］，New York：The Free Press，1993.

［100］ Page S. J. Urban tourism in New Zealand：The National Museum of New Zealand project ［J］. Tourism Management，1993，14（3）：211 – 217.

［101］ Page S. J. Urban tourism ［M］. London：Routledge，1995.

［102］ Parlett G. ，Fletcher J. ，Cooper C. The impact of tourism on the old town of Edinburg ［J］. Tourism Management，1995，16（5）：355 – 360.

［103］ Pavolvich K. The evolution and transformation of a tourism destination network：The Waitomo Caves，New Zealand ［J］. Tourism Management，2003，24（2）：203 – 216.

［104］ Pearce D. G. An integrative framework for urban tourism research ［J］. Annals of tourism research，2001，28（4）：926 – 946.

［105］ Pearce D. G. Analysing the demand for urban tourism：Issues and examples from Paris ［J］. Tourism Analysis，1996，1（1）：5 – 18.

［106］ Pearce P. L. Recent research in tourist behaviour ［J］. Asia Pacific Journal of Tourism Research，1996，1（1）：7 – 17.

［107］ Pérez Laura，Sunyer Jordi，Künzli Niño. Estimating the health and economic benefits associated with reducing air pollution in the Bareelona metropolitan area (Spain) [J]. Gaceta Sanitaria, 2009, 23 (4): 287 - 294.

[108] Peter Schofield. Cinematographic images of a city: Alternative heritage tourism in Manchester [J]. Tourism Management, 1996, 17 (5): 333 - 340.

[109] Pierre L. , Jorge F. Tourism and nativistic ideology in Cuzco, Peru [J]. Annals of Tourism Research, 2000, 27 (1): 7 - 26.

[110] Pilar G. , Paz M. Analysis of tourism trends in Spain [J]. Annals of Tourism Research, 1996, 23 (4): 739 - 754.

[111] Prideaux B. The role of transportation system in tourist development [J]. Tourism Management, 2000, 21 (1): 53 - 63.

[112] Pullman M. E, Gross M. A. Ability of experience design elements to elicit emotions and loyalty behaviors [J]. Decision Sciences, 2004, 35 (3): 551 - 578.

[113] Quelch J. A. , McGovern G. Does the customer come first in your boardroom? [J]. Leader to Leader, 2005, (35): 28.

[114] Ramkissoon H. , Nunkoo R. City image and perceived tourism impact: Evidence from Port Louis, Mauritius [J]. International Journal of Hospitality & Tourism Administration, 2011, 12 (2): 123 - 143.

[115] Ramsey D. , Everitt J. If you dig it, they will come: Archaeology heritage sites and tourism development in Belize, Central America [J]. Tourism Management, 2008, 29 (5): 909 - 916.

[116] Ramsey D. , Malcolm C. D. The importance of location and scale in rural and small town tourism product development: The case of the Canadian Fossil Discovery Centre, Manitoba, Canada [J]. The Canadian Geographer/Le Géographe canadien, 2018, 62 (2), 250 - 265.

[117] Roche M. Mega - events and urban policy [J]. Annals of Tourism Research, 1994, 21 (1): 1 - 19.

[118] Roche S. , Spake D. F. , Joseph M. A model of sporting event tourism as economic development [J]. Sport, Business and Management: An International Journal, 2013.

［119］ Rogerson C. M. Urban tourism in the developing world：The case of Johannesburg ［J］. Development Southern Africa, 2002, 19 （1）: 169 – 190.

［120］ Rosentraub Mark S. , Joo Mijin. Tourism and economic development：Which investments produce gains for regions ［J］. Tourism Management, 2009, 30 （4）: 759 – 770.

［121］ Ryan Robert L. , Juliet T. , Walker Hansel. Protecting and managing private farmland and public greenways in the urban fringe ［J］. Landscape and Urban Planning, 2004, 30 （2 – 3）: 183 – 198.

［122］ Sameer Hosany, Yuksel Ekinci, Muzaffer Uysal. Destination image and destination personality：An application of branding theories to tourism places ［J］. Journal of Business Research, 2006, （35）: 638 – 642.

［123］ Sassen S. The global city：Enabling economic intermediation and bearing its costs ［J］. City & Community, 2016, 15 （2）: 97 – 108.

［124］ Schrijnen Pieter M. Infrastructure networks and red – green patterns in city regions ［J］. Landscape and Urban Planning, 2000, 48 （3 – 4）: 191 – 204.

［125］ Scott N. , Cooper C. , Baggio R. Destination networks – Four Australian cases ［J］. Annals of Tourism Research, 2008, 35 （1）: 169 – 188.

［126］ Seaton A. V. War and thanatourism：Waterloo 1815 – 1914 ［J］. Annals of Tourism Research, 1999, 26 （1）: 130 – 158.

［127］ Sessa A. The science of system for tourism development ［J］. Annals of Tourism Research, 1988 （2）: 219 – 235.

［128］ Shinde K. A. Planning for urbanization in religious tourism destinations：Insights from Shirdi, India ［J］. Planning Practice & Research, 2017, 32 （2）: 1 – 20.

［129］ Smith Valene L. , Hetherington Arlene, Brumbaugh Martha D. D. California's highway 89：A regional tourism model ［J］. Annals of Tourism Research, 1986, 13 （3）: 415 – 433.

［130］ Sorensen F. The Geographies of social networks and innovation in tourism ［J］. Tourism Geographies, 2007, 9 （1）: 22 – 48.

[131] Soyong Boo, James Busser, Seyhmus Baloglu. A model of customer - based brand equity and its application to multiple destinations [J]. Tourism Management, 2009 (30): 219 - 231.

[132] Stansfield C. A. A note on the urban - nonurban imbalance in American recreational research [J]. The Tourist Review, 1964.

[133] Stephen L. Location patterns of urban restaurants [J]. Annals of Tourism Research, 1985, 12 (4): 581 - 602.

[134] Stephen J. Page. Urban tourism in New Zealand: The National Museum o f New Zealand project [J]. Tourism Management, 1993, 14 (3): 211 - 247.

[135] Sun M. Y., Li X. H., Yang R. J., et al. Comprehensive partitions and different strategies based on ecological security and economic development in Guizhou Province, China [J]. Journal of Cleaner Production, 2020, 274 (1): 122794.

[136] T. C. Chang. "New Asia - Singapore": Communicating local cultures through global tourism [J]. Geoforum, 1999, 30: 101 - 115.

[137] T. Hall. Tourism, urban [J]. International Encyclopedia of Human Geography, 2009: 318 - 323.

[138] Tosun Cevat, Jenkins C. L. Regional planning approaches to tourism development: The case of Turkey [J]. Tourism Management, 1996, 17 (7): 519 - 531.

[139] Tsaura S. H., Changb T. Y., Yena C. H. The evaluation of airline service quality by fuzzy MCDM [J]. Tourism Management, 2002, 23 (2): 107 - 115.

[140] Tzenga G. H., Lina C. W., Oproicovic S. M. Multicriteria analysis of alternative - fuelbuses for public transportation [J]. Energy Policy, 2005, 33 (11): 1373 - 1383.

[141] Van den Berghe P. L., Ochoa J. F. Tourism and nativistic ideology in Cuzco, Peru [J]. Annals of Tourism Research, 2000, 27 (1): 7 - 26.

[142] Vermeulen Wouter, Van Jos Ommeren. Does land use planning

shape regional economies? A simultaneous analysis of housing supply, internal migration and local employment growth in the Netherlands [J]. Journal of Housing Economics, 2009, 18 (4): 294 –310.

[143] Weaver D. B. Peripheries of the periphery: Tourism in Tobago and Barbuda [J]. Annals of tourism research, 1998, 25 (2): 292 –313.

[144] Wijayanti A., Damanik J. Analysis of the tourist experience of management of a heritage tourism product: Case study of the Sultan Palace of Yogyakarta, Indonesia [J]. Journal of Heritage Tourism, 2019, 14 (2): 166 –177.

[145] Yang T., Chou P. Solving a multi – response simulation – optimization problem with discrete variables using a multiple – attribute decision – making method [J]. Mathematics and Computers in Simulation, 2005, 68 (1): 9 – 21.

[146] Yang X. Industrial heritage tourism development and city image reconstruction in Chinese traditional industrial cities: A web content analysis. Journal of Heritage Tourism, 2017, 12 (3): 267 –280.